Owen Marquis MacSwiney of Mashanaglass
Ausbildung des Pferdes an der Hand

Owen Marquis MacSwiney of Mashanaglass

Ausbildung des Pferdes an der Hand

Ein Leitfaden besonderer Art

Aus dem Englischen übertragen von Helen Stäubli

Mit 23 Zeichnungen von Elaine How

Verlag Paul Parey · Berlin und Hamburg

Titel der englischen Originalausgabe:
Training from the Ground – A Special Approach

Anmerkung: Der Autor verwendet sowohl die englischen Längenbezeichnungen (Yards), als auch die deutschen (Meter). Um in den Text nicht eingreifen zu müssen, sind beide Bezeichnungen unverändert übernommen worden. (1 Yard = 0,914 m.)

Anschrift der Übersetzerin:
Helen Rosalind Stäubli
Dipl.-Übersetzerin
Rotweg 7, CH-8810 Horgen

CIP-Titelaufnahme der Deutschen Bibliothek

MacSwiney of Mashanaglass, Owen Marquis: Ausbildung des Pferdes an der Hand: ein Leitfaden besonderer Art / Owen Marquis MacSwiney of Mashanaglass. Aus d. Engl. übertr. von Helen Stäubli. Mit Zeichn. von Elaine How. – Berlin; Hamburg : Parey, 1990
Einheitssacht.: Training from the ground <dt.>
ISBN 3-489-52132-3

Einband: Atelier Buchholz/Hinsch/Hensinger, D-2000 Hamburg 73 unter Verwendung eines Fotos von Werner Ernst, D-2875 Ganderkesee 2

ISBN 3-489-52132-3 · Printed in Germany

Schrift: Bookman (Satzsystem apple IIe/Macintosh
Satz: PLS-PareyLaserSatz, D-1000 Berlin 61
Druck: WB-Druck GmbH Buchproduktions KG, D-8959 Rieden
Bindung: Buchbinderei Bruno Helm, D-1000 Berlin 30

Für Patrick
Einziger Sohn, Freund, Gefährte, Hunde- und Pferdeliebhaber
der so viel zu diesem Buch beigetragen hat
*24. 7. 1956, †4. 2. 1985

Geleitwort und Würdigung

Owen Marquis MacSwiney of Mashanaglass (1916–1986)

In den frühen fünfziger Jahren, als ich in Dublin wohnte, begegnete ich einem Mann, von dem ich jetzt weiß, daß es Owen Marquis MacSwiney war. Er war ein außergewöhnlich kultivierter Mann und beeindruckte mich durch seine umfassende Intelligenz, seine Güte und künstlerischen Talente.

Owen Marquis MacSwiney wurde 1916 in Dublin geboren. Pferde hatten ihn sein Leben lang fasziniert, aber während vieler Jahre mußte dieses Interesse geschäftlicher Verpflichtungen wegen hintangestellt werden. In Dublin hatte er das University College besucht, in King's Inn Rechte studiert und wurde als Anwalt zugelassen. Später begann er eine Karriere in internationaler Mode und Design und ließ sich schließlich in Westfalen nieder. Owen Marquis MacSwiney war ein vielseitig begabter Mann und hatte sich auch als talentierter Künstler und Bildhauer einen Namen gemacht.

Owen war noch ein kleiner Junge, als ihn seine Großmutter väterlicherseits, die Gräfin Konorska, mit Pferden bekannt machte. Die Gräfin war eine Freundin und Schülerin von James Fillis. Owens Großvater besaß in St. Germain-en-Laye in der Nähe von Paris ein Landgut mit eigener Reithalle. Seine Großmutter war in ihrer Jugend auch eine anerkannte Pistolenschützin und Dressurreiterin gewesen. Als Mitglied des exklusiven L'Etrier-Clubs durfte diese talentierte Dame den Dreispitz tragen. Auch Owens Mutter war eine ausgezeichnete Reiterin. Ihre Schwester, die in Deutschland wohnte, veranlaßte, daß er von ihrem Kutscher seinen ersten richtigen Reitunterricht bekam. Dieser Mann muß ein begnadeter Lehrer gewesen sein, der viel von seinem praktischen Wissen weiterzugeben verstand. Diese Voraussetzungen, zusammen mit angeborenem Talent, machten Owen zum Meister, und seine Erfahrungen sind leicht verständlich in diesem Buch niedergeschrieben worden.

Owen Marquis MacSwiney war der Inbegriff des Amateurs, der die Neigung und die nötige Zeit besaß, um Verhaltensweisen von Vögeln und anderen Tieren in Theorie und Praxis zu erforschen und zu belegen. Er verfügte ohne die Einschränkungen eines Berufstätigen über die Freiheit, eigene Beobachtungen machen zu können. Er unternahm Experimente mit Höckerschwänen, Fasanen, Schneegänsen und Hunden. Sein Buch über Höckerschwäne, »Six Came Flying«, wurde in mehreren Sprachen veröffentlicht. Die letzten zwölf Jahre seines Lebens verbrachte er, zusammen mit seinem Sohn Patrick, dem dieses Buch gewidmet ist, mit Studien an Pferden. Die Pferde, mit denen solche Versuche durchgeführt wurden, waren meistens verdorbene Westfalen. Unter »verdorben« verstehe ich Problempferde, die entweder verängstigt waren oder aus verschiedenen Gründen sich dem widersetzten, was man von ihnen erwartete. Owen Marquis MacSwiney fand heraus, daß durch gewisse Techniken, zum Beispiel die Arbeit am langen Zügel, die Arbeit an der Hand, der Streß vermindert und das Tier zu ruhiger Arbeit gebracht werden konnte. Als besonders wirkungsvoll erwiesen sich die »Berührungspunkte«, an denen ein sensorischer Nerv des Pferdes – zum Beispiel an seinen Rippen – berührt wird, was es zu einer ganz ruhigen Vorwärtsbewegung veranlaßt.

Wir müssen dem Autor unsere Anerkennung zollen, daß er in seiner Beharrlichkeit Dinge entdeckt hat, die zu verfolgen andere weder das Interesse noch die Neigung gehabt hätten. Traurig stimmt jedoch, daß er das Erscheinen dieses Buches nicht mehr erleben durfte. Um so mehr sind wir froh und glücklich darüber, daß er alles noch rechtzeitig niederschreiben konnte. Wir müssen ihm danken, daß er uns einen Blick werfen läßt auf das, was man mit Geduld und Einfühlungsvermögen erreichen kann.

SYLVIA STANIER Dezember 1986

Vorwort

Dieses Buch befaßt sich in erster Linie mit der Ausbildung junger Pferde an der Hand, um sie auf den Tag vorzubereiten, an dem sie schließlich unter Sattel und Reiter kommen. Es ist aber auch der Umerziehung von Pferden gewidmet, die mißhandelt und verdorben oder nie richtig ausgebildet wurden. Niemand kann leugnen, daß wir das Pferd, das in unserem Stall steht, selbst »machen« – nicht mehr, nicht weniger. Die von mir empfohlene Grundausbildung ist am wirkungsvollsten, wenn man Pferde sehr zeitig damit vertraut macht. Ist dies nicht möglich, so zeitigt sie auch bei der Arbeit mit älteren Pferden kaum geringere Erfolge.

Es gibt Fachleute, die gegenüber der Arbeit an der Hand eine ablehnende Haltung einnehmen. Sie behaupten, daß man einem Pferd vom Sattel aus alles beibringen kann. Meiner Meinung nach haben sie nicht ganz unrecht, jedoch ziehe ich es vor, ein Pferd an die Hand zu nehmen, bevor es unter den Sattel kommt, und es bis zu dem Augenblick zu formen, in dem es zum ersten Mal bestiegen und geritten wird.

Es ist durchaus möglich und auch ziemlich einfach, die Entwicklung seines »Wunschpferdes« zu steuern. Pferde, die nicht verdorben oder verängstigt worden sind, sind bereitwillig, aufmerksam, lernfreudig und demzufolge einfach auszubilden – immer vorausgesetzt, daß man bereit ist, umsichtig vorzugehen. Pferde mit schlechten Erfahrungen werden am besten an der Hand umgeschult, indem man ihnen neue Wege und neue Beziehungen vermittelt. Die Arbeit an der Hand ist ein ideales Mittel zur Stabilisierung der Nerven ängstlicher Tiere. Ich hoffe, daß dieses Buch dieses Konzept herausarbeitet und auch die entsprechenden Begründungen liefert.

Alle Pferde sind schon wegen ihrer Größe und Kraft potentiell gefährliche Tiere, sobald sie außer Kontrolle geraten; die Arbeit mit einem wirklich unfolgsamen Pferd, das gelernt hat, seinen Willen durchzusetzen, ist alles andere als ein Vergnügen. Wir haben es in der Hand, durch korrekten Umgang das Pferd zu einem sicheren Mitglied unserer Gesellschaft zu machen, in der es seinen ganz besonderen Platz hat.

Die Ausbildung des Pferdes muß stufenweise erfolgen, jeder einzelne Lernschritt muß geplant werden und ist in den täglichen Umgang einzubeziehen. Aus diesem Grunde ist es ein Fehler, und obendrein ein sehr laienhafter, zu viel auf einmal zu verlangen oder Lektionen nicht zu wiederholen, nur weil man das Gefühl hat, das Pferd brauche nichts mehr zu lernen.

Um jeweilige Lernziele leichter zu erreichen, liegt es im Interesse sowohl des Pferdes wie auch des Ausbilders, den Schüler, das Pferd, ein Vokabular der menschlichen Sprache zu lehren, das mit bestimmten Handlungen zusammenhängt. Es kommt auf die Intelligenz des einzelnen Tieres an, wie schnell es solche Bezugswörter lernt. Obwohl man mit oft hochintelligenten Tieren arbeitet, darf man nie vergessen, daß sie menschliche Vorstellungen nicht allzu rasch begreifen. Ihr unkompliziertes Wesen läßt sie abstrakte Begriffe nicht ohne weiteres verstehen. Vor Beginn der Ausbildung muß man deshalb entscheiden, welche Begriffe man am wichtigsten findet und welche Handlungen mit ihnen verbunden sein sollen. In der Praxis werden Handlung und Wort gleichzeitig gelehrt.

Bei dem Versuch, eine logische Folge der Ausbildung an der Hand aufzuzeigen, habe ich aufgrund meiner persönlichen Erfahrung in Theorie und Praxis die entstehenden Prioritäten gegliedert und ihre Reihenfolge festgelegt.

Als erstes wird dem aufmerksamen Leser auffallen – oder ihn gar irritieren –, daß das Adjektiv »sanft« sehr häufig Verwendung findet. Die Wiederholungen sind beabsichtigt. Sie sollen den Leser daran erinnern, daß alles in diesem Buch mit Geduld und Sanftheit zu tun hat. Der Tonfall der Stimme, die Berührung mit den Fingern, das allgemeine Vorgehen – all dies muß stets ruhig, sicher und sanft geschehen. Diese mitschwingende Sanftheit ist Grundlage all dessen, was wir zu tun oder zu lehren beabsichtigen.

Um ein Beispiel zu nennen: Es besteht gar kein Grund, ein Pferd barsch anzureden oder grob in die Rippen zu stoßen, wenn es in seiner Box zur Seite treten soll. Ein sanft gesprochenes »Rüber« (und, wenn nötig, ein federleichtes Berühren der Flanken mit den Fingerspitzen) wird weit wirkungsvoller sein. Das Pferd wird weder verängstigt noch bockig sein, wenn wir es so behandeln.

Allerdings bedeuten sanfte Berührung und leise Stimme nicht, daß man leichtsinnig oder gefühlsduselig sein darf. Der Ausbilder muß gelegentlich Autorität zeigen. Er ist und bleibt »der Chef« und muß in allen guten und schlechten Situationen, in denen er sich befinden mag, immer der Führer sein. Verläuft einmal alles nicht nach Wunsch und zeigt sich das Pferd stur oder unwillig, muß man mit Bestimmtheit darauf hinsteuern, am Ende trotzdem der Sieger zu sein. Und dies wird ohne die erniedrigende Anwendung von Gewalt, lauter Stimme oder gar die Zuflucht zur Peitsche erreicht. Ein guter Ausbilder weiß, daß solche Dinge nur eine gegenteilige Wirkung haben können, hat er sich doch der Mühe unterzogen, etwas über die allgemeine Wesensart des Pferdes zu lernen.

Der gute Ausbilder – Berufsreiter oder Amateur – wird sich seinem Pferd weder über- noch unterlegen fühlen. Er wird es vielmehr als das respektieren, was es ist: ein Pferd.

Danksagungen

Ein Buch dieser Art kann weder geschrieben noch vollendet werden ohne das Engagement und die Unterstützung anderer, die entweder direkt oder durch ihr Wohlwollen helfen.

Mein besonderer Dank geht an Verleger, die mir gestatteten, wörtlich aus Werken zu zitieren, in denen einiges besser dargestellt ist, als ich dies hätte tun können, oder deren Inhalt hätte neu geschrieben werden müssen, um die Gesetze des Urheberrechts zu wahren. Ich möchte deshalb JOSEPH ALLEN, von J. A. Allen & Co., London, für sein Einverständnis danken, HENRY WYNMALENs Definition der »guten Hände« (»Equitation«, S. 35) und der Intelligenz des Pferdes (ebd., S. 42) verwenden zu dürfen. Ebenso erlaubte er mir, Ausschnitte aus R. S. SUMMERHAYs Buch »Das Problempferd« (S. 81), aus NEIL DOUGALLs »Stallions« (S. 27) sowie aus dem Vorwort von DIANA TUKEs Buch »Horse by Horse« zu zitieren. Ebenfalls zu Dank verpflichtet bin ich MICHAEL HARRIS, Herausgeber von »Pacemaker International«, der größere Zitate aus einem Artikel von MICHAEL CLOWER über den Tod des National-Hunt-Wallachs Golden Cygnet bewilligte. Mein Dank richtet sich auch an die Deutsche Verlags-Anstalt GmbH, Stuttgart, für die Erlaubnis, Abschnitte aus der deutschen Übersetzung des Buches des verstorbenen LORD MOTTISTONE (GENERAL JACK SEELY), »Mein Pferd Warrior«, zu verwenden, sowie an den jetzigen LORD MOTTISTONE für seine Unterstützung.

Die oben erwähnten Werke erscheinen in den Hinweisen zu jedem Kapitel sowie im Literaturverzeichnis.

Mein aufrichtiger Dank geht an meine »Vorveröffentlichungsleser« für ihre Ratschläge und Kritik: an Herrn »ENNO« ALBERT vom Düsseldorfer Reit- & Rennverein und an Frau ANGELIKA VON WEDEL für das Lesen und die Ermunterung. Frau Dr. JANET KEAR vom Wildfowl Trust danke ich für das Lesen zweier Kapitel, die von ihrem gewohnten Arbeitsgebiet sehr weit abweichen, wobei sie die wertvollen Ansichten eines »Außenseiters« vertrat, besonders hinsichtlich des Kapitels »Wahrnehmung und Verständigung«, mit dem sie nicht einverstanden ist. Man kann sich schwerlich bessere Ratschläge, Hilfe und Ermutigung vorstellen, als sie mir von Oberst WILLIAM HURRELL der in Münster stationierten 17th/21st Lancers zuteil wurden.

Danken muß ich auch meinem Sohn Patrick für das Tippen des Manuskriptes, für seinen Humor, seine Nachsicht und sein Lachen bei der Bewältigung der schwierigen Aufgabe, mit seinem Vater zusammenzuarbeiten. Dank geht auch an meine Tochter, BARONIN WALBURGA VON ARETIN, auf deren Gut meine Pferde untergebracht waren und auf deren Mitarbeit ich immer zählen konnte. Ein Wort des Dankes auch an meine Frau, die sich so oft als verläßliche Kommentatorin meiner Arbeit erwies.

Letztlich bin ich den vielen Pferdebesitzern und den vielen Pferden zu Dank verpflichtet, die meine so verschiedenen Experimente mitmachten, einschließlich der wichtigsten »Versuchskaninchen«, meiner eigenen Stute Tirade sowie des Neuankömmlings, Pony Leila, das im Besitz meiner Enkelin ist und gegenwärtig in der Ausbildung steht.

Inhalt

Erster Teil
Das Pferd – das Tier

Es ist unbestritten, daß sich das Verhalten des Hauspferdes von jenem seiner wilden oder primitiven Artgenossen unterscheidet. Dies ist nicht nur auf seine sehr lange traditionelle Domestizierung, sondern auch auf selektive Zucht zurückzuführen und beruht weitgehend auch auf der Art der Haltung, des Umgangs und der Ausbildung des einzelnen Tieres.

Dennoch zeigen alle domestizierten Pferde mitunter Anzeichen ihrer Ursprünglichkeit. So können wir ihre Reflexe und Reaktionen weitgehend voraussehen. Diese gemeinsamen Charakteristika bestimmen das Wesen des Pferdes. Verhaltensmuster, wie sie VAVRA (1) und ZEEB (2) in bezug auf wilde Herden beschrieben haben, können bei domestizierten Pferden auch in kleinen Gruppierungen, sogar in Kleinstgruppen von zwei Individuen, beobachtet werden. Wir finden allerdings feine Unterschiede, denn es liegt in der Natur des Pferdes, in jeder nur erdenklichen Situation eine soziale Rangordnung zu erstellen. VAVRA zitiert KLINGEL und berichtet, daß verschiedene Pferderassen wichtige Unterschiede in ihrer Sozialstruktur aufweisen. Die logische Folge davon ist, das domestizierte Pferd als eine Einheit für sich zu betrachten. Das Studium dieser wissenschaftlichen Beobachtungen sollte unserem Verständnis für unsere domestizierten Pferde sehr zugute kommen.

Selektive Zucht beeinträchtigt weder die natürlichen Reflexe noch den Instinkt, aber sie kann Auswirkungen haben auf Intelligenz und Körperbau. Die Rennbahn trifft zwar die letzte Wahl aus selektiv gezüchteten Vollblütern, wo der Wert von Hengsten und Stuten durch erbrachte Leistungen noch erhöht wird, jedoch sind bei der allgemeinen Zucht des Warmblutpferdes nicht die gleichen Kriterien ausschlaggebend.

Obschon auf nationaler sowie privater Ebene keine Anstrengung gescheut wird, um die Zucht qualitativ hochstehender Tiere zu fördern, sei es durch fachmännische Auswahl und Körung von Hengsten, sei es durch die Prämierung von Stuten und Fohlen, so spielt jedoch im Leben eines durchschnittlichen Reitpferdes nicht die Leistung selbst die beherrschende Rolle. Erst wenn man die Tätigkeit – zum Beispiel Dressur, Military oder Springen – mit dem eigentlichen Können in Zusammenhang bringt, erhält die Leistung einen hohen Stellenwert und vergrößert sich der essentielle Wert des Individuums. Dies gilt auch, wenn der »Star« ein Wallach und somit nicht in der Lage ist, seine Stärken weiterzugeben.

Beim Versuch, außerordentliche Zuchtergebnisse hinsichtlich Gestalt, Intelligenz, Ausdauer, Gesundheit von Skelett und Atemorganen, Nützlichkeit und Schönheit zu erzielen, stellt das Paaren eines Pferdes mit diesen Qualitäten mit einem anderen, das ebenso über solche verfügt, oder das Kreuzen von zwei Champions keineswegs eine Garantie für Nachkommen mit gleichen hervorragenden Eigenschaften dar.

Oft resultiert aus der Verbindung einer häßlichen Stute mit einem prachtvollen Hengst – oder umgekehrt – entweder Schönheit oder Erfolg oder gar beides. Aber eins ist gewiß: ob schön oder häßlich, Champion oder Fehlschlag, das Endprodukt – sei es ein Shetland-Pony, Vollblut, Przewalskipferd oder ein unansehnliches Fehlprodukt von unpassenden Elterntieren – muß im Schutze einer Pferdegemeinschaft ein Dasein finden können. Die echte natürliche Auswahl erfolgt bloß in der Wildnis, wo nur die Stärksten überleben.

Einmal eingefangen, lassen sich wilde oder primitive Pferde verhältnismäßig leicht domestizieren, was vielleicht damit zu erklären ist, daß sie unvermittelt von ihrer Herde abgeschnitten werden, womit ihnen Rangordnung und demzufolge Orientierung verlorengehen. Eigenartigerweise muß man feststellen, daß der Vorgang des Zähmens – so unangenehm sich dieser selbst auch gestalten mag – neben einer neuen Sozialordnung auch Sicherheit bringt. Der Bändiger wird zum ranghöheren »Pferd«, indem er das fehlende Leittier ersetzt. Wird das Pferd gerecht behandelt und sanft gezähmt, so nimmt es seinen menschlichen Meister als ranghöher an; wird es gut gepflegt, gefüttert und getränkt, so paßt es sich an die neuen Gegebenheiten an.

Bei bereits domestizierten Pferden verhält es sich nicht viel anders, aber für sie ist die Situation erleichtert durch die traditionelle oder angeborene Domestizität, die zwar die Fluchtorientierung, nicht aber die anfänglichen Fluchtreflexe ausschließt, sowie durch den Vorteil der Vertrautheit mit Menschen. Zähmen sollte nicht nötig sein, denn durch korrekte Behandlung, wie ich noch erläutern werde, ist das Pferd nach zwei bis drei Tagen »gezähmt«: Es lernt, schon geführt zu werden, wenn es das allerersté Mal mit seiner Mutter die Box verläßt. Nach Möglichkeit sollte dies die erste Lektion der Domestizierung sein. Wie dabei vorzugehen ist, wird etwas weiter unten beschrieben.

Es scheint, daß der Geruchssinn dem Pferd vermittelt, ob ein anderes Pferd oder ein Mensch für ihn annehmbar ist oder nicht. Ich habe wiederholt beobachtet, daß ein Pferd, das meinen Geruch nicht lange und gründlich aufnimmt, wenig oder gar nichts mit mir zu tun haben will. Erlaubt man aber dem Tier, sich auf seine ganz spezielle Art zu nähern, ohne sich als Mensch einzumischen, ohne es abzuweisen oder in seinem Vorgehen unterbrechen zu wollen, weil es uns nun genug scheint, so wird das Pferd unweigerlich den Menschen erkennen und annehmen. Einige dieser Untersuchungen sind – gelinde gesagt – vom menschlichen Standpunkt aus gesehen intim, aber für das Pferd ist dies natürlich gar kein Standpunkt. Wir sind es, die versuchen müssen, wie ein Pferd zu denken, denn das Pferd kann nicht so denken wie wir. Ferner wird das Pferd, hat es erst einmal eine solche intime und eingehende Untersuchung einer Person vorgenommen, diese wohl kaum wiederholen.

Solche Beschnupperungen geschehen außergewöhnlich zart und einfühlsam, und das Pferd wird niemals versuchen, jemanden dabei umzuwerfen – eine Befürchtung, die offenbar viele Menschen hegen. Das Tier hat nicht die geringste Absicht, jemanden zu verletzen, und deshalb gibt es einfach gar keinen Grund zur Angst. Ich lasse mich von jedem Pferd auf diese Art untersuchen, sei es nun Hengst, Wallach oder Stute, und ich gewinne auf diese Weise die Sicherheit, mich in Zukunft jederzeit vollkommen gelöst dem Tier zu nähern.

Die Tatsache, daß ich dem Tier erlaubt habe, mich zu untersuchen, bedeutet aber noch lange nicht, daß es sich in Zukunft Freiheiten mit mir erlaubt oder gar die Oberhand gewinnt. Im Gegenteil: ich bin es, der die stillschweigende Führung übernimmt, weil das Pferd mich nun kennt und tun wird, was ich ihm sage. Hat beispielsweise ein Tier die Gewohnheit, sich gegen jeden zu verteidigen, der seine Box betritt, so wird es dies mir gegenüber unterlassen. Dieses Gewährenlassen, aufbauend auf ein Erkennen durch den Gesichts- und vor allem Geruchssinn, wird den Umgang mit ihm fortan bestimmen.

Tiefe Zuneigung bekundet ein Pferd, das seinen Kopf auf der Schulter eines Menschen ruhen läßt. Diese Geste gleicht derjenigen, wenn es den Kopf auf den Rücken eines befreundeten Pferdes legt. Vielleicht preßt es auch die Nase gegen die Halsbeuge, wobei die Lippen entspannt und die Zähne sichtbar sind, während die Augen einen matt-schläfrigen Ausdruck annehmen. Solche Bezeugungen können eine halbe Minute oder noch länger dauern und sollten unter keinen Umständen abgewehrt werden.

Meine Stute Tirade bezeugt gleichfalls große Anhänglichkeit, meistens jedoch nur dann, wenn sie in der Box steht. Ist ihr danach zumute, kommt sie ganz nah zu mir heran und preßt ihren Kopf gegen meine Brust oder Schulter oder läßt ihn auf meine Taillenhöhe hängen in der Erwartung, daß ich sie am Genick oder kurz hinter den Ohren und an den Ganaschen kraulen werde. Wenn sie möchte, daß ich sie an der Kehle streichle, hebt sie den Kopf ganz hoch; und wenn ich ihr den Hals bis hinunter zur Brust reiben oder kraulen soll, legt sie den Kopf auf meine Schulter. Festes Streichen der Brustmuskeln oder der Innenseite der Vorderbeine – oder beides zugleich – liebt sie ganz besonders. Die Augen fallen ihr halb zu, die Ohren sind entspannt, und sie schiebt die Unterlippe nach vorn und läßt sie dann herabhängen.

Solche Dinge mit Hengsten zu versuchen, könnte gefährlich werden, und gewisse Vorsicht ist ebenfalls bei Stuten geboten, weil auch sie unberechenbar sein können. Unbedenklich ist es aber bei letzteren, wenn die Initiative von ihnen ausgeht. Ein Mensch sollte sich einem Pferd nie aufdrängen oder mit Junghengsten sehr enge Beziehungen anstreben. Einmal behandelte ich einen Junghengst wegen einer recht schweren Beinverletzung, und er faßte in der Folge eine starke Zuneigung zu mir und wurde sehr aufdringlich. Ich wußte zwar genau, daß er mich nie absichtlich verletzen würde, aber ich mußte Einhalt gebieten, als er versuchte, mit mir wie mit einem Artgenossen zu spielen. Der acht Monate alte Junghengst, der auf den Hinterbeinen auf mich zukam und die Vorderbeine zu einem Ringkampf auf meine Schultern legen wollte, machte mir einiges zu schaffen. Halsschütteln und Köpferammen kann für einen normalen Menschen auch gefährlich und viel zu kraftvoll sein. Solche und ähnliche Handlungsweisen unterbinde ich bereits im Ansatz entschieden.

Manche Zuneigungsbeweise, so zum Beispiel Kopfreiben, können sehr kräftig ausfallen und dabei einen Menschen leicht umwerfen. Hier muß man aber dennoch behutsam sein, denn eine schroffe Abweisung solcher Annäherungen kommt nicht in Frage, wenn man eine dauerhafte persönliche Beziehung aufzubauen wünscht. Das Tier muß sachte davon abgebracht werden, um eine direkte Beleidigung zu verhindern. Schroff zurückgewiesene Tiere fühlen sich gekränkt, sogar verletzt, und es ist gut möglich, daß sie trotzig von weiteren Annäherungen absehen. Die einzigen Leute, die das soeben Gesagte komisch finden werden, sind gewiß solche, die ihre Tiere noch nie wirklich genau beobachtet haben.

Wird einem Pferd sein dargebotenes Gesicht vom Nasenbein bis hinauf zur Stirne mit der flachen Hand gerieben, oder Kehle und Hals gekrault, so akzeptiert es dies als Erwiderung seiner Freundschaftsbezeugung. Recht festes Klemmen der Haut, vom Widerrist der Schulter entlang oder längs des Deltamuskels, wird von ihm meistens mit dem gleichen Genuß aufgenommen, als ob ein Artgenosse es mit den Zähnen beknabbert. Es genügt, wenn man ungefähr eine halbe Minute lang so klemmt oder mit den Fingernägeln kämmt, denn der Gesichtsausdruck des Pferdes – halb geschlossene Augen und entspannte Ohren – widerspiegeln seine Freude. Das Pferd kann dieses Kompliment zurückgeben, indem es uns zart die Schulter oder den Arm beknabbert.

Ich habe bereits erwähnt, daß der Ausbilder das ranghöhere Pferd in der Herde ersetzt. Mit anderen Worten, der Mensch – ob Frau oder Mann – wird Leiter der kleinen sozialen Gruppe und ist dann in der Lage, den verschiedenen Mitgliedern ihren Platz zuzuweisen. Diese Kontrolle ist relativ einfach herzustellen, weil der Mensch ranghöher ist als das Leitpferd der bestehenden sozialen Einheit und, da er die absolute Kontrolle über das Leitpferd hat, folglich auch die anderen an Rang übertrifft.

In einer Freundschaft zwischen Mensch und Pferd bei nur vom Tier ausgehenden Freundschaftsbemühungen folgen auf deren Annahme durch den Menschen die gleichen Bezeugungen, wie sie bei Pferden »unter sich« üblich sind: gegenseitiges Schnauben und Berühren der

Nasen zur Begrüßung, Ansätze von Putzen, Zeichen der Zuneigung wie Klemmen und Knabbern, Ausruhen des Kopfes auf dem Körper des anderen, Beschnuppern des menschlichen Körpers.

Meine Stute Tirade, zugegebenermaßen anders als alle Pferde, die ich kenne, weil sie von klein auf in einer ganz bestimmten Weise erzogen wurde, bezeugt ihr Erkennen der verschiedenen Menschen, die in ihrem Leben eine Rolle spielen, zunächst mit der Stimme, sodann durch eine abgestufte Akzeptanz der jeweiligen Person. Für diese Personen gibt sie unterschiedliche Laute oder – anders ausgedrückt – verschiedene Arten der Begrüßung von sich, was darauf schließen läßt, daß sie Menschen individuell erkennt und nicht einfach undifferenziert begrüßt.

Ihre Rangordnung für die Bezeugung von Zuneigung sieht folgendermaßen aus: An erster Stelle komme ich; an zweiter Stelle ihre frühere Reiterin und Freundin Monika; meine Frau an dritter und Frau Heller, die sie jeden Morgen füttert, an vierter Stelle.

Ihre Lautgebung ist differenziert. Ein allgemeiner Ruf ertönt, wenn eine der obengenannten Personen das Haus verläßt und die rund 50 Meter zum Stall geht. Dieser laute Ruf von der Box aus bedeutet, daß die betreffende Person herkommen und sie begrüßen soll. Mich beehrt sie mit einem recht lauten und dann einem leiseren Wiehern, wenn ich auf den Stall zukomme, und sie streckt ihren Hals zur Begrüßung vor, sobald ich bei ihr bin. Ist ihr danach zumute, verbirgt sie ihr Gesicht in meinen Händen oder unter meiner Jacke, wenn ich zu ihr in die Box gehe. Monika wird auf ganz ähnliche Art begrüßt, und die Stute legt dann oft den Kopf auf ihre Schulter und schnüffelt unter ihrem Ohr herum. Bin ich einmal in der Box, und Monika kommt vorbei, läuft Tirade zur Tür und wartet auf das Mädchen, aber sobald wir beide zusammen sind, schenkt sie wiederum mir mehr Aufmerksamkeit. Ich erkläre mir dies so, daß Tirade mich wahrscheinlich in der Herdenordnung als ranghöher betrachtet als Monika und auch als irgend jemand anders. Es besteht zwar tiefes Vertrauen und enge Freundschaft zwischen Monika und der Stute, so daß sich das Mädchen so ziemlich alles erlauben kann. Einmal saß sie nach ihrer Rückkehr aus dem Urlaub um halb neun früh bei Tirade in der Box und unterhielt sie mit Gitarrenspiel und Gesang, während die Stute ihr Frühstück verzehrte.

Frau Heller und meine Frau – ich zähle sie in der Reihenfolge der Häufigkeit und Regelmäßigkeit auf, mit der sie die Stute besuchen – werden wieder auf individuelle Art begrüßt. Erstere mit leisem Wiehern, letztere mit einer sanften kleinen Stimme oder einem lauten Ruf. Meine Frau, die sehr stark beschäftigt ist, kümmert sich nur während meiner Abwesenheit um Tirade, wobei sie abends den letzten Stallrundgang macht und alles für die Nacht abschließt.

Meine Stiefenkelin wird in der gleichen Rangordnung angenommen wie meine Labradorhündin Tatja. Bevor das Kind wirklich wußte, was es tat, klopfte es der Stute jeweils mit ihrer kleinen flachen Hand auf das Gesicht, doch senkte ihr diese immer den Kopf entgegen und tut dies sogar jetzt noch. Kinder scheinen bei Haustieren in besonderer Gunst zu stehen und können Dinge tun, die sich ein Erwachsener nie erlauben dürfte.

Tatja wird als eigenständiges Individuum angenommen und ist innerhalb der Box willkommen. Als sie noch ein Welpe war, setzte ich sie in einem Experiment ein: Ich hielt sie der Stute zum Beschnuppern hin. Hunde und Pferde sollten ohne Probleme miteinander leben können, aber was ich hierbei herausfinden wollte, betraf eher den Hund als das Pferd.

Tirade betrachtete Tatja als ihr zugehörig und ließ ihr in der Box freien Lauf. Die Stute hieß sie jeweils mit Lecken und Schnaufen willkommen, kämmte sie mit den Zähnen oder hob sie sogar an der lockeren Haut über der Rute oder dem Rücken auf. Die Freundschaft besteht heute noch, obwohl die Hündin nicht mehr auf den Rücken rollt, um sich den Bauch lecken zu lassen, wie sie dies früher tat.

Das Pony-Stutfohlen Leila kommt ebenfalls gut mit Tatja aus, die sich vor ihr nicht fürchtet. Manchmal nähert sich Leila der Hündin meines Sohnes, Athena, in werbender Weise. Diese mag solcherlei Annäherung nicht besonders, weil sie noch unsicher ist, und jagt deshalb hinter dem Pony her. Leila schlägt dann mit den Hinterbeinen aus oder geht mit gesenktem Kopf auf die Hündin los; in beiden Fällen kommt aber sehr deutlich zum Ausdruck, daß sie bloß spielt oder den Hund verwarnen will. Das Pony gestattet zur Futterzeit beiden Hunden Zugang zu ihrer Box, obschon sie miteinander keinen engen Kontakt haben.

Freundschaften zwischen Hauspferden können sehr eng und sehr tief sein. VAVRA bemerkt hierzu, daß Freundschaften unter Stuten die stabilsten sind, die er bei Pferden beobachtet hat, und daß sie sich am klarsten in solchen Herden zeigen, die ausschließlich aus Stuten bestehen. Im Gegensatz dazu findet man nur lockere Beziehungen unter Stuten in Herden, in denen ein Leithengst die Oberherrschaft innehat und die Beziehung zu ihm alle anderen Beziehungen zurücktreten läßt. VAVRA beobachtete ferner, daß auch bei Pferden Eifersucht und Besitzgier in ihren Beziehungen eine wichtige Rolle spielen.

Ich habe selbst nie Gelegenheit gehabt, Wildpferde zu beobachten, und meine Erfahrung mit Pferden beschränkt sich auf die Haltung von Stuten, aber es erscheint nur logisch, daß Mitglieder des Harems eines Hengstes untereinander keine engen Freundschaften schließen. Stuten kommen zu verschiedenen Zeitpunkten in die Rosse oder werden trächtig, und das sind Faktoren, die von der Bildung einer engen Freundschaft ablenken und eine Rivalität fördern.

Pferde sind nicht nur untereinander eifersüchtig, sondern auch auf Menschen. In solchen Fällen schwankt die Heftigkeit der Eifersuchtsausbrüche je nach der Beziehung zwischen Pferd und Mensch. Ein Pferd, das allein gehalten wird, stuft die Menschen in seiner Umgebung ein, ohne gleich Eifersucht zu zeigen. Ein eifersüchtig veranlagtes Tier kann jedoch so weit gehen, Drohgebärden zu machen, wenn es den Anschein hat, daß ein »rangniedrigerer« Mensch einem »ranghöheren« zu viel Aufmerksamkeit erweist.

Daß Pferde auch Menschen nach Rang einstufen, wurde mir vollends klar, als ich ein altes Dressurpferd namens Adonis zu mir nahm, während Tirade für die Dauer von sechs Wochen an einem Trainingskurs teilnahm. Adonis akzeptierte mich sofort, und ich hatte nicht die geringsten Schwierigkeiten mit ihm. Er nahm auch die anderen Menschen um ihn herum mit unterschiedlichen Graden der Toleranz an. Ein paarmal kam seine Besitzerin zu Besuch; er wurde sofort eifersüchtig und ihr gegenüber besitzergreifend und bedrohte mich. Kaum war sie weggefahren, hatte er wieder an mir den Narren gefressen. War seine Besitzerin nicht anwesend, zeigte er das gleiche Verhaltensmuster und machte nun Drohgebärden gegenüber irgendwelchen Personen, die mit mir zusammen seine Box betraten. Andererseits nahm er diese gleichen Personen an, wenn ich nicht in der Nähe war. Waren mehrere Leute mit mir zusammen da, so kam er zu mir und bedrohte die anderen. Es war offensichtlich, daß er in seinem Kopf eine genau definierte Hierarchie erarbeitet hatte und auch bereit war, sie in die Tat umzusetzen.

Der Aufbau eines hierarchischen Systems unter den Menschen scheint natürlich zu sein bei einem Pferd, das isoliert von seinen Artgenossen gehalten wird. Wie sich das Tier diesen einzelnen Menschen gegenüber verhält, hängt von seiner Persönlichkeit ab. Auch Tirade hat »ihre« Menschen eingestuft, zeigt dies aber auf eine andere Art, weil sie alle nebeneinander duldet. Während sie der Hauptperson in ihrem Leben ihre ungeteilte Aufmerksamkeit widmet, ignoriert sie die anderen, oder – je nach ihrer Laune oder je nachdem, ob jemand etwas Eßbares in der Hand hat – erweist sie einem nach dem anderen ihre Gunst. Es war aber immer der Fall, daß meine Gegenwart irgendwo innerhalb ihres Geruchs- oder Gesichtsfeldes ihre Konzentration, wenn sie geritten wurde, beeinträchtigte und sie in der Folge schwierig wurde.

Ich habe Tirade im Sommer 1982 weggeschickt; aus diesem Grund holte ich Adonis, allgemein »Ado« genannt, zu mir. Tirade wurde in Monikas Obhut auf Herrn Trotts kleines Gestüt gegeben, von dem Leila kommen sollte. Der Zweck war, daß Tirade unter Anleitung einer guten jungen Reitlehrerin, die selber Schülerin von Dr. Reiner Klimke gewesen war, etwas lernen sollte. Ich wußte auch, wie Herr Trott seine Tiere hielt und behandelte, und hatte deshalb keine Bedenken, Tirade dorthin zu schicken oder Ado zu mir zu nehmen. Eine weitere Überlegung war, daß die Stute lernen sollte, mit anderen Pferden auszukommen. Von Natur aus dominant, zeigte sie wenig Neigung, anderen Pferden außer mit Verachtung zu begegnen – entweder ignorierte sie sie völlig oder bedrohte und schlug sie.

Sie wurde in eine Innenbox gestellt, von der aus sie stets eines der anderen Pferde sehen mußte, wodurch sie gezwungen war, ein Gemeinschaftsleben zu akzeptieren. Bestimmt vermißte sie schmerzlich ihre eigene Außenbox mit dem Blick über den Hof, wo sie alles sehen konnte, was dort vor sich ging – das Kommen und Gehen von Autos und Menschen. Aber sie hatte Monika bei sich, die sie ritt und sich auch sonst um sie kümmerte. Es gehörte zur Abmachung, daß Monika auch bei anderen Pferden auf dem Gestüt mithalf. Dies empörte Tirade maßlos, weil sie Monika als ihr persönliches Eigentum betrachtete. In der Folge zeigte sie sich wahnsinnig eifersüchtig und polterte gegen die Boxwände, sobald sie sah, daß ihre Freundin sich um andere Stallbewohner kümmerte oder mit ihnen ausritt.

Wenn Tirade in Gesellschaft einer viel größeren und dominanten Stute auf eine kleine Weide gebracht wurde, rempelte sie diese an und stieß sie weg. Bei meinen jeweiligen Besuchen ließ sie die andere Stute nie in meine Nähe, ich durfte ihre »Rivalin« nicht einmal ansatzweise streicheln. Die andere Stute versuchte in meiner Gegenwart nie, zu dominieren, auch vollführte sie keine Drohgebärden und drängte sich nicht, um herauszufinden, was ich in meiner Hand haben könnte. Ich fand dies besonders interessant, weil man mir erzählte, daß die ältere Stute, wenn man sie beide zusammen auf die Koppel brachte, Tirade voll dominierte. Dies schien andere Beobachtungen von mir über das Verhalten von Hauspferden hinsichtlich altersbezogener sozialer Dominanz zu bestätigen.

Tirades Eifersucht kam erstmals mit der Ankunft des Ponys Leila zum Ausbruch. Der normale Kampf mit ihr um die höhere Rangordnung war unumgänglich. Nachdem ich das Pony das erste Mal auf die Weide gebracht hatte, hielt ich die beiden während der ersten drei oder vier Tage in gegenüberliegenden Koppeln getrennt. Sie schauten sich mit einigem Interesse an, beschnupperten sich, zeigten aber im Gegensatz zu vielen anderen Pferden in ähnlicher Situation keine große Neigung zur Begegnung. Als ich den richtigen Zeitpunkt für gekommen hielt, brachte ich das Pony auf Tirades Koppel. Tirade ging sofort mit zurückgelegten Ohren, ausgestrecktem Hals und gefletschten Zähnen auf sie los. Sie jagte das Pony umher, aber letzteres ließ sich nicht unterkriegen und schlug aus, wobei es die Stute mit einem scharfen Schlag an der Schulter traf und verletzte. Tirade machte blitzschnell eine Vorhandwendung, verfehlte aber ihr Ziel. Die folgenden zwei Wochen vergingen in ziemlicher Spannung. Als Leila einmal auf mich zutrabte, ging Tirade auf sie los und traf mit solcher Heftigkeit frontal mit ihr zusammen, daß beide stiegen. Hätte ich hier nicht eingegriffen, wäre die Situation sehr ernst geworden. Drohgebärden und Ausschlagen waren häufig. Die beiden weideten in großer Entfernung voneinander. Mit der Zeit näherten sie sich in einem unbehaglichen Frieden.

Tirade nahm das Stutfohlen aus Eifersucht nicht an. Dafür gab es mehrere Gründe. Das Stutfohlen trabte sogleich auf mich zu, wenn es mich erblickte, und natürlich wurde viel Wesens von ihm gemacht. Ich mußte das Pony jeden Tag herausnehmen, um es auf die Koppel zu bringen, und Tirade nahm mir dies sehr übel. Tirade konnte sehen, wie ich das Pony im Hof putzte oder wie ich in seinen Stall ging, und auch darüber war sie erbost. Als Ergebnis davon verweigerte sie den Kontakt mit der für sie offenbar ernsten Rivalin. Das Verhalten der Stute war so klar durchschaubar, daß ich zögerte, mit dem von mir ausgearbeiteten Erziehungsprogramm für das Pony zu beginnen. Statt dessen beschränkte ich mich vorerst darauf, Leila Stallmanieren, Hufeauskratzen und anderes mehr beizubringen, alles Dinge, die außerhalb von Tirades Blickfeld geschahen.

Eine interessante Veränderung hatte sich im Verhalten der Stute mir gegenüber vollzogen. Da sie das Stutfohlen nicht akzeptieren konnte, wies sie mich und in ganz reduziertem Maß auch ihre Reiterin Monika ab. Das Hauptgewicht ihrer Abneigung traf mich, und ganz ähnlich wie ein Mensch nahm sie keine Notiz mehr von mir. Sie schmollte, weigerte sich herzukommen, und ging ich zu ihr hin, drehte sie sich um und marschierte davon. Ihre Kühle – wenn wir diese menschliche Bezeichnung gebrauchen dürfen – beeinflußte auch ihr Verhalten im Stall. Entweder ignorierte sie mich, wenn ich ihre Box betrat, blieb völlig teilnahmslos stehen oder drehte mir gar ihr Hinterteil zu.

Dies wurde glücklicherweise kein Dauerzustand, und mit der Zeit gelang es mir, sie davon zu überzeugen, daß sich eigentlich gar nichts verändert hatte. Was zum Nachdenken anregt, ist allerdings ihre Reaktion auf die Methoden, die ich anwandte, um ihr zu beweisen, daß Leila zweitrangig war und immer noch ist. Ich nahm mir vor, ihr bei jeder Gelegenheit den Vorrang zu gewähren und dies zudem mit einem großen Maß an persönlichem Kontakt zu untermauern. Sie wurde auf »gesellige« Spaziergänge mitgenommen, während derer sie grasen durfte. Es dauerte ungefähr eine Woche, bis sie begriff, daß sich ihr Leben durch die Ankunft des Ponys nicht radikal verändert hatte. Hierdurch offenbar zufriedengestellt, änderte sich ihr Verhalten gegenüber dem Pony. Zwar besteht auch heute zwischen den beiden keine enge Freundschaft, obschon sie zusammenbleiben und nicht streiten, wenn man beiden bei strengem Wetter im Freien Heu hinlegt. Jetzt, während ich dies schreibe, sind rund acht Monate vergangen, seitdem die beiden einander begegnet sind; heute noch ist ein gegenseitiges unterschwelliges Mißtrauen zu spüren.

Es muß festgehalten werden, daß wir das Pony niemals abgewiesen haben. Vielmehr wurde alles unternommen, um die beiden Tiere einander näherzubringen. Dies wurde besonders deutlich, als um die Mittagszeit jeweils Wasser auf die Koppel gebracht wurde.

Jedes Pferd hat seinen eigenen Eimer und geht interessanterweise immer auf den zu, von dem es normalerweise im Freien trinkt. Tirades Eimer ist grau und Leilas schwarz, und beide Pferde gehen unweigerlich auf den Eimer in der ihnen zugeteilten Farbe zu. Nie wird versucht, aus dem Eimer des anderen zu trinken; jedes Tier wartet, bis der eigene gefüllt wird.

Ich hielt dies bei Pferden eigentlich nicht für möglich, obschon unsere Labradorhunde ihre Futternäpfe ganz klar an der Farbe erkennen. Anscheinend gelten die gleichen Regeln.

Alle Pferde sind in ein hierarchisches Sozialgefüge eingebunden, in dem jedes Mitglied einer Herde oder Gruppe einen bestimmten Platz einnimmt. Nach VAVRA wird auch dem schwächsten und am meisten unterdrückten Herdenmitglied durch den Leithengst und andere starke Pferde Schutz vor Fremden und Raubtieren gewährt.

Die sogenannte Hackordnung, die zuerst von SCHJELDERUP-EBBE bei Hühnern beobachtet und bei Großtieren von LORENZ (3) richtiger als »Rangordnung« bezeichnet wurde, scheint auch auf Pferdeherden zuzutreffen. Die Hackordnung wird unter männlichen Tieren mit mehr Imponiergehabe aufgestellt, während Stuten in ihrem Ausdruck subtiler sind: Oft beschränken sie sich auf ein Rollen der Augen oder ein Zucken des Schweifs, um das unerwünschte Individuum in die Flucht zu schlagen.

Einer der Pächter auf meinem Gut hält eine Anzahl Pferde und Ponys, die keinerlei Verbindung zu den unseren haben. Sie stellten für mich nützliche Studienobjekte dar, und meine Beobachtungen zeigten deutlich die Errichtung und die Annahme einer Rangordnung sowie eine Unterteilung in Gruppen. Eine Gruppe von acht Pferden, die in einem offenen Stall zusammenlebte, gewann zunehmend mein Interesse, vor allem ihr Verhalten, wenn sie auf die Weide gelassen wurde.

Obschon sie miteinander relativ gesellig waren, spalteten sich die Pferde sofort in zwei Gruppen auf, jede mit einem eigenen Leittier. Das eine war ein spät kastriertes Shetlandpony, das andere eine Stute. Kurz nachdem sie zu jeweils unterschiedlichen Zeiten auf die Weide kamen, sammelte jedes Leittier seine Gruppe und entfernte sich von der anderen, wobei während des Tages ein beträchtlicher Abstand zur Rivalengruppe eingehalten wurde. Versuchte ein Mitglied der einen Gruppe in die der Rivalen einzudringen, so wurde es sofort vom Leittier in einem großen Ausbruch von Aggressivität davongejagt, obschon sich die Tiere durch ihr Zusammenleben ja kannten.

Zwei Wallache, die im Stall gesondert von den oben erwähnten Gruppen eine Box miteinander teilten, versuchten jeweils, sich zur einen oder anderen Gruppe zu gesellen und schufen dadurch eine neue Situation. Der eine Wallach gehörte zu der vom Shetlandpony geführten Gruppe und wurde gleich erkannt und begrüßt, sobald er hinausgelassen wurde, während der zweite versuchte, sich der Ponystute und ihrem Gefolge anzuschließen. Er wurde aber sofort von der Stute herausgefordert, die sich ihm mit angelegten Ohren und gebleckten Zähnen entgegenstellte. So verharrten sie einen Augenblick Stirne an Stirne, bis die Stute quietschte, gelegentlich ausschlug, sich dann auf der Vorhand wandte, ihr Hinterteil hinstreckte und mit beiden Hinterbeinen ausschlug. Der Wallach akzeptierte diese Abweisung und trottete davon.

Er blieb vorerst allein und knabberte eine Weile am Gras, bevor er versuchte, mit der vom Shetlandpony geführten Gruppe mitzugehen. Das Shetlandpony, das alle Instinkte eines Hengstes bewahrt hatte, eilte mit großer Feindseligkeit herbei, um den Eindringling davonzujagen. Seltsamerweise drohte aber auch der Wallach, drehte sich auf der Vorhand parallel zum Shetlandpony und versuchte, seitwärts zu schlagen. Beide Vorgänge – zwischen Wallach und Stute und zwischen Wallach und Shetlandpony – kamen mir rituell vor, weil keiner der Beteiligten je ernsthaft geschlagen hatte. Von der Stute allerdings ließ sich der Wallach vertreiben und stellte sich zum Grasen von beiden Gruppen getrennt an deren Peripherie auf.

Bemerkenswert ist die Tatsache, daß der Stallgefährte des abgewiesenen Tieres sich im Freien nie zu ihm gesellte, obwohl er gelegentlich mit ihm zusammen eine Runde galoppierte, um dann wieder zum Shetlandpony und seiner Gruppe zurückzukehren.

Es war offensichtlich, daß die beiden Wallache, obschon sie ihr Quartier miteinander teilten, lediglich im Stall Toleranz übten, wie dies auch bei den Gruppen der Fall war, denen sie sich anzuschließen versuchten. Jedoch entwickelte sich hierbei keine soziale Bindung. Man kann mit einiger Wahrscheinlichkeit annehmen, daß die beiden Tiere ohne das Dazutun des Menschen aus freiem Willen keinen Kontakt miteinander gehabt hätten. Man denkt dabei gern an zwei Jungen, die im Internat das gleiche Schlafquartier teilen und sich notgedrungen dulden müssen, aber dann ganz genau darauf achten, daß sie im Tagesablauf einander aus dem Weg gehen können.

Versuche von seiten des Pferdes, in bezug auf die Menschen in seiner Umgebung eine höhere Rangordnung einzunehmen, müssen sanft, aber bestimmt unterbunden werden. Der erhobene Zeigefinger auf der winkenden Hand wird universell als Drohgebärde verstanden; ich kenne kein Tier, weder Hund noch Pferd, das diese Geste nicht richtig interpretiert. Ein sehr sanftes Klopfen auf die Nase mit Zeige- und Mittelfinger wirkt auch abschreckend. Rangordnung sollte nicht durch Schreien oder Schlagen bestätigt werden; die lauteste stimmliche Äußerung sollte lediglich ein scharfes, etwas lauter als im Gesprächston gesprochenes »Nein« sein. Tadel sollte unmittelbar erteilt, aber von sanft gesprochenen Worten gefolgt werden, weil die versuchte Selbstbehauptung des Pferdes bloß einen Augenblick dauert und sofort wieder aus seinem Gedächtnis verschwindet, sobald der auslösende Impuls vorbei ist. Zeigt man seine eigene »Drohgebärde« und bestätigt dadurch die eigene, dominierende Stellung in der Herde, nimmt das Tier gleich wieder seinen angemessenen Platz in der Rangordnung ein.

Der Rang ist bei Pferden ein wesentliches Element innerhalb des sozialen Gefüges. Er erlaubt jedem Mitglied der Gemeinschaft, genau zu wissen, wo es steht und wem es aus dem Weg gehen muß. Er verhindert, daß die einzelnen Mitglieder der Gesellschaft miteinander streiten, bietet dem Schwächsten jedoch zugleich den Schutz des Starken. Nach LORENZ ist es ein »Organisationsprinzip«, ohne das höhere Wirbeltiere kein fortschrittliches Sozialleben entwickeln können. Wir brauchen diese These hier nicht zu vertiefen, sollten jedoch ihre Gültigkeit akzeptieren und uns entsprechend verhalten. Die Annahme dieser Tatsache ermöglicht das Verständnis aggressiver Handlungen von domestizierten Pferden, die uns unmotiviert oder auch scheinbar unprovoziert vorkommen. Unser Ziel sollte das Verständnis der Motivation und nicht ihre falsche Interpretation sein. Halten wir uns daran, so werden wir schließlich herausfinden, was wir zu tun haben, und vermeiden es dadurch, die Tiere in unserer Obhut zu verderben oder zu verunsichern.

Literatur

(1) VAVRA, R., (1979): Pferdestudien. München: Co-Libris Verlagsgesellschaft.

(2) ZEEB, K., (1974): Wildpferde in Dülmen. 4. Aufl. Bern/Stuttgart: Hallwag Verlag.

(3) LORENZ, K. (1969): On Aggression, Hinweise 6 & 7. New York: Bantam Matrix. Deutsche Ausgabe: Lorenz, K. (1984): Das sogenannte Böse. Zur Naturgeschichte der Aggression. München: Piper.

Betrachtungen über die Haltung von Pferden

Erfolg im Umgang mit einem Pferd wird zu einem nicht unwesentlichen Teil von der Art und Weise mit bestimmt, wie es gehalten wird. Dieses Kapitel befaßt sich intensiv mit dem einzeln herangezogenen Pferd: mit seinen Lebensbedingungen, mit oberflächlicher Psychologie, mit Verhaltensweisen des Besitzers sowie westlichen Einstellungen zu Pferden – mit Faktoren also, die weiter reichen als das einfache Halten und Verpflegen eines Tieres.

Jedes Haustier ist dem Menschen, der es hält, auf Gedeih und Verderb ausgeliefert. Während der Zeit, in der er dafür verantwortlich ist, bestimmt er dessen Schicksal, sogar bis zu dem Punkt, wo er sich entschließen muß, das Tier töten zu lassen. Abgesehen von den natürlichen Verteidigungsmitteln, auf die ein Tier zurückgreifen könnte, um sich zu schützen – und selbst ihr Einsatz könnte völlig mißverstanden werden –, ist das Geschöpf hilflos.

Wollen wir uns der enormen Tragweite dieser Aussage richtig bewußt werden, so müssen wir uns vor Augen führen, daß wir uns mit dem Besitz eines Tieres ihm gegenüber eine moralische Verpflichtung auferlegen. Ich betrachte mich nie als »Besitzer« eines Tieres – obschon ich dies im rechtlichen Sinn bin –, sondern sehe es »in meiner Obhut«. Wenn ich schon nicht selbst bereit bin, die damit verbundene Verantwortung für die korrekte Versorgung des Tieres zu übernehmen, so bin ich doch moralisch dazu verpflichtet, dafür zu sorgen, daß jene, die diese Aufgabe für mich übernehmen, sie auch erfüllen. Dies gilt besonders im Fall eines Einzelpferdes.

Gibt man sein eigenes Pferd gegen Bezahlung in fremde Pflege, so muß man darauf achten, daß die Versorgung mit der gleichen Sorgfalt

gehandhabt wird, als würde man es selbst tun. Die folgende Begebenheit, die ich hier wiedergeben darf, soll verdeutlichen, was ich damit sagen will: DIANA TUKE (1) erzählt in ihrem Buch »Horse by Horse«, wie sie zu ihrer Vollblutstute Galavant kam. Die Stute war in einem Leihstall untergebracht, und die Besitzer, von denen Miss Tuke sie kaufte, hatten sie »von April bis August« nicht mehr gesehen. Folgendes Bild ergab sich:

»Selten zuvor hat mich ein Anblick mehr erschüttert als derjenige, der sich mir beim Betreten der Box bot. Die dunkelbraune Stute, 155 cm groß, stand niedergeschlagen und elend da und ließ den Kopf bis zum Boden hängen. Jeder Knochen in ihrem mageren Leib war durch die straffe Haut sichtbar, sogar die Rückenwirbel standen hervor – sie sah eher aus wie ein Studienobjekt für Veterinärstudenten. Ihre Vorderbeine waren über und über mit eiternden Schnittwunden bedeckt. Ein entsetzter Blick auf das Tier, und ich wandte mich in bitterer Enttäuschung ab, wurde aber durch eine minimale Kopfbewegung der Stute zurückgehalten. Eine innere Kraft trieb mich zu ihr zurück, und ich untersuchte sie Zoll für Zoll, denn als Ganzes war ihr Anblick zu gräßlich. Während ich dies tat, erkannte ich, daß hier – falls ich sie zurückerwerben konnte – eine erstklassige Stute stand und daß sie unverzüglich nach Hause kommen mußte.«

Niemand kann sagen, wie oft solche Dinge vorkommen oder wie viele Pferde das Elend der Lieblosigkeit und der fehlenden Pflege erdulden müssen. Eines ist so schlimm wie das andere. Es ist durchaus kein Anthropomorphismus, zu behaupten, daß Tiere, vor allem jene der höheren Gattungen, Liebe brauchen, um gedeihen zu können. Ich bin überzeugt, daß Miss Tukes Erfolg nach der Rücknahme ihrer Stute – die Photos in ihrem Buch sprechen für sich – zu gleichen Teilen auf der Liebe beruht, die sie dem Tier zuteil werden ließ, wie auch auf ihrer Gewissenhaftigkeit und ihrem meisterlichen Umgang mit Pferden.

Nicht jede Geschichte findet ein so glückliches Ende für Pferd und neuen Besitzer, auch wird nicht jedes unglückliche Pferd derart massiv vernachlässigt, aber es gibt genügend Grenzfälle. Von der eigentlichen körperlichen Vernachlässigung der Tiere einmal abgesehen, werden viele in miserablen Stallungen untergebracht, die zu dunkel und unhygienisch sind, mit schmutziger Einstreu und mangelnder Bewegungsfreiheit. Dann finden wir auch Pferde, die auf erbarmungswürdigem Grund stehen oder auf Schuttplätzen bei jedem Wetter im Freien bleiben müssen, um unter Abfällen etwas Brauchbares herauszuangeln.

Ich muß oft mit Bestürzung feststellen, daß man an das psychische Wohlbefinden eines Pferdes, sei es nun in gepflegten oder ungepflegten Ställen, kaum einen Gedanken verschwendet. Ich will das Thema hier nochmals aufgreifen, um meinen Standpunkt unmißverständlich klarzumachen.

Das Problem für jedes Pferd, das in einem Stall steht, wo es andere Pferde sehen kann, besteht darin, daß es zwar bei einer Herde, aber nicht in sie integriert ist und somit nur wenig Kontakt zu ihr hat. Es kann weder dominant sein noch muß es ein dominantes Pferd respektieren. Es bewohnt sein eigenes Quartier – Stand oder Box – und ist allein. Das muß zu Frustrationen führen, was das Verhalten vieler schwieriger Tiere erklären mag. Pferde sind Kontaktwesen, und das Leben in der Herde ruft starke gegenseitige Zu- und Abneigung, Freundschaften und Liebe hervor. Daß diese Gefühle rasch zum Vorschein kommen, wenn Tiere miteinander auf der Koppel sind, ist leicht ersichtlich. Als unmittelbare und natürliche Folge solcher Ereignisse entwickeln sich rasch die Errichtung einer Ordnung, das Schließen von Freundschaften oder auch das Beißen oder Bedrohen von unsympathischen Mitgliedern der Gruppe. Das Leittier muß nicht unbedingt ein Hengst sein; oft übernimmt eine erfahrene Stute die Führung.

In einer Gruppe oder Herde kann man immer beobachten, wie sich die Pferde mit ihren Nasen berühren, sich beschnuppern, unter Freunden liebkosen und aufmuntern, einander Fliegen verscheuchen oder engeren Kontakt suchen, indem sie ihren Kopf bei einem anderen Pferd gleich hinter dem Widerrist auf den Rücken legen. Gemeinschaftsordnung hat absoluten Vorrang, und ihre Errichtung ist eines der Hauptanliegen, wenn eine Gruppe einander fremder Pferde zusammenkommt. Aber – und dies wird so oft vergessen – der Hautkontakt ist wichtig und notwendig.

So muß ein Tier, das alle seine Stallgefährten durch ihren Geruch bereits »kennengelernt« hat, diese spürbare Nähe ohne eine wirkliche Kontaktmöglichkeit als außerordentlich frustrierend empfinden.

Das allein gehaltene Pferd ist von all dem isoliert. Es kann sich, wenn es dazu veranlagt ist, an seine eigene Gesellschaft gewöhnen. Es überwindet sein Problem, indem es den Menschen als seine Herde oder Familie annimmt, und unterwirft sich allgemein der Führungsrolle des Menschen.

Vor nicht allzu langer Zeit haben meine Frau und ich ein bemerkenswertes Pferdesportzentrum besucht, in das offensichtlich sehr viel Geld investiert wurde. Es umfaßte eine prächtige, vorzüglich ausgestattete Reithalle, einen wunderbaren, mit nicht-rutschenden Backsteinen gepflasterten Gang von der Halle zu den Stallungen. Hohe Fenster erhellten diesen Gang, an dessen Ende auf der linken Seite zwei kleine Ställe lagen, jeder mit 8–10 Boxen, und auf der rechten Seite zwei größere Ställe mit weitaus mehr Boxen. Alle Stallungen waren erstklassig eingerichtet. Zwei Boxenreihen lagen einander gegenüber. Das Licht fiel von oben durch große Oberlichter ein. Ganz am Ende des Ganges auf der rechten Seite führte ein großes Tor in einen riesigen Hof, wo die Pferdeanhänger und -transporter geparkt waren. Den Hof umgaben weitere Gebäude und Koppeln.

Obschon die ganze Anlage höchst eindrucksvoll war, hatte ich Bedenken bezüglich der Stallungen und Koppeln. Die Pferde waren nahezu hermetisch von der übrigen Welt abgeschirmt, sie konnten einzig ihr Gegenüber sehen oder mit Mühe durch die Fenster der inneren Stalltüren auf den Gang blinzeln. Hinter den riesigen Fenstern, die eine Seite des Ganges zur Reithalle bildeten, befanden sich zwei Koppeln. Zwei Seiten jeder Koppel wurden von den blanken Wänden der Gebäude gebildet, die anderen von einem festen Lattenzaun. Bei unserem Besuch befand sich ein Pferd auf der Koppel, und es preßte seine Nase gegen die Fensterscheibe, als ich meine Hand hinhielt. Es konnte mich nur undeutlich sehen.

Für Menschen mochte die ganze Anlage prachtvoll sein, aber meiner Ansicht nach nicht für Pferde. Es will mir nicht in den Sinn, wie sich ein Pferd in einer solchen Umgebung wohlfühlen soll. Einem Tier, das unter weniger aufwendigen Bedingungen gehalten wird, kann es besser gehen als einem, das eingesperrt ist und in langweiliger Umgebung lebt – wie vollkommen diese auch immer sein mag –, wobei es stundenlang in seiner Box steht und sein Tageseinerlei bloß durch einen Ritt oder Koppelgang unterbrochen wird. Je höher die Intelligenz eines Tieres ist, desto größer ist die Gefahr der Langeweile, die schließlich zu Untugenden führt.

In einer Studie über isolierte Tiere auf Koppeln und ihre Bewegungen auf »Trampelpfaden der Langeweile« (wie ich sie nenne) und »Warteplätzen«, heißt es: Diese Langeweile-Pfade finden sich ausschließlich entlang jener Koppelseiten, die irgendwelcher Betriebsamkeit zugewandt sind, und enden fast immer in Warteplätzen, wo das Tier sich hoffnungsvoll hinstellt und wartet, bis etwas oder jemand vorbeikommt. Ich habe sodann entdeckt, daß diese Pfade und Plätze buchstäblich verschwinden, sobald das isolierte Tier die Gesellschaft eines anderen Pferdes bekommt. Selbst wenn sich die beiden Tiere nicht gut vertragen, ändert das vormals isolierte Tier sein Weideverhalten, das Hinterland wird voll genutzt, und das Überweiden in der Nähe des ursprünglichen Trampelpfades hört auf.

Obschon wir diese Ansicht nicht gern hören, sind Pferde unsere Gefangenen, auch wenn sie domestiziert geboren und gezüchtet wurden. Das ist für uns kein Freibrief, sie zu mißbrauchen, zu versklaven oder in einer Zelle zu halten, wie luxuriös diese auch ausgestattet sein mag. Es ist offensichtlich unsere Aufgabe, die Tiere »glücklich« zu machen, so wie wir diesen Begriff interpretieren, wenngleich zu befürchten steht, daß Pferde dieses Konzept wohl kaum nachvollziehen können. Während wir uns nicht unbedingt ganz nach *ihren* Bedingungen richten können, sollten wir wenigstens dafür sorgen, daß ihnen ein einigermaßen abwechslungsreiches und individuelles Dasein geboten wird.

Ich sehe große Gefahren in vorgefaßten Meinungen oder in der Katalogisierung unserer Einstellung zu irgendeinem Lebewesen oder unseres Umgangs mit ihm. Mögen wir auch den Erkenntnissen PAVLOVS folgen und ausschließlich auf der Grundlage bedingter Reflexe abrichten, wobei gewiß gute Ergebnisse erzielt werden: Irgend etwas fehlt. Indem wir ausnahmslos so vorgehen, lassen wir uns selbst wenig Spielraum, um auf das Tier einzugehen und entweder seine Psyche oder seine Individualität zu erforschen, zwei Elemente, die doch weitgehend zu existieren scheinen.

Ich habe mich immer sowohl um die geistige als auch um die körperliche Entwicklung meiner eigenen Tiere gekümmert und meine Beobachtungen und Experimente auch auf jene Individuen ausgedehnt, die nur gelegentlich in meine Obhut gelangten. Ich bin davon überzeugt, daß sich ein Pferd, das den ganzen Tag über allein im Stall steht, nicht entwickeln und mit der Zeit abstumpfen wird. Ein Mensch, der in eine Zelle eingeschlossen ist, würde ziemlich das gleiche Schicksal erleiden.

Langeweile und Einsamkeit betreffen besonders isolierte Pferde. Schon bei den ersten Anzeichen einer solchen Entwicklung sollte man sich sofort darum kümmern und Gegenmaßnahmen treffen. Ein Pferd, das viel sieht und erlebt, mit dem man sich intensiv beschäftigt und das in seinem Leben eine große Vielfalt von Aktivitäten mitmacht, läuft gemäß meinen Erfahrungen kaum Gefahr, Untugenden anzunehmen, die in Wirklichkeit ja nur Abweichungen von seinem normalen Verhaltensmuster darstellen.

Geräumigkeit und Qualität der Unterkunft erleichtern die Arbeit mit dem Tier wesentlich und beeinflussen seine psychische Gesundheit. Ein Salzleckstein trägt viel dazu bei, die Neigung zum Krippensetzen und Koppen zu unterbinden: Weil ein Pferd daran lecken kann, wird es Spaß haben und damit spielen. Die Lage der Box bezüglich des Hofes spielt gleichfalls eine wichtige Rolle. Bei fehlender Doppeltür sollte jeder Stall ein großzügiges Fenster aufweisen, möglichst mit Blick dorthin, wo sich häufig etwas ereignet. Wie wir wissen, ist dies nicht immer der Fall und oft auch nicht durchführbar. Ich bin im allgemeinen nicht für Stände, weil das Tier gezwungen ist, vor einer blanken Wand zu stehen, aber ohne Zweifel ist ein korrekter Stand einer zu engen Box mit niedriger Decke allemal vorzuziehen.

Das Tier sollte sich in seiner Box frei bewegen können, ohne an den Wänden anzustoßen. Eine zu enge Box ist nicht nur unbequem für das Pferd, sondern sie ist viel schwieriger sauberzuhalten, weil das Pferd gezwungen ist, seinen eigenen Mist in das Strohbett zu treten, das durch den Urin auch noch durchnäßt ist. Dabei wird alles durchmischt, und am Ende braucht man doch mehr Stroh. In einer geräumigen Box kann das Pferd seinen Mist an einem von ihm gewählten Platz deponieren, während der Rest der Einstreu sauber bleibt. Steht ein Pferd in einer neuen Box, nehme ich in der Regel seinen ersten Mist auf und lege ihn einen Tag lang in eine bestimmte Ecke. Ich habe nämlich entdeckt, daß sich das Pferd im allgemeinen danach richtet und den meisten Mist in der Nähe dieser Stelle fallen läßt. Muß ein Pferd aus Witterungsgründen den ganzen Tag im Stall bleiben, wird aller Mist an einer einzigen Stelle deponiert, weil er drei- oder viermal am Tag weggeräumt wird.

Wie über die meisten Dinge, so habe ich auch meine eigenen Vorstellungen über die Konstruktion einer Box und setzte diese in die Praxis um, indem ich mir eine baute, die meiner Meinung nach den Ansprüchen des Pferdes gerecht wird. Tirades Box mißt 4 x 4,3 m, die Decke ist fast 4,5 m hoch, so daß die Stute darin herumgehen kann, wenn sie nicht ins Freie darf. Die Box hat ferner eine Doppeltür und zwei Fenster. Die oberen Hälften der Fenster bleiben im Winter und Sommer geöffnet. Die obere Türhälfte bleibt den ganzen Sommer über sowie im Frühjahr und Frühherbst offen, wird aber bei Süd- oder Ostwind und bei Temperaturen unter Null geschlossen. Die Tür und eines der Fenster münden auf einen großen Hof, auf dem sich rechts andere Stallungen und gegenüber ein Haus anschließen. Dies erlaubt der Stute, dem ganzen Betrieb im Hof zuzuschauen.

Obschon meine Großeltern bemerkenswerte Pferdeliebhaber waren, kam ich zum ersten Mal in den Stallungen meines Onkels mit Pferden in Kontakt. Er hielt sich Kutschpferde, bei denen ich viel Zeit verbringen durfte. Zusätzlich ermuntert wurde ich von meiner Tante, einer versierten Vierspänner-Fahrerin und ausgezeichneten Reiterin. Von ihrem Kutscher habe ich viel gelernt, und zwar nicht nur über Zweispännerfahren, sondern über fast alles andere, was mit »seinen« Pferden zusammenhing. Als ich endlich alt genug war, um konkretes Interesse zu zeigen, war mein Großvater inzwischen verstorben, die Pferde fort, das Haus verkauft und meine Großmutter weggezogen.

Ich gehe sicher nicht fehl in der Annahme, daß meine Großeltern, wie auch mein Onkel und meine Tante, einer Generation angehörten, die ihre Pferde lediglich als Nutztiere betrachtete, die dazu da waren, geritten zu werden oder ihre Kutschen zu ziehen. Sogar meine Großmutter, Freundin und Schülerin des großen JAMES FILLIS und ehemalige Dressurmeisterin, hatte wahrscheinlich kaum jemals mehr übrig für ihre Tiere als ein flüchtiges Streicheln, bevor sie die Zügel in ihre zierliche Könnerhand nahm. Piggot, der Kutscher, und seine Pferdepfleger waren da, um für die Tiere zu sorgen, sie zu füttern und bereitzumachen. Auch kann ich mich gar nicht entsinnen, daß mein Onkel in meiner Gegenwart je seine Stallungen betreten hätte. Es ist wahr, daß der Bewohner der westlichen Hemisphäre seinen Hund mehr schätzt und ihm näher steht als seinem Pferd. Der Grund hierfür ist vergleichbar der bei Arabern und Turkmanen ausgeprägten Beziehung zu Pferden: In der westlichen Zivilisation teilt der Hund das Leben des Besitzers, lebt in intimer Verbindung mit ihm in dessen Haus, ist sein ständiger Begleiter auf Spaziergängen, bei der Jagd oder im Auto. Nicht so sein Pferd: Es lebt entfernt vom Besitzer in seinem Stall und wird nach Belieben ausgeführt und gebraucht. Sehr oft liegt der Stall weit weg vom Heim des Besitzers, und das Tier wird von jemand anderem versorgt, während der Besitzer nur dann zu Besuch vorbeikommt, wenn es ihm seine Zeit erlaubt.

Der Hausherr hat oft nur Interesse daran, sich zu seinem Vergnügen ein Pferd zu halten, ist beim Reiten mehr mit seinem eigenen Können – bzw. Nichtkönnen – beschäftigt, als daß er sich um Persönlichkeit und Ansprüche des Tieres kümmern könnte. Ein wirklich enger Kontakt zwischen Pferd und Besitzer besteht kaum.

Nicht so bei den Arabern oder Turkmanen. In ihrem Buch »Arabiens Pferde« beschreibt ERIKA SCHIELE (2) die Beziehung zwischen dem Beduinen und seinem Pferd. Sie teilt uns mit, daß Stuten zu den Familienmitgliedern gezählt wurden und in kalten Nächten mit ihren Fohlen ins Zelt kommen durften. Man sprach mit der Stute wie mit einem Menschen. Die Verhältnisse haben sich geändert, aber vereinzelt begegnet man noch dieser Sitte. Der Turkmane nimmt sein Fohlen immer noch in seine Yurte, wo es zusammen mit seinen Kindern aufwächst und in der Folge als ausgewachsenes Tier außerordentlich anhänglich wird (3).

Mit zunehmender Modernisierung wird eine Veränderung der ursprünglichen orientalischen Pferdehaltung befürchtet. Hierunter wird wohl auch die vormals innige Beziehung zwischen Pferd und Mensch leiden müssen. Das im Stall gehaltene Pferd wird eingeschlossen und nur aufs Geratewohl herausgeholt. Die Verstädterung sowie auch Reichtum und die Motorisierung sind dafür verantwortlich. In unserer Zivilisation hat die moderne Gesellschaftsstruktur mit ihren vielfältigen

Belastungen und Bestrebungen sowie die Tatsache, daß Leben und Sicherheit eines Besitzers keineswegs von der Treue seines Pferdes abhängen – dies ist hierzulande eher umgekehrt – dazu geführt, daß das Pferd ein Luxusartikel und zum Teil sogar zum Spielzeug geworden ist; schlimmer noch, vernünftig Denkende bezeichnen es gar als »Sportgerät«. Diesem kann und muß Einhalt geboten werden. Bestimmt ist dies möglich bei Menschen, die auf dem Lande wohnen und Gelegenheit haben, ihre Tiere in der Nähe zu halten. Ich weiß aus persönlicher Erfahrung, wieviel Spaß es macht und wie befriedigend es ist, von seinen Pferden voll anerkannt zu werden.

Meine eigenen Experimente und Umgangsmethoden haben bewiesen, daß vertrauensvolle und geistig ausgeglichene Pferde im Grunde genommen sich so sehr an einer Person orientieren, daß man ihre Box betreten kann, wenn sie liegen, und ihnen Leckerbissen reichen kann, ohne daß sie aufstehen: man kann sich sogar ruhig neben sie ins Stroh setzen. Solche Pferde lassen sich in ihrer Bindung an den Menschen durchaus mit Hunden vergleichen, ungeachtet des berühmten und vielzitierten Ausspruches eines Araberscheichs aus einer Oase der ägyptischen Wüste: »Ihr Weißen behandelt den Hund als euren Freund und das Pferd als euren Sklaven. Bei uns Arabern ist es umgekehrt ... und richtiger.« Als der Scheich befragt wurde, ob man beide, Pferd und Hund, als Freunde haben kann, antwortete er mit einem entschiedenen »Nein« und fuhr fort: »Jeder sollte ein bestimmtes Pferd besitzen, das ihm mehr wert ist als alles andere auf der Welt. Schließt er mit einem Hund Freundschaft, wird dies das Pferd wahrscheinlich merken und dem Menschen die Freundschaft entziehen« (4).

Wenn wir mit Pferden Erfolg haben wollen, sollten wir uns diese Philosophie ein wenig zu Herzen nehmen, obschon es natürlich auf der Hand liegt, daß wir ihr nicht vollständig folgen können. Die Behauptung des Scheichs, daß man Hund und Pferd nicht gleichzeitig als Freunde halten kann, stimmt nicht. Wie ich schon erzählt habe, hielt ich meine Labradorhündin im Welpenalter meiner Araberstute hin, so daß diese sie in allen Einzelheiten begutachten konnte. Die beiden wurden enge Freunde. Daran ist nichts Ungewöhnliches, wie jede pferde- und hundebesitzende Familie bestätigen wird.

Was der Araberscheich ausdrückte, ist bezeichnend für eine Kultur und eine ganze Lebensweise – die eines nomadischen oder halbnomadischen Volkes, das in sehr engem Kontakt mit seinen Tieren lebte. Die Nähe entsprang nicht nur der Notwendigkeit, sondern beruhte auch auf einer religiösen Überzeugung.

Diese Menschen erzählen fast unglaubliche Geschichten über Pferde, preisen ihre Anhänglichkeit und ihren Mut, und sie begegnen ihnen mit gebührender Ehrfurcht. Keinem Anhänger Mohammeds würde es jemals einfallen, sein Pferd zu mißhandeln.

Literatur

(1) TUKE, D. (1973): Horse by Horse. London: J. A. Allen & Co.
(2) SCHIELE, E. (1973): Arabiens Pferde: Allahs liebste Kinder. 2. Aufl. München: BLV.
(3) MOERMANN, H., & E. PLOEGER (1978): Buskaschi in Afghanistan. Frankfurt/Luzern: C. J. Bucher.
(4) MOTTISTONE, L. (1934): My Horse Warrior. London: Hodder & Stoughton. Deutsche Ausgabe: Mein Pferd Warrior. Stuttgart/Berlin: DVA.

Intelligenz und Gedächtnis

Ich habe schon oft hören müssen, daß Pferde dumm seien. Auf die Frage, warum dies so sei, ist der am häufigsten vorgebrachte Grund, daß Pferde, wären sie nicht dumm, sich nicht vom Menschen beherrschen ließen. Verlange ich dann ein Kriterium zum Messen der Intelligenz des Pferdes, so ist der Befragte oft am Ende seiner Weisheit. Auch einen Beleg, z. B. in Form einer spezifischen Studie, bleibt der Betreffende schuldig. Die aufgestellte Behauptung steht also unbegründet im Raum.

Es setzt natürlich eine gewisse intellektuelle Arroganz unsererseits voraus, so dogmatisch und verallgemeinernd festzustellen, ob eine Tierart Intelligenz besitzt oder nicht. Wenn wir dies tun, messen wir nämlich ihre Intelligenz, oder unsere Vorstellung derselben, nach menschlichem Maßstab. Paßt daher ihr Verhalten nicht in unser Vorstellungsbild von »intelligent«, so nennen wir sie dumm. Dies ist ganz eindeutig falsch, weil es uns nicht möglich ist, in den Geist eines Tieres einzudringen. Wir sind lediglich in der Lage, geistige Reaktionen zu beobachten und aus unseren Erfahrungen und Studien Schlüsse zu ziehen.

Wir können mit relativer Sicherheit behaupten, daß ein ganz bestimmtes Tier dumm oder mäßig intelligent ist oder gar sehr intelligent, weil es unter Pferden bedeutende individuelle Unterschiede gibt. Deshalb ist die Feststellung, A sei gescheiter als X, gerechtfertigt. Die Behauptung jedoch, das Pferd als Gattung sei dumm, ist nicht zulässig. Wir dürfen nur dann, und dazu mit Vorbehalten, eine allgemeingültige Feststellung machen, wenn wir unsere eigenen Notizen über eine Serie von Studienobjekten durchgekämmt haben, wenn wir die Arbeiten und Feststellungen von anderen Autoren im Hinblick auf deren Beobachtungen untersucht haben, unsere eigenen Schlüsse in deren Licht wieder unter die Lupe genommen haben und dann zu einem von unserem

Standpunkt gesehen vernünftigen Schluß kommen. Es ist deshalb nur möglich, die Intelligenz eines bestimmten Tieres mit der Intelligenz von Artgenossen zu vergleichen, denn ein Vergleich der Intelligenz des Pferdes mit derjenigen des Menschen ist ein blanker Unsinn. Dies kommt dem Eingeständnis gleich, den Unterschied zwischen Tag und Nacht nicht zu kennen. Wenn wir die geistigen Fähigkeiten eines außerordentlich intelligenten Pferdes mit denjenigen eines zehnjährigen Kindes vergleichen, müssen wir erkennen, daß das Pferd ein vergleichsweise *rückständiges* menschliches Wesen ist. Vergleichen wir aber die menschliche Intelligenz mit den unerklärlichen Vorzügen und Reflexen des Pferdes, wird uns klar, daß der Mensch ein sehr *unzulängliches* Pferd ist. Interspezifische Vergleiche, die zu Verallgemeinerungen führen, sind wertlos. Wasser und Alkohol können in Flaschen gefüllt und ausgegossen werden, weil beides Flüssigkeiten sind, aber damit endet auch schon die Ähnlichkeit.

Intelligenz bedeutet intellektuelle Fähigkeit bzw. Wissen und geistige Beweglichkeit. Sie sollte nicht mit der Fähigkeit zu planmäßigem Denken verwechselt werden, die im Falle des Pferdes zugegebenermaßen beschränkt ist. WYNMALEN, der Autor von »Equitation« (1), behandelt dieses Thema und definiert Intelligenz als die »Fähigkeit des Geistes, zu wissen und zu verstehen« und führt aus, sie beinhalte »die Fähigkeit, körperliche und geistige Attribute vernünftig einzusetzen und Mittel zielorientiert anzuwenden«.

Wenn wir diese Definitionen annehmen, gewinnen wir ein Kriterium, das uns durch Studium und Experimente zu nützlichen Schlüssen führt. Warum wir dies tun sollten, ist einleuchtend. Bei der Ausbildung, beim Umgang und Training, kann die intellektuelle Fähigkeit eines Individuums nicht nur dazu eingesetzt werden, uns die Erreichung unseres Zieles zu erleichtern, sondern durch sorgfältige Förderung kann sie erweitert und entwickelt werden. Ein Pferd, dessen Intelligenz gefördert und gefordert wurde, ist leichter auszubilden als eines, dem diese Erfahrung fehlt. Aber ob nun Pferdeintelligenz gefördert wird oder nicht, das Ergebnis variiert genau wie beim Menschen, und keine noch so intensive Förderung kann ein dummes Pferd in ein intelligentes verwandeln.

Meine eigenen Studien und Experimente haben mich zu der Überzeugung geführt, daß ein durchschnittliches Pferd genauso intelligent ist wie ein durchschnittlicher Hund, ein Tier, mit dem es die Eigenschaften des ausgezeichneten Gedächtnisses, einer gewissen konzeptuellen Denkfähigkeit sowie die Bereitschaft teilt, uns zu gefallen und lernen zu wollen. Wie Hunde sind auch Haus- und domestizierte Pferde vornehmlich auf eine Person – Mann oder Frau – ausgerichtet. Dies verleiht ihnen, in Verbindung mit dem Kreis der anderen akzeptierten menschlichen Freunde, die grundlegende Sicherheit, die sie brauchen, um geistig ausgeglichene und problemlose Mitglieder der Gesellschaft zu sein. Auf dieser Eigenschaft können wir aufbauen, wenn wir mit ihnen umgehen und sie ausbilden.

Haben wir die Absicht, die geistige Kapazität zu fördern und zu entwickeln, um uns ihrer zu bedienen, werden die Methoden der menschlichen Annäherung und des Umgangs wichtiger als die Art, wie das Tier gehalten wird, ja, sie nehmen sogar eine überragende Bedeutung an. Obschon ich dies bereits in einem separaten Kapitel behandelte, möchte ich an dieser Stelle den Gedanken nochmals aufgreifen, daß Pferde, die mit ihrem Besitzer oder Pfleger im besten Fall eine nur laue Beziehung und mit ihren Artgenossen höchstens Sichtkontakt genießen, unweigerlich verdummen werden. Bei einem Tier mit einer hohen Sozialordnung kann dies auch gar nicht anders sein. Hautkontakt ist unbedingt notwendig.

Manche Leute sagen, Pferde wären von Neugier regelrecht besessen, andere hingegen – wie ich auch – schreiben ihnen vielmehr ein reges Interesse und ein ständiges Bedürfnis nach Information zu. Sie wollen wissen, was sich tut, wie die Dinge ihrer Umgebung beschaffen sind, wie sie riechen und was passiert, wenn sie sich ihnen nähern. Sie schauen, prägen sich Dinge ein, lernen und wiederholen diesen Ablauf, wenn sie über etwas noch Zweifel haben. Sie stellen klare Zusammenhänge her zwischen dem, was man von ihnen verlangt, und der Situation, in der dieses verlangt wird. Ist ihre Auffassungsgabe gut und ist ihr Lehrer im Ausdruck klar, so erfassen sie das Wesentliche all dessen, was wir sie lehren wollen, mit oft erstaunlicher Bereitwilligkeit, sogar mit Eifer – vorausgesetzt, daß wir nicht durch sinnlose Wiederholungen Langeweile hervorrufen.

Es ist uns ganz unmöglich, uns in die geistige Vorstellungswelt des Pferdes zu versetzen. Wir machen es uns zu leicht, wenn wir annehmen, daß Tiere überhaupt nicht denken, denn ein nicht-denkendes Wesen stellt keine Anforderung an unser Bewußtsein. Dieser Ausweg ist nun doch zu einfach. Überdies erlaubt uns eine solche Einstellung, das Tier vereinsamen zu lassen, es nur gelegentlich zu gebrauchen und in der übrigen Zeit zu vergessen.

Wir müssen uns immer vor Augen halten, daß jedes Tier in einem domestizierten Zustand ein unnatürliches Leben führt, auch wenn es in diese Umstände hineingeboren wurde und sich der menschlichen Sozialordnung unterordnen muß. Dies bedeutet, daß es in vielerlei Hinsicht seine natürlichen Instinkte unterdrücken muß; es muß lernen, auf andere Weise zu leben, es muß sich an »neue« Lebensbedingungen gewöhnen, von denen sein Überleben abhängt. Dieser Adaptationsprozeß ist keine Vernunftsangelegenheit, sondern Selbsterhaltungstrieb, so auch zu beobachten bei Füchsen, Eulen und anderen kleinen Wildtieren, die in gewissen Londoner Stadtvierteln leben. Allerdings setzt das Pferd in den meisten Situationen seine Intelligenz ein. Die Gesellschaft, in die es durch die Domestizierung hineingezwungen wurde und die der natürlichen Gemeinschaftsstruktur des Tieres widerspricht, schafft Probleme, die es nur durch seine Beobachtungsgabe, sein Gedächtnis, seine Wahrnehmungs- und Anpassungsfähigkeit sowie mittels seiner allgemeinen Intelligenz bewältigt.

Trotz all dieser Eigenschaften bereitet es ihm Schwierigkeiten, Langeweile zu überwinden. Eingesperrte oder gefangene Tiere stumpfen sehr leicht ab, und das Pferd ist da keine Ausnahme. Dies ist ein Punkt, für den wir viel Verständnis und Einsicht aufbringen sollten. Vor allem bei allein gehaltenen Pferden sollte man im Stall *und* auf der Weide Ausschau halten nach Anzeichen von Langeweile. Langeweile führt zu abnormem Verhalten, und gelangweilte Tiere machen Dinge, die unter natürlichen Umständen völlig undenkbar wären. Beispiele dafür sind das Federnpicken bei Fasanen und Hühnern, was bis zu Kannibalismus ausarten kann; Koppen, Weben, Krippensetzen oder Fressen der Einstreu oder des Mists bei Pferden. Es ist falsch, zu glauben, daß ein behaglich und »glücklich« in seiner Box stehendes Pferd davor sicher und jenseits jeder Gefahr ist. Langeweile verhindert man am besten durch Abwechslung. Je intelligenter ein Tier ist, desto anfälliger wird es für Langeweile.

Langeweile impliziert irgendeine Art geistiger Regsamkeit, denn das öde Vergehen der Zeit oder die Untätigkeit wären nicht so zermürbend, wenn jegliche geistige Wahrnehmung unterbliebe. Alleingelassene Pferde werden sich in irgendeiner Form beschäftigen und ihre eigenen Mittel und Wege dazu finden. Ich bin ziemlich sicher, daß Krippensetzen, Weben und andere Stalluntugenden darauf zurückzuführen sind, daß intelligente Pferde eingesperrt sind und nicht wissen, was sie mit ihrer Zeit anfangen sollen.

Ich weiß aus Erfahrung, was ein gescheites Pferd alles anstellen kann, wenn man es allein läßt. Meine Araberstute Tirade ist nicht nur an sich intelligenter als andere Pferde, sondern sie ist noch intelligenter geworden durch den ständigen menschlichen Umgang und Kontakt mit ihr. Wird sie für eine bestimmte Dauer in ihrer Box eingesperrt, zeigt sie sich entweder mürrisch oder schlecht gelaunt, oder sie beweist ihr Talent als Ausreißerin.

Ich weiß gar nicht mehr, wie viele zusätzliche Sicherheitsvorkehrungen ich für die untere Hälfte ihrer Boxtür ausgeklügelt habe. Es ist ihr gelungen, alle zu knacken, bis auf die letzte. Ihr methodisches Vorgehen bei der Lösung dieser Probleme hat mich zur Überzeugung gebracht, daß sie dazu ihren Verstand einsetzt und daß keiner ihrer »Ausbrüche« zufällig war.

Eine ihrer Vorgängerinnen, Farina, hatte gelernt, die Schiebetür ihrer Box zu öffnen, wenn der Stift nicht korrekt in die Haspe eingeschoben war. Sie stieß immer wieder gegen die Tür, lockerte dadurch die Haspe und öffnete die Tür mit ihrer Oberlippe – die ich beim Pferd die »Hand« nenne – und spazierte aus der Box heraus. Einmal hatte ich mich gemütlich hingesetzt, um zu sehen, wie sie dies bewerkstelligte. Da merkte ich, daß sie die Bewegung und Haltung meiner Hand beim Öffnen der Tür beobachtet und offenbar auch auswendiggelernt hatte, denn sie machte sie genau nach.

Ich werte Lernen durch Beobachtung als höchste Form geistiger Regsamkeit, weil es eine direkte Anwendung der vorhandenen intellektuellen Fähigkeiten voraussetzt. Die Stute Farina und ihre Stallgefährtin Fricka lieferten noch weitere Beispiele: Beide konnten einfache Knoten lösen, wenn sie am Pfosten angebunden waren. Dies ist ihnen natürlich nicht beigebracht worden; wer wollte ein Pferd so etwas lehren! Aber die beiden hatten Tag für Tag das Anbinden beobachtet und konnten die erste Stufe beim Lösen ausführen, obschon sie körperlich nicht imstande waren, auch den zweiten Schritt zu meistern.

Haben wir erst einmal das Vorhandensein von Intelligenz festgestellt, können wir unsere Aufmerksamkeit dem Beibringen von Sprache – wenn auch in beschränkter Form – zuwenden. Der Kontakt mit Menschen erfordert beiderseitige Verständigung. Man erwartet ganz selbstverständlich, daß ein Pferd unsere Sprache versteht. Ich habe mit Interesse die Reaktionen von Reitern beobachtet, wenn ich sie darauf hingewiesen habe, daß das Erlernen einer Sprache durch ein Tier eine weitaus bemerkenswertere Leistung darstellt als für Menschen das Erlernen einer der anerkannt zu den schwierigsten zählenden Sprachen Chinesisch, Ungarisch oder Finnisch.

Vorausgesetzt, daß man sie korrekt lehrt, werden dem Tier Wörter und ihre Bedeutung klar. Ein beschränkter Wortschatz wird aufgenommen und gelernt, und in der Folge wird darauf reagiert. Dies bezieht sich auf Pferde, Hunde und Kleinkinder im gleichen Maße. Obschon viele Leute entsetzt die Hände zusammenschlagen werden bei dieser Feststellung, reagieren Kleinkinder in der gleichen Art wie Pferde und Hunde, wenn man ihnen ein ähnliches Grundvokabular beibringt. Würden wir zum Beispiel ein Pferd, einen Hund oder ein Kleinkind lehren, in einer ganz spezifischen Art auf eine gezielte Folge von Grunz- und Gutturallauten zu antworten, dann bestünde die gelernte Sprache aus Grunz- und Gutturallauten, wobei jedes Grunzen oder jeder Gutturallaut stellvertretend wäre für ein »Wort«.

Viele Leute glauben, daß Tiere lediglich auf den *Klang* eines Wortes reagieren und nicht auf seine Bedeutung. Dies stimmt teilweise, weil Wörter festgelegte Tonfolgen sind, so angeordnet, daß sie eine Bedeutung annehmen, die allgemein verstanden wird. Wenn wir demnach jemandem eine neue Sprache beibringen wollen, versuchen wir dies mit Hilfsmitteln, indem wir zum Beispiel einen Löffel zeigen und das Wort »Löffel« wiederholen, bis dessen Bedeutung klar wird. Das gleiche Prinzip gilt um so mehr, wenn wir ein sehr kleines Kind etwas lehren.

Wir wenden dieselbe Methode an, um einem Pferd oder einem Hund sprachliche Begriffe zu vermitteln; wir demonstrieren oder zeigen etwas, verbinden es mit einem Wort oder einer Klangfolge und hoffen so, durch die Wiederholung der Handlung und des Wortes dem Schüler dessen Bedeutung klarzumachen. Genau genommen bilden wir einen Reflex aus, aber ich bezeichne diesen Vorgang lieber als eine »Verkettung von Tätigkeiten«. Der Ausdruck ist einfacher und definiert genau, was man bei der Arbeit mit dem Pferd macht.

Wenn ein Wort nicht »tätigkeitsverkettet« wird, wird es abstrakt wie ein Geräusch aus einer unidentifizierten Quelle, ein bedeutungsloser Laut, denn soweit ich feststellen konnte, sind Tiere nicht in der Lage, abstrakte Begriffe zu verstehen. Es gibt allerdings in meiner Erfahrung eine Ausnahme, und das ist das Wort »ruhig«.

»Ruhig« stellt im Pferdewortschatz einen der wichtigsten und nützlichsten Begriffe dar. Die wahre Bedeutung zu vermitteln reicht wesentlich tiefer und offenbart sich im ruhigen und sicheren Auftreten des Pferdehalters auf eindrucksvolle Weise. So ist dieses Wort zunächst purer Klang und gewinnt erst dann an Bedeutung, wenn das Pferd lernt, daß es dieses Wort nur hört, wenn es aufgeregt oder verängstigt ist. Dies ist vermutlich der einzige abstrakte Begriff, der einfach beizubringen ist, weil wir dazu unsere eigene Schwingung oder Ruhe auch körperlich einsetzen, entweder durch den Führzügel oder indem wir das Tier mit den Fingerspitzen berühren.

Mit Absicht lehre ich nützliche Begriffe zuerst. Ich denke, daß »komm«, »steh«, »vorwärts«, »nein«, »herum« und »Kopf her« den notwendigen Handlungswortschatz weitgehend erfassen, wenn man ein Fohlen mit der menschlichen Sprache bekanntmachen will. Ich lehre »komm«, indem ich das Tier in der Box mit einer Karotte zu mir herlocke. Später, wenn es das Halfter kennengelernt hat, kann ich es auch sanft an einer Führleine zu mir herziehen und ihm eine Belohnung geben. Das Wort ist wichtig, weil das Pferd immer kommen sollte, wenn es gerufen wird. Ich bringe den Begriff »steh« bei, indem ich den Schüler an jeder Vorwärtsbewegung hindere. »Vorwärts« wird beim Führen gelehrt und »Kopf her«, indem ich zuerst das Halfter nach der an anderer Stelle beschriebenen Methode so sanft wie nur möglich anziehe. Auf diesen Grundbegriffen kann der weitere Wortschatz aufgebaut werden. Das Wort geht immer der Tat voraus und *muß* ausgesprochen werden. »Zurück«, »herum«, »Zaum nehmen« und »geh zur Krippe« sind weitere Begriffe, die ein Pferd verstehen und in Handlung umsetzen kann.

»Mach Platz« oder »herum« wird gelehrt, indem man mit den Fingerspitzen sanft gegen die Flanke des Schülers tippt. Die Worte werden verständlich, wenn sie mit der Tätigkeit in Zusammenhang gebracht werden.

Ein eigenartiges Nicht-Wort, »B-r-r-r«, kann beim Longieren, bei der freien Ausbildung bzw. bei zu schneller Gangart gelehrt werden. Alle Pferde scheinen darauf zu reagieren; dies habe ich festgestellt, als ich Zweispänner fahren lernte.

Wird jedoch ein bekanntes Wort aus dem vertrauten Satzzusammenhang herausgelöst, so verliert es seine Bedeutung vollständig, selbst wenn es im gleichen Tonfall gesprochen wird. Beträte ich eine Box und fragte das Pferd: »Wie geht es heute deinem Kopf?«, so bekäme ich keine Reaktion und dürfte auch gar keine erwarten. Würde ich aber die Box betreten und sagen: »Kopf her«, und hielte Bürste oder Halfter in der Hand, würde das Tier, das die Worte ja kennt, den Kopf herstrecken – entweder um sich das Halfter anlegen oder sein Gesicht bürsten zu lassen. Kopf, Bürste, Zaum, Halfter, Führleine – all diese Wörter werden durch Anblick, Wort und Tat miteinander verbunden.

In meinem Stall werden alle Gegenstände benannt, dann zunächst dem Pferd gezeigt, ihm anschließend zum Beschnuppern hingehalten und erst dann eingesetzt. Es ist zu bezweifeln, ob das Pferd den Sinn des Wortes »Wurzelbürste« versteht, aber es wird willig jeden Fuß aufheben, nachdem man ihm den Hufkratzer zum Beschnuppern und Ansehen hingehalten hat.

Diese Art der Kommunikation gilt uneingeschränkt.

Gewisse Sätze prägen sich ein und zeitigen die gewünschte Reaktion. Zum Beispiel lernte die alte Stute Fricka, sich vor ihrer Krippe aufzustellen, wenn man ihr dies sagte. Die Box, die sie bewohnte und die nun das Heim der Ponystute Leila ist, hat in der hintersten Ecke eine große steinerne Krippe, so daß man zum Füttern die ganze Länge der Box passieren muß. Dies bedeutet, daß ein sehr hungriges oder futterneidisches Pferd den Pfleger bedrängen kann, indem es versucht, sich über das Futter herzumachen, während es hereingebracht wird. Das Pferd muß lernen, in seiner Gier zur Futterzeit nicht zu drängeln oder zu trampeln. Die Worte »geh zur Krippe« sollten ausgesprochen werden, worauf das Tier seine korrekte Position einnimmt und wartet, bis der Hafer vom Behälter in die Krippe geleert wird.

Ich änderte eine Zeitlang die Fütterungsroutine; nach etwa sechs Monaten forderte ich Fricka auf, zur Krippe zu gehen, und sie tat es sofort. Sie hatte also weder den Satz noch seine Bedeutung vergessen! Ich hatte zu diesem Zeitpunkt gar kein Futter in der Hand; es war lediglich ein Test, aber ihre Reaktion war spontan. Sie hatte *auf* die Worte reagiert und nicht auf den Anblick des Futters. Offensichtlich begriff sie, was die Krippe darstellte.

Tirade reagiert auf die Worte »nach Hause«. Nach dem Reiten nehmen wir ihr an der Anbindestange Sattel und Zaum ab, legen ihr aber weder Halfter noch Führleine an, um sie über den Hof zu führen: Man sagt ihr einfach, sie solle »nach Hause« gehen. Es gibt allerdings Momente, wo sie dies anödet und sie davonmarschiert, aber meistens geht sie direkt zu ihrer Box.

»Schritt«, »Trab« und »Galopp« gehören gewissermaßen zum »Schluß-Vokabular«, weil sie die Tätigkeiten beinhalten, die von einem sehr jungen Pferd erst verlangt werden, wenn es an die Longe genommen wird. Diese Worte werden gleichzeitig gelehrt wie »Achtung, Kopf« und »Vorsicht«. Letzteres ist ein sehr nützliches Wort beim Reiten oder wenn man in der Box eine Tätigkeit verrichten muß, die das Pferd vielleicht erschrecken könnte. Gewöhnlich lockere und befeuchte ich das Heu in Gegenwart des Pferdes, das daran zu knabbern beginnt, sobald es hingelegt wird. Mit Wasser wird das Heu erst besprüht, wenn es vor dem Pferd liegt. Ich rufe »Vorsicht«, das Pferd wendet sich ab, bis ich fertig bin, und kommt erst zurück, wenn ich »O. K.« sage.

Natürlich ist das Sprachverstehen spezifisch auf die Worte begrenzt, die gelehrt worden sind. Darüber hinaus reagiert das Tier auch auf die Satzmodulation. Sein außergewöhnlich feines Gespür für Stimmungen, verbunden mit der Fähigkeit, Gefühlsschwingungen wahrzunehmen, lassen es entsprechend reagieren. Ist man selbst unruhig, werden auch die Tiere nervös und regen sich auf. Ich streife das Thema hier bloß im Zusammenhang mit der Stimmung, die durch die Sprache übermittelt werden kann. Ich werde näher darauf eingehen, wenn ich auf andere Formen der Verständigung zu sprechen komme.

Weder Tiere noch sehr kleine Menschenkinder denken an sich selbst in der ersten Person Einzahl. Die genaue Beobachtung meiner Stiefenkelin Philippa hat mir gezeigt, daß sie von sich selbst nicht in dieser Weise dachte. Erst als sie älter als zweieinhalb Jahre war, konnte sie verstehen, daß Erwachsene mit »ich« sich selbst meinten. Wenn es schon unmöglich ist, Menschen dieses Konzept zu vermitteln, kann es auch keinem Tier beigebracht werden. Philippa, die recht schnell von Begriff und für ihr Alter ziemlich fortgeschritten war, sprach von sich immer mit ihrem Namen: »Lippa will Teddy« oder »Lippa mag nicht ...« oder was auch immer sie sagen wollte. Die persönliche Identifizierung war mit ihrem Namen verbunden. Beim Tier, das sich mit seinem eigenen Namen oder mit dem Namen, den man im Umgang mit ihm verwendet, identifiziert, verhält es sich genauso. Der Name wird für das Tier zum »Ich«-Begriff. Tirade, die immer »Tina« gerufen wird, hört auf diese Abkürzung und nicht auf ihren Stammbaumnamen, obschon sich die beiden phonetisch nicht sehr stark unterscheiden.

Augenscheinlich identifiziert sich jedes Pferd mit seinem Namen, den es als ihm eigen betrachtet. Es kann auf den Namensruf lautlich antworten, auch wenn die vertraute Stimme selbst »außer Sicht« ist.

Keines unserer Pferde »spricht« Englisch. Ihre Ausbildung erfolgte in deutscher Sprache, und sie reagieren folglich nur auf bekannte Wörter dieser Sprache. Experimente mit unseren Labradors ergaben, daß ein Hund zweisprachig reagieren kann. Alle unsere Retriever erfassen das sowohl auf Deutsch als auch auf Englisch Gesagte. Unsere Pferde tun dies nicht, und es ist vergebliche Liebesmüh, eines von ihnen dazu zu bringen, auch nur einem einzigen englischen Wort zu folgen, es sei denn, es ähnelte dem entsprechenden Begriff im Deutschen. So wird »come« (komm) durchaus verstanden. Die Pferde sprechen auf Wörter an, die phonetisch nicht allzu unähnlich sind, wie das eben erwähnte Beispiel, also auch auf »hoof« (Huf). Hingegen sagen ihnen Wörter wie »high« (hoch), »head« (Kopf), »tail« (Schwanz) überhaupt nichts. Meine Suche nach Reaktionen auf »Fremdwörter« hat mir gezeigt, daß diese, selbst wenn sie ohne Modulation artikuliert werden, keine Wirkung erzielen. Das Pferd kann ganz einfach nicht verstehen, was man von ihm will.

Ich gebe mir stets große Mühe, den jungen Leuten, die mit meinen Tieren in Kontakt sind, beizubringen, daß sie bei der Pflege oder beim Reiten mit ihnen reden sollen. Ich dränge sie immer, vom Sattel aus mit ihrem Pferd zu sprechen, und es erstaunt mich, wie schwierig es ist, sie so weit zu bringen. Aus irgendeinem Grund kommen sie sich dabei lächerlich vor. Die kleine Jenny ist in dieser Beziehung noch meine beste Schülerin, wenngleich ihre Reitkünste im Moment noch einiges zu wünschen übriglassen. Mit Jenny im Sattel geht Tirade viel bereitwilliger am Zügel. Ich fand schnell heraus, daß das Mädchen die ganze Zeit mit der Stute redet, mit dem Ergebnis, daß das Tier völlig entspannt ist. Allerdings handelt es sich hier um den Gebrauch der menschlichen Stimme als Mittel zur Beruhigung und hat wenig oder gar nichts mit Sprache als solcher oder mit deren Sinnerfassung durch das Tier selbst zu tun. Hier wird die Stimme in der gleichen Weise tonal gebraucht, wie ich sie bei einem Lernpferd einsetze, wenn es geführt, longiert oder am langen Zügel gearbeitet wird.

Man kann sowohl Hunden als auch Pferden Wörter und deren Bedeutung beibringen; dabei darf die tonale Wirkung der Stimme weder abgestritten noch ignoriert werden. Sie spielt im täglichen Kontakt mit Pferden eine wichtige Rolle; der *Tonfall* der Stimme, zusammen mit den ausgesprochenen Wörtern, wird das Tier entweder beruhigen oder aufregen oder in bestimmten Situationen als letzte Möglichkeit einer Situationskontrolle dienen. Die unbefangene und beruhigende Stimmlage vermittelt Vertrauen bzw. das Gefühl der Normalität. Aufgeregte Pferde können durch Reden beruhigt werden, mag es auch nur Kauderwelsch sein oder Satzteile beinhalten wie »ganz ruhig« – was lange schon in ihrem Sprachschatz einprogrammiert und dazu geeignet ist, die rechte Stimmung zu erzeugen.

Das schon fast legendär anmutende Gedächtnis des Pferdes kann und sollte bei Ausbildung und Training genutzt werden. Dabei muß man jedoch sehr behutsam vorgehen. Wir sollten das Gedächtnis in angemessener Art und Weise nutzen und nicht zur Herausbildung rein mechanischer Gewohnheiten mißbrauchen. Dies tue ich nur dann, wenn ich zum Beispiel möchte, daß das Pferd in der offenen Boxtür stehenbleibt, bis ich fertig bin, oder um ihm beizubringen, vollkommen still dazustehen, wenn der Reiter ab- oder aufsitzt. Letzteres ist schwieriger, weil jedes Pferd beim Aufsitzen des Reiters weiß, daß jetzt der Spaß losgeht, und vorwärtsdrängt, sobald der Reiter mit seinem Fuß den Bügel belastet.

Während das Gedächtnis bei der Ausbildung und im Umgang gewaltige Vorteile bringt, kann es aber auch zu einem furchtbaren Bumerang werden. Mißhandlungen, vorsätzliche Grausamkeit oder schlechte Erfahrungen mit Menschen oder Orten bleiben haften. Ich muß in diesem Zusammenhang erklären, daß »Mißhandlungen« in diesem Kontext als »falsche Behandlungen« verstanden sein sollen, entweder durch falsche Ausbildung oder falschen Umgang mit dem Pferd, auch wenn dies unbewußt und ohne böse Absicht geschehen sein mag. Nehmen wir ein paar einfache Beispiele: grobes Umschnallen des Halfters, gedankenloses Aufwerfen des Sattels auf den Rücken, Anschreien des Pferdes, wenn es seine Hufe zum Auskratzen nicht gleich hebt – und schon verstehen wir, was mit »unbeabsichtigter Mißhandlung« gemeint ist.

Unterlaufen solche Gedankenlosigkeiten häufiger, kann es leicht zu andauernder Kopfscheuheit, zu Angst vor dem Sattel oder vor dem Auskratzen der Hufe führen. Allerdings kann sogar die Tatsache selbst – daß man einem Pferd eine bestimmte Sache immer zur gleichen Zeit und am gleichen Ort beibringt – auch als Mißhandlung betrachtet werden, weil die Begebenheit im Gedächtnis gespeichert und mit dieser Zeit und diesem Ort in Zusammenhang gebracht wird, so daß das Pferd sich weigert, das Gelernte anderswo auszuführen.

Das Gedächtnis geht aber über solche Dinge noch hinaus. Etwas, das dem Pferd Freude bereitet hat, wird auch in Erinnerung bleiben. Es wird sich an Orte und Menschen erinnern, auch an seinen Heimweg, sollte ihm sein Reiter die Freiheit dazu lassen. Ein alter Diener auf diesem Gut, nun längst verstorben wie das Pony, das ihm einst ein so guter Freund war, fuhr von Zeit zu Zeit auf Zechtour. Nachher war er völlig außerstande, das Tier zu lenken, und er überließ dem Pferd kurzerhand das Finden des Heimwegs. Einen ganz ähnlichen Fall erlebte ich bei einem Molkereipferd in Dublin, dessen Fahrer ich in meiner Studentenzeit einmal bat, mich mitzunehmen. Ich hatte ein Mädchen im Taxi heimbegleitet, konnte mir aber die Rückfahrt nicht mehr leisten. Ich saß im Frack und weißen Schlips neben dem Fuhrmann, der tief schlief – es war sechs Uhr früh –, und wir bewegten uns in gemächlichem

Tempo von den Außenvierteln in die Innenstadt. An ein paar Stellen mußte der Fuhrmann unterwegs halten. Das Pferd wußte dies und stoppte, und einmal mußte es sogar in einen Hof hinein. »Der alte Gaul vergißt nie etwas«, strahlte der Fuhrmann voller Stolz und rückte sich wieder zum Schlafen zurecht bis zum nächsten Halt. Es muß aber auch hinzugefügt werden, daß niemand dieses Pferd vergaß und daß es bei jeder Gelegenheit für seine Mühe etwas Gutes zugesteckt bekam.

Die großen Vorteile des Gedächtnisses treten zutage, wenn man etwas lehrt und dann lobt, auch wenn die Lektion bloß halb gelernt ist. Schüler sind empfänglich für Lob und reagieren positiv darauf. Sie erkennen und erinnern sich daran und versuchen, bei Wiederholung der Lektion diese gut zu meistern. Die Spitze des Berührungsstockes (mehr darüber später) erinnert und fordert; nach ein paar Lektionen sogar ohne eigentlich zu berühren. Der Anblick des Kappzaums und der Longe weckt Erinnerungen beim Pferd, weshalb es bereitwillig für die nun folgende Arbeit herbeikommt. Die Tatsache, daß wir überhaupt Worte gebrauchen können, verdanken wir einzig und allein dem Gedächtnis des Pferdes. Dieses Gedächtnis ist es, das die Behandlung des Tieres von Anfang an mit Aussicht auf ein Gelingen begleitet.

Literatur

(1) WYNMALEN, H. (1971): Equitation. London: J. A. Allen & Co.

Zeit, Schulung, Training

Bei allem, was mit Pferden zu tun hat, spielt Zeit eine geradezu überwältigende Rolle. Menschen, die ein Reitpferd kaufen, wollen ein bereits vollendetes Endprodukt erwerben. Sie wollen es reiten. Warum sollten sie sonst eines besitzen wollen? Es ist Sache des Züchters, ihnen ein fertiges Produkt zu verkaufen. Das ist sein Geschäft. Er wird das Tier entweder selbst zureiten oder es zur Ausbildung zu einem Berufsreiter schicken. Ein ausgebildetes Pferd bringt einen höheren Preis.

Unterkunft, Futter, Pflege und Arbeit mit Pferden kosten Geld. Wenige Züchter und Trainer haben die Zeit, sich des Jungtieres zwischen der Entwöhnung und dem Moment, in dem es zugeritten wird, wirklich anzunehmen, aber gerade das ist die Phase, in der das Tier geformt wird. Es ist auch zweifelhaft, ob jemand die Muße hat, sich mit der Psyche jedes einzelnen Individuums zu befassen. *Wenn* die Zeit verfügbar wäre, und *wenn* die ganz persönlichen Bedürfnisse eines jeden Pferdes ermessen werden könnten, dann müßte das Endprodukt als Entschädigung für den Einsatz einen hohen Preis bringen.

Die Wahrscheinlichkeit liegt näher, daß sich das Jungtier mit Artgenossen auf einer Weide tummelt, bis der Moment zum Zureiten gekommen ist. Dies bedeutet, daß es sich mehr an Pferden als an Menschen orientiert. Wenn ein solches Pferd von der Gruppe weggenommen wird, muß es zuerst gezähmt werden, während ein Jungtier, dem zum Beispiel ab 1 1/2 Jahren eine hochindividuelle Behandlung und Aufmerksamkeit zuteil wird, nie gezähmt, sondern bloß zugeritten werden muß. Es ist bereits körperlich und vor allem geistig auf seine Karriere vorbereitet worden und wird willig mit seinem Trainer arbeiten.

In einem Buch, das ich im Literaturverzeichnis nicht erwähne, befinden sich sechs Fotos, die offenbar bei zwei verschiedenen Gelegenheiten aufgenommen wurden. Sie zeigen ein Pferd, das von einem Berufsreiter

ausgebildet wird. Die Bilder sprechen nicht nur Bände, sondern erklären auch, warum viele Pferde so sind, wie sie sind, und zwar im negativen Sinn.

Der Idealfall wäre, sich ein Pferd anzuschaffen, das nicht gezähmt werden muß, und das man selbst zureitet oder das unter eigener Aufsicht zugeritten wird. Natürlich ist dies nicht immer möglich. Viele »Sonntagsreiter« haben weder Zeit noch Lust, weder Fachkenntnisse noch Interesse, um sich einen Jährling zu kaufen und drei Jahre zu warten, währenddessen dieser erzogen wird, bevor sie auf seinen Rükken klettern dürfen.

Für jemanden wie mich hingegen, der in erster Linie am Pferd um seiner selbst willen interessiert ist und dem es aufs Reiten gar nicht ankommt, ist die Entwicklung vom Jungtier zum ausgewachsenen Pferd mitnichten irgendeiner zeitlichen Beschränkung unterworfen.

Unter derart günstigen Bedingungen kann die Ausbildung mit der gebotenen Fürsorge und ohne jede Hetze vonstatten gehen, ohne daß das Nervensystem des Schülers überstrapaziert wird.

Kein Jungpferd sollte einen Reiter tragen müssen, bevor es knapp vier Jahre alt ist, besser noch, wenn es seinen vierten Geburtstag bereits hinter sich hat. Es gibt Reiter, die behaupten, ein Dreijähriger sei durchaus in der Lage, ihr Gewicht zu tragen – es mag auch diesen Anschein erwecken –, aber man darf nicht vergessen, daß die Gelenkpartien an den Enden der meisten Röhrenknochen nur durch Knorpel mit dem Hauptschaft des Knochens verbunden sind und daß eine Verfestigung erst beim zweijährigen oder älteren Tier eintritt. In diesem Stadium besteht die Gefahr einer bleibenden Schädigung, wenn das Tier überfordert oder überlastet wird. So entstehen verdeckte Schäden, die dem Pferd im Verlauf seines Lebens noch Schwierigkeiten bereiten werden. Viele Tiere weisen Mängel auf, die nicht endemisch sind, sondern sich auf einen allzu frühen leichtfertigen bzw. gar egoistischen Einsatz zurückführen lassen.

Diese Bedenken müssen ernst genommen werden, und es ist unbestreitbar, daß sich ein Tier bei ausschließlich *natürlichen* Streßbedingungen hervorragend entwickeln wird. Obschon es zutrifft, daß ein Zweijähriger durchaus in der Lage ist, ein bestimmtes Gewicht zu tragen – man mag hier argumentieren, daß Rennpferde dies offenbar unbeschadet tun –, sollte man besser ein bißchen später mit dem Reiten anfangen als ein bißchen zu früh.

Hier befassen wir uns aber nicht mit Vollblutrennpferden, weil sie eine Ausnahme bilden. Wir sprechen über Reitpferde – durchschnittliche Pferde, die gute »Allrounder« werden sollen zum Spazierenreiten oder für Querfeldeinjagden, und über »Spezialisten«: Spring-, Military- oder Dressurpferde. Das sind Tiere, die ein bestimmtes Talent zeigen und in der Folge für eine spezifische Aufgabe ausgebildet werden. Man darf nicht vergessen, daß »Jagd-«, »Spring-«, »Dressur-« oder »Freizeitpferde« nicht »Rassen« sind; es gibt ja auch keine Menschenrassen »Anwalt«, »Arzt« oder »Bergmann«.

Obschon ein Kenner durchaus das Potential eines Jungtieres erkennen kann, besteht das Hauptproblem darin, daß ein bestimmtes Talent nicht entdeckt werden kann, bevor das Pferd unter dem Reiter geht, und je talentierter dieser ist, desto besser werden auch die Fähigkeiten des Pferdes entwickelt. Zu diesem Zeitpunkt aber sind rund acht Jahre seit der Geburt vergangen. Das ist der springende Punkt.

Auch ohne Studium der entsprechenden Fachliteratur dürfte es jedermann klar sein, daß ein Pferd so gut ist wie seine Füße und Beine. Sie müssen ohnehin während der aktiven Zeit als Spring-, Military-, Jagd- oder Freizeitpferd große Belastungen aushalten, ohne daß man ihnen zu früh zuviel zumuten sollte. Beim Springen landen die meisten Pferde mit ihrem vollen Gewicht auf einem einzigen Vorderfuß, gewöhnlich auf dem rechten, der zum Eigengewicht des Pferdes noch dasjenige des Reiters auffangen muß.

Das alte Dressurpferd Ado, das ich eine Zeitlang bei mir hatte und das zuvor Schulpferd im Stall von Dr. Reiner Klimke gewesen war, stellte das Paradebeispiel eines Pferdes mit gesunden Beinen dar. Wegen seiner trockenen, einwandfreien Beine sah er aus der Entfernung wie ein Sechsjähriger aus, und sein Schritt war eine Augenweide.

Je mehr Zeit man der frühen natürlichen Entwicklung des Knochengerüstes und der Muskulatur eines Pferdes einräumt, desto länger wird dieses dem Besitzer dienen können. Genau wie Quälerei oder seelische Abweisung bringt körperlicher Streß auch eine geistige Belastung mit sich. Zwar kann das Tempo der Ausbildung eines Pferdes gesteigert werden, aber das eingegangene Risiko ist beträchtlich: Entweder bilden sich versteckte körperliche Mängel, oder es kommt zu einer Instabilität des Charakters, oder man riskiert, daß viele Lektionen nicht wirklich permanent haften bleiben, weil man nicht die hierfür erforderliche Zeit aufgewendet hat.

Menschenkinder, die für ihr Alter hochgewachsen sind, sind oft beträchtlich im Nachteil. Ihre Umgebung kann ihnen allerhand Schäden zufügen, wenn ihr wirkliches Alter und die dazugehörige Mentalität wegen ihrer Körpergröße vergessen wird. Sie werden vielleicht auch ungerechterweise gescholten, wenn sie sich gegen die Aggressionen von kleineren Kameraden wehren, und müssen sich dazu noch bewußte Einschüchterung vorwerfen lassen. Erwachsene, Lehrer und Eltern erwarten von solchen Kindern oft mehr, als diese geben können: »Ein großer Junge wie du sollte das doch wissen.« Die Fehleinschätzung aufgrund ihrer Größe kann ihr ganzes Leben bestimmen, angefangen bei den Tischmanieren bis zu ihren schulischen Leistungen oder allgemeinen Verhaltensweisen.

Junge Pferde leiden gewissermaßen unter ähnlichen Nachteilen. Ein junges Pferd ist ein großes, starkes Tier und kann seiner Umgebung schon einige Mühe machen. Somit besteht immer die Gefahr, daß seine Fähigkeiten deswegen überschätzt statt aufgrund seines wirklichen geistigen und körperlichen Alters richtig bewertet werden. So kann es vorkommen, daß von einem »Pferdekind« die Leistung eines »Erwachsenen« gefordert wird.

Obschon es dieses Alter aus verschiedenen Gründen vielleicht nicht erreicht, liegt die Lebens*erwartung* eines Pferdes bei 40 Jahren; die meisten Pferde aber sterben zwischen 21 und 27 Jahren. Wenn das Tier 10

Jahre alt ist, hat es ein Viertel seines Lebens schon hinter sich. Betrachten wir die menschliche Lebenserwartung aus biblischer Sicht, so liegt sie bei 70 Jahren; entsprechend kommen auf die ersten 10 Jahre im Leben eines Pferdes 17 1/2 Jahre des menschlichen Lebens. Wenn wir diesen Vergleich weiterspinnen, entspricht ein zweijähriges Pferd einem Kind von 4,63 Jahren. Dadurch wird deutlich, daß ein zweijähriges Pferd trotz seiner offenkundigen Kraft immer noch ein Kind ist und sich auch dementsprechend verhält. Junge Pferde sind verspielt und bockig, leiden an Konzentrationsmangel, zeigen jedoch großen Einfallsreichtum und treiben gern Unsinn. Wenn man sich die Zeit nimmt, sie auf der Koppel zu beobachten, kann man sehen, wie sie plötzliche Bewegungsausbrüche lieben; sie scheuen, keilen aus und erschrecken ohne ersichtlichen Grund. Sie reagieren auf allerlei eingebildete Bedrohungen und Gefahren. Sogar ein Siebenjähriger kann sich gelegentlich noch aufspielen, wenn ihn der Hafer sticht.

All jenen Leuten, die kürzlich vielleicht zum ersten Mal mit einem Pferd Bekanntschaft geschlossen haben und nun Großes von ihm erwarten, möchte ich zwei »Entwicklungsfahrpläne« vorstellen, um zu zeigen, wieviel Zeit für die Entwicklung eines Pferdes erforderlich ist. Der eine ist ein westlicher »Fahrplan«, der andere ein orientalischer.

Wir wollen davon ausgehen, daß unser junges westliches Pferd in seiner frühen Jugend gut behandelt wurde, aber daß es – wie so oft der Fall – bereits mit drei Jahren seine Ausbildung beginnen muß. Sein Leben dürfte sich ungefähr wie folgt abspielen: Nachdem es seine zweiten Zähne bekommen hat, wird es an das Gebiß gewöhnt und anschließend bestiegen. Es wird regelmäßig longiert und muß lernen, das Auf- und Absitzen des Reiters zu tolerieren. Nach einer Longierphase wird es höchstens 10 bis 20 Minuten pro Tag einen Reiter tragen, um seinen Rücken nicht übermäßig zu belasten. Sobald das Pferd fähig und willens ist, den Reiter zu tragen, beginnt die normale Ausbildung und das Training als Reitpferd. Wir wollen an dieser Stelle nicht näher darauf eingehen, weil es mit der Bodenarbeit, über die wir gesprochen haben, nichts zu tun hat. Es genügt, festzustellen, daß man dem Tier keine schwere Arbeit abverlangt, bevor es fünf Jahre alt ist, wenngleich die Anforderungen im Verlauf dieser Zeit stufenweise gesteigert werden. Nun kenne ich aber Pferde, denen man im fünften Lebensjahr eine Wettkampfsaison – wenn auch nur an kleinen Konkurrenzen – zumutet. Dies ist eindeutig viel zu früh, vor allem, wenn sie springen sollen.

Das orientalische Pferd – ich wähle als Beispiel das afghanische –, das für einen Spezialbereich eingesetzt werden soll, beginnt genau wie das westliche Pferd seine Karriere als Dreijähriger. Erste Bekanntschaft mit dem Sattel macht es bei Trainingsbeginn für das Spiel »Buskaschi«, wobei es an Zügelhilfen gewöhnt wird; Schnelligkeit und Behendigkeit muß es ebenfalls lernen. Seine ersten Erfahrungen mit diesem unglaublich harten Spiel macht es als Vierjähriger, wenn es umsichtig an der Peripherie des Geschehens geritten wird, damit es lernt, vor dem allgemeinen Lärm und Tumult nicht zu scheuen. Besteht es diese Probe, wird es sein Trainer näher an das Spielgeschehen heranreiten, aber nicht daran teilnehmen lassen. Inzwischen ist der Schüler fünf Jahre alt geworden. Das Training wird unter einem erfahreneren Reiter fortgesetzt. Es folgen zwei Jahre harter Arbeit, bis das Tier, nun sieben Jahre alt, an dem Spiel teilnehmen darf, für das es geboren und gezüchtet wurde (1).

Wenn wir das oben Gesagte betrachten, so stellen wir fest, daß sowohl im Okzident wie auch im Orient ein Pferd keine harte Arbeit ausführen muß, bevor es sechs bis sieben Jahre alt ist. Gewähren wir dem Tier zum Durchlaufen seiner Kindheit und Pubertät sieben Jahre, können wir mit weiteren 14–17 Jahren der Arbeit rechnen, bevor es im Alter von 21–27 Jahren pensioniert wird, was schließlich auch vernünftig ist. Ist ein Pferd aber nicht überbelastet worden, kann es noch lange nach seinem 27. Geburtstag geritten werden.

Leitmotiv dieses Buches ist das Plädoyer für eine Ausbildung und elementare Schulung von jungen Pferden im sehr frühen Alter, damit auf diese Weise Zeit gewonnen und Streß verhindert wird. Ganz offensichtlich ergeben die wenigen Minuten, die man jeden Tag mit dem Pferd verbringt, über die Jahre verteilt eine ansehnliche Zeit, wodurch sich der Vorteil abzeichnet, daß das Pferd frisch ist, wenn es schließlich die Arbeit unter dem Reiter lernen muß.

Die Lektionen sollten zeitlich begrenzt sein – ihre Kürze verblüfft viele, selbst bei der Umschulung an der Hand von verrittenen Pferden. Vor einiger Zeit diskutierte ich mit Freunden über den Zeitaufwand für ein sinnvolles tägliches Training mit Hunden und Pferden. Ich erwähnte, daß ich für etwas Neues selten mehr als eine Minute einsetzte. Dies würde meiner Meinung nach vollauf genügen, obschon diese Periode später auf 10–15 Minuten gesteigert werden kann, sobald das Pferd oder der Hund die Lektion begriffen hat. Ich spreche hier allerdings von einer ganz spezifischen Aufgabe, bei der das Pferd zum Beispiel an die Peitsche gewöhnt wird oder das Stillstehen lernt. Aber sogar dann sollte die bewilligte Minute unterteilt werden, also eine halbe Minute pro Lektion.

Ein Gegenargument zu meiner Theorie war, daß sicher niemand in der Lage wäre, in so kurzer Zeit etwas zu lehren, und daß gewiß die Vorbereitung des Pferdes zum Longieren, um während der Einführungslektionen fünf bis sechs Minuten zu arbeiten, doch ein Unsinn und eine Verschwendung von Zeit und Mühe wäre.

Man muß sich vor Augen halten, daß ein Pferd nicht spezifisch zeitorientiert ist, obschon jedes Tier ein Zeitgefühl besitzt, das sein allgemeines Verhalten und seine Bewegungen im wilden oder verwilderten Zustand bestimmt. Es läßt sich nämlich durch längere Beobachtungen feststellen, daß man dem Tier mit ziemlicher Wahrscheinlichkeit zu bestimmten Zeiten an bestimmten Orten begegnet. Dies trifft besonders auf verwilderte Schwäne zu (2). Die innere Uhr kann zum Beispiel für Fütterungszeiten trainiert – sozusagen geprägt – werden, und dies ist auch der normale Verlauf, sei es nun bewußt oder unbewußt. Dadurch wird es dem Pferdebsitzer möglich, Routinehandlungen herbeizuführen oder abzuändern.

Aber trotz alledem kann kein Tier kleine Zeitabschnitte verstehen, noch kann man ihm das Verständnis dafür beibringen. Eine Minute wird ihm demzufolge lang genug erscheinen. Natürlich werden die Ausbildungszeiten im Verhältnis zu den Lernfortschritten des Schülers minutenweise verlängert. Jedoch die Lektionseinheit abrupt von einer auf fünf Minuten zu erhöhen, wäre sehr unvernünftig, wenn man dabei von der Annahme ausgeht, daß das Pferd, das eine Minute lang stillstehen kann, dies auch fünf Minuten lang tun kann. Genau so abwegig wäre es zu glauben, daß die betreffende Lektion innerhalb einer im voraus bestimmten Anzahl von Tagen gelernt werden kann.

Der Mensch muß umdenken und begreifen, daß eine Lektion unabhängig von menschlichen Zeitvorstellungen gelernt wird. Sie ist erst dann gelernt, wenn sie wirklich »sitzt«, nicht früher, nicht später. Obschon die Zeiteinheit von einer Minute sehr schnell vergehen kann und ein kurzes Zeitmaß zu sein scheint, kann es einem Tier recht lang vorkommen. Für alle jene Leute (und es werden sicher nicht wenige sein), die argumentieren, daß diese Periode zu kurz ist, um etwas zu lehren, empfehle ich folgendes Experiment: Stellen Sie sich an einem flachen Ort auf, und wenn Ihre Uhr den Anfang einer Minute anzeigt, stehen Sie für genau 60 Sekunden auf einem Bein, ohne sich auch nur einmal auf irgendeine Weise zu stützen. Sie werden dies wahrscheinlich als anstrengend und schwierig empfinden. Ob Ihnen dieses Experiment nun gelingt oder nicht, Sie werden jedenfalls besser verstehen, wie lang eine Minute mitunter sein kann.

Nun stellen Sie sich vor, wie lang die gleiche Periode für einen Hund, der sitzen, oder für ein Pferd, das stillstehen soll, ist. Ich bin sehr zufrieden, wenn ein ungeschultes Pferd auf meine Aufforderung hin bei seinem ersten Versuch bis zu 15 Sekunden stillstehen kann.

Es ist müßig, über Ausbildung und frühes Training zu diskutieren, ohne dabei den Faktor Zeit zu berücksichtigen. Gleich vorweggenommen – es ist ein Fehler, ein Pferd den Ambitionen des Menschen anpassen zu wollen, indem man zu früh zu viel verlangt. Wie ich schon gesagt habe, verlangen wir von unseren Kindern auch nicht zuviel – oder sollten dies zumindest nicht tun –, und die gleiche Regel gilt für das Pferd. Wir fördern aber unsere Kinder vom Säuglingsalter an, indem wir ihnen elementare Disziplin und elementare Notwendigkeiten beibringen, die sie entwickeln und in das menschliche System, das wir Gesellschaft zu nennen belieben, integrieren.

Ich habe in bezug auf das Erlernen von Übungen und Aufgaben keine Zeitangaben erwähnt und mich auch gehütet zu sagen, daß ein Pferd innerhalb einer bestimmten Zeitdauer etwas gelernt haben sollte, das ihm aufgetragen wurde. Überlegungen in dieser Richtung wären dumm. Ich habe an anderer Stelle betont, daß jedes Tier hochindividuell ist, und daß diese Individualität sorgfältig erforscht werden muß. Zudem geht es nicht nur um die Frage der Individualität, sondern auch um die des persönlichen Talents, der Eignung und Intelligenz. Denn – auch darauf habe ich hingewiesen – es gibt dumme, gescheite und sehr gescheite Individuen, und in diesem Sinne keine Tiergattung »Standardpferd«.

Glücklicherweise gibt es viele ausgezeichnete Fachleute, die ebenso denken wie ich.

Ein Freund von mir, ein engagierter Experte in der Welt des Pferderennens, nahm mich mit zu Besuch bei seiner Jungstute (eine Halbschwester von ihr war damals in Newmarket im Training). Besagte Stute wurde in Hannover von Kurt Lepa trainiert, und er stellte sie uns mit berechtigtem Stolz vor. Als wir ihre große Box betraten, begrüßte sie zuerst ihn und machte nachher bei uns dreien die Runde. Sie war ein sehr elegantes Tier ohne die geringste Spur von Nervosität, und ihre Sanftheit zeugte ganz offensichtlich von guter Behandlung.

»Diese Stute«, sagte der Trainer, »sollte enorm erfolgreich werden, vorausgesetzt, daß sie niemand in Stücke zerreißt.«

Ich wollte sofort wissen, was er damit meinte. Dachte er vielleicht an zu hartes Reiten? Er machte uns ganz schnell klar, daß er vom Charakter der Stute sprach, von ihrer offenkundigen Sanftheit, ihrem Vertrauen und ihrer Ruhe. Sie müsse von Könnerhand behandelt und geritten werden. Er sagte uns, daß er es nicht zulassen würde, daß jemand sie in ein »unberechenbares Nervenbündel« verwandle. Ich fühlte mich innerlich gerechtfertigt, weil ich mich sogleich an eine Begebenheit erinnerte, die sich rund eine halbe Stunde zuvor beim Meeting – unser eigentlicher Grund, diesen Tag in Hannover zu verbringen – im Führring abgespielt hatte: Ein kämpfendes, steigendes, nervöses und völlig unbeherrschbares Tier zwang seinen Jockey hinunterzugleiten, kaum daß er in den Sattel gehoben worden war. Rührte seine völlige Unbeherrschbarkeit vielleicht bloß von einem zu eng geschnallten Sattelgurt oder befand sich etwas Störendes unter der Schabracke? Ich hoffte sehr, daß dies nicht die wahre Natur dieses Pferdes war.

Das Rennpferd Golden Cygnet war ein weiteres Beispiel für gute und verständnisvolle Behandlung und Kontrolle. Es begann seine markante Karriere als schwieriges, fast unreitbares Pferd. Sein Trainer, Mr. O'Grady, sagte von ihm: »So schwierig war er, daß er in manchen Ställen vielleicht gar nie geritten worden wäre, und unser Erfolg mit ihm gründete auf der Tüchtigkeit von einigen meiner ausgezeichneten Burschen.« (3)

Die erwähnten Trainer verfügen beide über eine erstklassige Methodik und sind ebenfalls in der Lage, die psychische Seite der ihnen anvertrauten Tiere zu erfassen. Wahrscheinlich ist diese Einstellung den meisten guten Trainern gemein. Wenn deren Pferde auf der Rennbahn nicht den in sie gesetzten Erwartungen entsprechen, können diese immer noch umgeschult und nach einer Ruheperiode als gute Reitpferde verkauft werden.

Was mag die Ursache dafür sein, daß ein Pferd versagt? Ich bin der Meinung, daß ich mit der Beschreibung, wie man richtig mit dem eigenen Pferd umgeht, gleichzeitig auch die Gründe dafür gegeben habe, weshalb ein Individuum durch zu starkes Forcieren und Fordern und durch falsche Behandlung verdorben werden kann. Ich habe das Gefühl, daß die meisten verrittenen Pferde, mit denen ich in Kontakt gekommen bin, mehr oder weniger die Produkte von laienhaften Leuten sind, die beim Kauf eines Pferdes, das sie als fertiges Produkt betrachten, weder über die Kenntnisse noch das Interesse verfügen, um sich sofort um dessen Ausbildung zu kümmern. Dies ist sehr oft der Fall. Auch mit einem relativ gut geschulten Tier muß man ständig arbeiten, wenn es sein Bestes geben soll, und sein Bestes ist relativ.

Meine persönliche Erfahrung hat mich gelehrt, daß sogar meine sorgfältig behandelten und geschulten Pferde eine fortgesetzte Ausbildung und Förderung brauchen, sobald sie unter den Reiter kommen. Die vorausgehende Schulung an der Hand und die nachfolgende Schulung unter dem Reiter sind sich überschneidende, kontinuierliche Vorgänge. Beide stehen in engem Verhältnis zum Temperament des Pferdes. Dieses Temperament setzt auch das Verständnis der Person, die es ausbilden oder umschulen will, voraus. Unterschiede im Temperament sind bei Pferden so weitreichend, daß sie ein eingehendes Studium verlangen. Es gibt Pferde, die sich ihre Aufgaben so sehr zu Herzen nehmen, daß sie sich regelrecht darüber Sorgen machen, während andere nur unter erheblichen Mühen auszubilden sind. Einige wollen bloß herumspielen und versuchen, ihren Kopf durchzusetzen, während andere erst lernen müssen, sich zu konzentrieren.

Ein Individuum mit Konzentrationsschwierigkeiten verlangt bei der Ausbildung einen beachtlichen Zeitaufwand und braucht ein interessantes und abwechslungsreiches Arbeitsleben. Oft erkennt man peinliche menschliche Parallelen.

Training – dieses Wort klingt immer so bedeutungsvoll, weil man es gern mit der Rennbahn und der Morgenarbeit auf der Galoppstrecke in Zusammenhang bringt. Hier bedeutet es aber lediglich, daß das Pferd auf seine Aufgabe vorbereitet wird. Jedes Pferd, das eine Aufgabe erfüllen muß, sollte ständig gewisse Trainingseinheiten absolvieren. Mit anderen Worten: es soll »fit« sein, wobei der Grad der Fitness unterschiedlich ausgeprägt sein mag. Freizeit-, Dressur- oder Jagdpferde werden nicht die gleiche Kondition benötigen wie Poloponys, Renn- oder Militarypferde. Ebenso unterschiedlich ist auch die Fütterung.

Wie dem Menschen, so fehlt auch dem Pferd, das ständig auf der Weide ist oder in einer Box steht und eine Stunde pro Tag bewegt wird, die Kondition. Es gleicht dann jemandem, der nach einem ganzen Tag im Büro einen Spaziergang macht oder eine gemächliche Partie Tennis spielt, um fit zu bleiben. Niemand erwartet von so einem Menschen, daß er in hochklassigen Wettkämpfen mitmachen kann. Das Pferd muß abgehärtet und seine Ausdauer aufgebaut werden, bevor man ihm irgend etwas zumuten darf. Dies liegt so sehr auf der Hand, daß ich mich fast geniere, es zu sagen; aber die Tatsache bleibt leider bestehen, daß jedes Jahr Pferde Schaden nehmen, weil man von ihnen Dinge fordert, zu denen ihre momentane Kondition keineswegs befähigt.

Wir müssen uns vor Augen halten, daß ein Pferd immer so lang mitmachen wird, wie wir es von ihm verlangen. Es wird buchstäblich weitermachen, bis es tot umfällt. Ich weiß von drei Pferden, die innerhalb eines Jahres während zweier Schleppjagden zusammenbrachen und verendeten, weil ihre Besitzer ihnen – entweder durch Naivität oder Unwissenheit – zu Beginn der Saison in untrainiertem Zustand die harte Tagesarbeit abforderten.

Außer wenn ich die Lektionen am langen Zügel fortführen oder wiederholen möchte, endet meine Arbeit, sobald das vierjährige Pferd unter den Reiter kommt. Das junge Pferd hat zu diesem Zeitpunkt meistens eine relativ gute Kondition und ist bereit, in der Folge unter dem Sattel weiter aufgebaut zu werden. Meine Tätigkeit beschränkt sich dann auf die Zusammenarbeit mit Pferd und Reiter, wobei das erste Jahr sorgfältig geplant und überwacht wird.

Was der Schüler an der Hand gelernt hat, wird vom Reiter vertieft, wobei er sich zu Beginn auf die Hilfen konzentriert, um eine unmittelbare Reaktion auf die Schenkelhilfen zu garantieren und federleichte Zügelhilfen zu bewahren.

Obschon bei mir Sommer und Winter meistens im Freien auf dem Reitplatz gearbeitet wird, werden viele Übungen auch auf den größeren Koppeln oder auf den Reitwegen des Gutes ausgeführt. Natürlich spielen dabei die Hufschlagfiguren eine wesentliche Rolle. Zur Abwechslung wird im Gelände ein Zeit-Distanz-System mit der Minute als Zeiteinheit angewendet.

Während meines Studiums hatte ich einen hervorragenden Leichtathletik-Trainer und den persönlichen Ehrgeiz, die 440 m und den Ein-Meilen-Lauf zu üben. Mein Trainer ließ mich jeweils im Anfangsstadium des Trainings 25 Yards gehen, 25 Yards langsam und die gleiche Distanz schnell laufen. Er verlangte in der ersten Phase einen weiten, raumgreifenden Gang, gefolgt von kürzeren Schritten, bei denen die Knie wie beim Laufen angehoben und wieder gestreckt werden mußten.

Mehrere Wochen lang mußte ich diese Übungen machen, bevor ich überhaupt irgendeine Strecke laufen durfte. Mit zunehmender Kondition lief ich querfeldein, über kurze Strecken von ein paar bis zu zehn Meilen, und dies in einem verhaltenen Tempo, etwas schneller als beim heute üblichen Jogging. Besondere Beachtung verdiente die Bewegung des Beins, denn das Knie wurde bis auf die Höhe des Unterleibs angehoben.

Ganz ähnliche Prinzipien wende ich an, um ein Pferd unter dem Reiter zu Kondition zu bringen. Abwechslungsweise 100 Yards Schritt und 100 Yards Trab während einer Dauer von zwei Wochen führen ein verweichlichtes Tier bald zu der Kondition, in der es zusätzlich 100 Yards galoppieren kann. Dieser Zyklus wird während der nächsten zwei Wochen beibehalten. Der Puls sollte während des Trainings kontrolliert werden. Dies ist ganz leicht: Auf der unteren Seite von einem der beiden Kiefer legt man Mittel- und Ringfinger auf die dort verlaufende Unterkieferarterie. Der Ruhepuls beträgt 30 bis 40 Schläge pro Minute. Da der Endzweck jedes Trainings ist, bei körperlicher Anstrengung den Herzschlag zu verlangsamen und die Atmung zu beruhigen, muß der Konditionsaufbau sehr vorsichtig und zu Beginn relativ langsam erfolgen, bis eine allgemeine Kräftigung eintritt.

Der Puls wird im Anfangs- und im Folgetraining gemessen, nachdem das Tier galoppiert hat. Mit zunehmender Kondition verlangsamt sich der Puls, das Pferd wird nicht so stark oder so schnell schnaufen wie am Anfang und auch weniger schwitzen. Das Paradebeispiel eines Pferdes in Höchstform und -kondition war Priceless, das Militarypferd von Virginia Holgate bei den Olympischen Spielen von Los Angeles 1984.

Der gewöhnliche Freizeitreiter wünscht sich ein Pferd, das im Gelände gut geht, aber er erwartet nicht unbedingt einen hohen Trainingsgrad. Er wird ein Tier haben wollen, das eine Jagd mitmachen kann, aber nicht in so hartem Training steht, daß mit ihm jeden Tag streng gearbeitet werden muß, um diese Kondition zu bewahren. Unfreiwillige Muße bei einem Pferd im Topfit-Zustand kann zu Kreuzschlag führen, einem degenerativen Zustand der Muskeln, vor allem in der Lendengegend und Hinterhand. Ein Tier in Topform, das weniger gearbeitet werden soll, *muß* das Training ebenso langsam abbauen, wie es aufgebaut worden ist. Die Bewegungszeit und auch sein Kraftfutter sollen stufenweise reduziert werden. Ein Problem ergibt sich immer, wenn ein durchtrainiertes Pferd verletzt wird und eine Weile »ruhiggestellt« werden muß. Hier ist tierärztlicher Rat unbedingt erforderlich. Kreuzschlag kann aber auch ein Pferd befallen, das nach einer unfreiwilligen Ruheperiode zu harter Arbeit herangezogen wird. Tirade hat es einmal gehabt, als ich abwesend war und ihr Reiter sie überfordert hatte. Glücklicherweise hat meine Frau die Situation erkannt und rechtzeitig den Tierarzt gerufen. Eine Spritze hat der Stute das Leben gerettet.

Jede ernsthafte Arbeit beginnt erst, nachdem das Pferd zur Lockerung zehn Minuten leicht angeritten worden ist. Fünf Minuten am hingegebenen Zügel im Schritt, dann zwei bis drei Minuten am langen Zügel und den Rest der Zeit im versammelten Schritt. Danach 100 m pro Minute im Schritt, 250 m pro Minute im Trab und dann wieder 100 m im Schritt für eine Minute. Dann folgen 500 m Galopp während einer Minute und 100 m oder mehr im Schritt zurück zum Reitplatz. Dann beginnt eine Periode von 30 Minuten für das Ausführen der Hufschlagfiguren, gefolgt von einem gemütlichen Spazierritt im Schritt mit gelegentlichem Trab, und dann zurück in den Stall.

Sobald das Pferd eine verbesserte Kondition zeigt, werden Dauer und Distanz erhöht. Wie beim Leichtathletik-Training werden zwischen den anstrengenden Übungen Schrittphasen eingelegt, bis das Verhältnis 1:1 geändert werden kann, sobald das Pferd eine längere Zeit traben oder galoppieren kann. Die Fortschritte werden erlauben, das Verhältnis 1 (= Schritt):2, 1:3 oder gar 1:4 zu erreichen. Wie und wann diese Verhältnisse geändert werden, hängt vom Gefühl und dem Ermessen des Trainers ab. Wenn der Schüler nach 1000 m Galopp außer Atem ist oder ungewöhnlich stark schwitzt, ist seine Kondition ganz offensichtlich mangelhaft, und er sollte nicht überanstrengt werden. Schnauft das Pferd sehr schwer, soll es am hingegebenen Zügel und mit leicht gelockertem Sattelgurt Schritt gehen. Gesunder Menschenverstand verlangt in diesem Fall die Umstellung des Trainingsprogramms.

Es könnte sogar angebracht sein, an den Anfang des Trainingsprogramms zurückzukehren, was lange Spaziergänge an der Hand mit etwas leichtem Reiten im Schritt und Trab beinhaltet. Dies alles hätte natürlich gemacht werden sollen, bevor man überhaupt etwas vom Pferd verlangt. Zudem zeigt ein Pferd, das an der Hand gearbeitet worden ist, sehr wahrscheinlich keine Anzeichen körperlicher Belastung. Ist hingegen ein Pferd, ohne gearbeitet worden zu sein, von der Weide gekommen, benötigt sein Aufbau rund sechs Wochen, bis es fit ist.

Die Zeit/Distanz-Verhältnisse, die ich angegeben habe, sind für das Pferd nicht streng und deshalb sehr gut geeignet, um die Kondition aufzubauen. Sie ergeben ungefähr die folgenden Stundengeschwindigkeiten: im Schritt 6 km, im Trab 15 km, im Galopp 30 km. Die Distanzen in Metern pro Minute sind oben schon angegeben worden.

Obschon eigentlich jedermann seinen Fähigkeiten entsprechend eine eigene Methode entwickelt, fand ich meine Pferde als Folge dieses Trainingsschemas bei recht guter Kondition. Da ich mich hier nur auf die körperliche Fitness beschränke, berühre ich die Disziplinen gar nicht, die das junge Pferd von seinem Reiter lernen muß. Ernsthafte Interessenten sind mit dem Buch von MARY ROSE über Training, das sich vorwiegend an junge Berufsreiter wendet, und mit »Cavaletti« von KLIMKE bestens beraten. Beide Werke vermitteln alles Wissenswerte. Im Anhang zu seinem Buch gibt KLIMKE außerordentlich nützliche Trainingsprogramme von vier bis sechs Wochen für Tiere im zweiten Jahr ihrer Ausbildung. Von den drei Programmen bezieht sich das erste auf die Grundausbildung, das zweite auf Dressur und das dritte auf die Springreiterei. Alle drei stehen im Zusammenhang mit der Cavaletti-Arbeit und vermitteln Anregungen für den täglichen Ablauf. Sie sind besonders interessant für Leute, die um eine sinnvolle Zeiteinteilung des Trainingsprogramms im Zusammenhang mit den jeweils anfallenden Disziplinen bemüht sind.

Sobald ein Pferd unter den Sattel kommt, ändert sich der gesamte Ablauf seines Lebens, und es wird fortan gemäß seinen eigenen sowie den besonderen Talenten seines Reiters ausgebildet. Es wird erwachsen. Die Hauptaufgaben aus seinen Jugendtagen sind nun Zusatz- oder Korrekturlektionen geworden. Allerdings sollte sich das Grundprinzip nicht ändern und alles, was das Pferd einmal gelernt hat, durch den Reiter Anwendung finden.

In allem, was wir mit unserem Pferd tun, sollte uns unsere Vernunft leiten. Reiten ist nicht nur eine physische Tätigkeit. Ein Könner reitet in erster Linie mit seinem Verstand und nicht allein mit seinem Körper. Gleichzeitig ist er sich dessen bewußt, was er von seinem Pferd verlangt, zu was es imstande ist, und was er sich von ihm wünscht.

Ein guter Pferdehalter und Trainer sieht sich ganz ähnlich. Er arbeitet vorwiegend mit dem Verstand. Er weiß, was er erreichen will, er kennt sein Tier, er ist sich bewußt, wie weit es psychisch in der Lage ist, das zu lernen, was er ihm beizubringen versucht. Sein Endziel ist es, ein relativ furchtloses, vollständig vertrauensvolles, sanftes und gehorsames Tier zu haben, eines ohne Komplexe, das weder für die Gesellschaft noch für sich selbst eine Gefahr darstellt. Darin besteht die Kunst der Ausbildung und des Umgangs mit ihm.

Literatur

(1) MOERMANN, H., & E. PLOEGER (1978): Buskaschi in Afghanistan. Frankfurt/Luzern: C. J. Bucher.

(2) MACSWINEY OF MASHANAGLASS, O. MARQUIS (1971): Six Came Flying. London: M. Joseph.

(3) CLOWER, M. (1978): Pacemaker International. June. London.

(4) KLIMKE, R. (1969): Cavaletti. London: J. A. Allen & Co. Deutsche Ausgabe: Klimke, R. (1986): Cavaletti. Ausbildung von Reiter und Pferd über Bodenricks.Stuttgart: Franckhsche Verlagshandlung.

(5) ROSE, M. (1977): Training Your Own Horse. London: George Harrap & Co.

Fluchtverhalten und Furcht

Jahrtausende der Domestizierung haben aus dem Pferd ein umgängliches Wesen gemacht. Es erkennt den Menschen als seinen Freund und Ernährer an, aber es läßt sich von ihm auch schändlich versklaven, zu seinen Zwecken sogar umbringen oder sonstwie mißbrauchen. Es müssen erstaunliche Menschen gewesen sein, die erstmals Pferde zähmten. Wir wissen nicht, ob sie Pferde als Fleischlieferanten einpferchten oder ob sie versuchten, die Tiere als Transportmittel zu gebrauchen. Aber was auch immer der Fall war, sie hatten den Schlüssel zu ihnen gefunden. Sie wußten, wie sie Pferde dazu bringen konnten, ihre natürlichen Ängste zu überwinden; es gelang ihnen auch, von dem Tier, das sie einst gejagt hatten, anerkannt zu werden und sein Vertrauen zu gewinnen.

Es ist ein langer Weg vom Eohippos zum modernen Pferd. Trotz Kreuzungen und Zuchtauswahl bewahrt das domestizierte Pferd, wie wir es heute kennen, in seiner Erbmasse Züge und Gewohnheiten, die auch bei freilebenden wilden, primitiven und verwilderten Artgenossen zu finden sind.

Es ist ein bißchen Mode geworden, Pferde als »Tiere der Steppen« und als »fluchtorientiert« zu bezeichnen. Zugegeben, ein romantisches Konzept. Fluchtbereitschaft zeigen wilde Pferde, verwilderte und primitive Tiere, aber – bei allem Respekt – dies trifft wohl kaum auf das Hauspferd zu. Ich glaube, daß wir der Wahrheit näher kommen, wenn wir domestizierte Pferde als Tiere sehen, die wegen ihrer angeborenen Vorsicht, Empfindsamkeit und Nervosität auf *Furcht* reagieren. Wie ihre wilden und verwilderten Vettern werden sie leicht beunruhigt durch Dinge, die sie nicht gleich identifizieren können, und erschrecken, wenn sie sich ihnen gegenübergestellt sehen. Sie bleiben mißtrauisch und bockig und schnauben drauf los, bis sie zufriedengestellt sind und wissen, was los ist.

Allen Lebewesen ist ein bestimmtes Maß an gesunder Furcht vor dem Unbekannten gemein, *homo sapiens* miteingeschlossen. Dies ist auch richtig so, denn der Selbsterhaltungstrieb löst bestimmte Mechanismen aus, die möglichen Schaden durch Angriffe verhindern sollen. Wären unsere domestizierten Pferde wirklich hochgradig fluchtorientiert, so könnten wir uns ihnen auf einer Koppel nicht nähern, geschweige denn sie einfangen. Sie würden ständig die Fluchtdistanz einhalten und so unsere Annäherung vereiteln. Die Fluchtdistanz ist der meßbare Abstand, den eine Tierart immer zwischen sich und einem sich nähernden Fremden bewahrt. Die meisten Wildtiere kennen eine Art territorialen Abstandes zwischen sich und einer potentiellen Gefahr. Wird diese »Grenze« überschritten, so daß der Abstand nicht mehr aufrechterhalten werden kann, flüchtet das Tier, wenn der Fremde näherkommt. Die »Fluchtdistanz«, wie H. POULSEN (1) sie genannt hat, variiert sehr stark je nach Lebensraum, Spezies, möglicher Bedrohung durch den Menschen oder andere natürliche Feinde. Ich habe den Begriff hier entlehnt und auf Pferde angewendet, obschon er ursprünglich in Zusammenhang mit verschiedenen Schwanenarten gebraucht wurde.

Die von Schwänen benötigten Distanzen, die in den Werken von Poulsen und anderen an dieser Spezies interessierten Wissenschaftlern erwähnt sind, werden von BANKO (2) zitiert; obschon zu unserem Thema kein direkter Zusammenhang besteht, ist die Feststellung doch bemerkenswert, daß Vögel, die in Gehegen gehalten werden, mit der Zeit zahm werden, womit auch ihre Fluchtdistanz langsam abnimmt.

Es stimmt, daß ein elementarer Rest des Instinkts zur Wahrung der Fluchtdistanz beobachtet werden kann, wenn Fremde sich Hauspferden nähern oder wenn letztere, durch etwas erschreckt, eine kurze Strecke fortrennen, sich dann umdrehen und versuchen, die Ursache ihrer Furcht zu identifizieren. Meiner Meinung nach aber beruht solches Verhalten eher auf ihrer bifokalen Sicht als auf einem Zwang zur Flucht. Pferde müssen ganz einfach einen gewissen Abstand haben, um richtig sehen zu können. Es ist falsch, zu glauben, daß ein Pferd, das sich auf seiner Koppel nicht einfangen läßt, angeborene Fluchtorientierungsmerkmale offenbart; vielmehr zeigt es das volle Ausmaß seiner schlechten Erziehung oder seiner Ungezogenheit.

K. ZEEB (3) beschreibt in seinen Beobachtungen der primitiven Herde, die dem Herzog von Croey im Merfelder Bruch, Dülmen (Westfalen), gehört, wie sehr Furcht auf Vorsicht beruht. Diese Tiere kennen zwar Fluchtdistanzen, doch sind diese sehr kurz, weil sie an die Nähe und den Anblick von Menschen gewöhnt sind. Die Herde wird von Stuten bewacht. Diese gehen bereits in Stellung, stehen aufrecht und gespannt, wenn eine auf sie zukommende »Gefahr« noch 500 m weit weg ist. Die Herde wird aber nicht flüchten, wenn man sich ihr ruhig nähert; die Tiere grasen weiter, halten jedoch ein wachsames Auge auf den Eindringling gerichtet. An einem heißen Sommertag kann man bis auf drei Yards an die Herde herankommen. Dies trifft allerdings nur in den Tag- und Nachtstunden zu, nicht am frühen Morgen oder in der Abenddämmerung; in diesen beiden Fällen beträgt die Fluchtdistanz zum Menschen 6–8 oder noch mehr Yards. ZEEB glaubt, daß dieses Verhalten auf dem »vererbten Gedächtnis« beruht, weil Raubtiere gewöhnlich während der Dämmerstunden angreifen.

Wenn der Mensch einen Vierbeiner imitiert, wird die Fluchtdistanz sofort auf rund 20 Yards erhöht. Verhält sich der Vierbeiner vollkommen still, nähern sich die Pferde bis auf 6–8 Yards, neigen die Köpfe und wittern. Rührt sich der Vierbeiner, wird gleich die ursprüngliche Distanz von 20 Yards wieder eingenommen. Macht das vorgetäuschte »Tier« eine heftige Bewegung, flüchtet die Herde auf eine neue Distanz mit 300–400 Yards zwischen sich und der Gefahr. Interessant ist die Feststellung, daß die Fluchtdistanz trotz des für die Herde uneingeschränkten Platzes relativ kurz bleibt. Der Wissenschaftler erzählt uns, daß sich etwas Außergewöhnliches ereignete, als sich der »Vierbeiner« aufrichtete und wieder als Mensch erkennbar wurde. Die Tiere kamen bis auf die Fluchtdistanz heran, die sie normalerweise für Menschen bewahren. Die Schlußfolgerung ist, daß sie nicht unterscheiden können zwischen einem niedergekauerten Menschen und einem Tier. ZEEBs Beobachtungen stimmen auch mit denen von VAVRA überein: Die Familien innerhalb der Herde schließen sich während der Flucht zusammen, die Hengste hingegen folgen der Herde und sind von der allgemeinen Panik nicht ergriffen.

Eines der Experimente mit den Dülmener Wildpferden hat mich so fasziniert, daß ich es mit unseren Hauspferden nachvollziehen wollte. Ich habe mich auf einer unserer Koppeln hingelegt und versucht, ein großes Tier auf allen Vieren darzustellen. Die Ergebnisse waren enttäuschend und lustig zugleich. Die Stuten kamen heran, um zu schauen, was ich wohl im Sinn hätte. Sie stellten sich neben mich hin, schnüffelten an mir herum, standen eine Weile über mir Wache, als ob ich irgendwie Hilfe brauchte, und dann gingen sie davon und begannen zu grasen. Wenigstens hatte ich herausgefunden, daß Hauspferde außer höflicher Neugier keine Reaktion zeigen bei Possen von Menschen, die sie kennen. Glücklicherweise ist meine Nachbarschaft an seltsames Verhalten gewöhnt und hat es längst aufgegeben, mich als wunderlich zu betrachten. Der Anblick eines älteren, schäbig gekleideten Herrn auf allen Vieren auf einer Koppel überrascht hier weder Mensch noch Pferd! Es muß allerdings erwähnt werden, daß die Pferde mich und meine Wittrung kennen.

ZEEBs Studien weisen darauf hin, daß je zahmer das Tier ist, desto kürzer seine Fluchtdistanz wird, um noch ein Minimum an Vorsicht walten zu lassen. Wir erlebten das gleiche mit Enten, die jedes Jahr als Gäste zum Brüten an unsere Teiche kommen. Über die Dauer von fünf Jahren verringerte sich ihre anfängliche Fluchtdistanz von rund 100 Yards, und sie flogen nicht mehr davon, selbst wenn sich ein Mensch bis auf 100 Yards genähert hatte. Hauspferde haben demnach nur noch eine rudimentäre Neigung zum Fliehen und tun dies höchstens, wenn sie in Panik versetzt werden.

Mit wilden, verwilderten oder primitiven Herden verhält es sich etwas anders. VAVRA (4) bemerkt, daß etwas Überraschendes oder Unbekanntes Pferdeherden in panikartige Flucht versetzen kann. Die ranghöchsten Stuten mit ihren Fohlen laufen an der Spitze, die untergeordneten Stuten und ihre Fohlen in der Mitte, während die Leithengste der Familiengruppen den Schluß bilden und eventuelle Nachzügler anspornen. VAVRA betont, daß die Hengste offenbar nicht von der allgemeinen Panik angesteckt werden. Leider gibt er uns keinerlei Angaben über die Distanz, die eine Herde während einer solchen Flucht zurücklegt.

Furcht ist eine ganz andere Sache. Man kann sagen, daß sie direkt unter der Haut sitzt und sehr leicht an die Oberfläche gelangt. Furcht ist aber allen Tieren, einschließlich dem Menschen, gemein. Sie bewirkt gleichzeitig ein unangenehmes Gefühl, eine schmerzliche Emotion, eine Wahrnehmung von Gefahr, Schmerz oder Schrecken. Ich habe bereits gesagt, daß man sie als Schutzmechanismus betrachten sollte, die eine Reaktion oder eine Kettenreaktion auslöst, unter Umständen sogar Aggression hervorruft. Furcht ist so sehr Bestandteil des Pferdewesens, daß ich, anstatt die Neigung zur Flucht zu betonen, Pferde eher als furchtorientiert charakterisiere, jedoch kann die eine Eigenschaft nicht ganz ohne die andere existieren.

Jedermann, der ernsthaft mit Tieren umzugehen beabsichtigt, sollte sich mit diesem Phänomen befassen, um sich manche unangenehmen und unerwarteten Überraschungen zu ersparen. Ein wichtiger Bestandteil der Ausbildung und des Trainings von Pferden, vor allem beim täglichen Umgang mit ihnen, sei es bei der Arbeit im Hof oder im Stall, ist buchstäblich das Lehren des Sich-Nicht-Fürchtens. Ich investiere in diese Aufgabe weit mehr Zeit als in jede andere; oft sogar finde ich mich in der Situation, jungen Leuten ihre Furcht nehmen zu müssen, damit sie die Tiere, mit denen sie in Kontakt sind, nicht damit anstecken.

Obschon ich glaube, daß Furcht endemisch ist, muß sie beim Pferd anders geartet sein als beim Menschen. Ein erschrecktes Pferd hält nicht an, um die Ursache seiner Furcht zu untersuchen und zu taxieren, noch fragt es sich, warum es sich gerade davor fürchten sollte. Seine Furcht ist selten eine Vorahnung, sondern meistens ein Reflex. Die Ursache – ob wirklich oder nur eingebildet – besteht, und das Pferd wird dadurch augenblicklich angetrieben. Es fragt sich nicht: »Muß ich eigentlich Angst haben?«

Für das Pferd gilt allgemein, daß die Antwort auf das Unbekannte nicht im Untersuchen und Erkennen liegt, sondern im Davonrennen, so schnell die kräftigen Beine tragen können. Sobald dann ein sicherer Abstand erreicht ist, wird umgedreht und mit hocherhobenem Kopf die mögliche Gefahr angeschaut und gewittert. Und sollte diese Gefahr näherrücken, wird sich das Pferd abermals zurückziehen. Folgt die Gefahr aber nicht, beruhigt sich das Pferd und beginnt zu grasen – die ganze Sache ist »aus den Augen, aus dem Sinn«.

Mit Furcht muß man immer rechnen. Meiner Meinung nach kennt das Hauspferd zwei Arten von Furcht. Die eine nenne ich die »natürliche Furcht«, vergleichbar mit der menschlichen Empfindung, die sich so ausdrückt: »Ich weiß nicht, was es ist. Es könnte explodieren; ich gehe besser ein bißchen zurück und schau mal erst.« Die andere bezeichne ich als »bedingte Furcht«, entstanden aus einer persönlichen Erfahrung. Dazu zählt zum Beispiel die Furcht vor der Peitsche oder die

Angst vor dem Festliegen in der Box, was zur Folge hat, daß sich das Pferd immer nur auf einer Seite wälzen wird, ohne ganz herumzurollen, weil es sich ständig daran erinnert, daß es einmal eingeklemmt war.

Natürliche Ängste sind nicht schwerwiegend und können sehr leicht kuriert werden. Entweder nähert man sich der Ursache und berührt sie, oder man geht vor dem Pferd an dem Objekt vorbei und beruhigt seine Furcht durch das eigene ruhige Verhalten, oder man setzt die Stimme in einem beruhigenden Tonfall ein. Um ein weiteres treffendes Beispiel zu nennen: man kann vor seichtem Wasser oder vor großen Pfützen absitzen und das Pferd am Zügel hindurchführen. Aus irgendeinem Grund sind Hauspferde oft wasserscheu, was in verbrämten Worten bedeuten soll, daß sie vor Wasser regelrecht Angst haben. Dies mag daran liegen, daß sie nicht in der Lage sind, die Tiefe von großen Pfützen zu ermessen, die von ihnen aus gesehen auch bodenlose Gruben sein könnten. Sehr große Pfützen können durch außerordentlich geschickte Seitwärtsschritte – geradezu eine Augenweide – oder nötigenfalls durch Springen überwunden werden. Flußfurten wird ein wasserscheues Pferd nie durchqueren. Nur in blinder Panik würde es hindurchrasen.

Diese Angst vor dem Wasser findet man bei wilden, verwilderten oder primitiven Pferden nicht; sie gehen freiwillig ins Wasser, entweder um Insekten zu entfliehen oder um das andere Ufer zu erreichen oder sogar zum Baden. Es ist naheliegend, daß es bei vielen Hauspferden nicht »Tradition« sein kann, ins Wasser zu gehen. Damit meine ich, daß sie dies von der Stute oder den Herdenführern nicht gelernt haben, weil auch diese in der Domestizität aufgezogen wurden und darin wahrscheinlich so furchtsam und ungeschickt sind wie die nachfolgenden Generationen. VAVRA zeigt herrliche Photographien von Pferden im Wasser und merkt in seinen Texten an, daß Pferde gute natürliche Schwimmer sind, obschon sie sich im Wasser am allerwenigsten schützen können. Aber die Tiere in Andalusien und der Camargue sowie die Wildpferde vom Merfelder Bruch wälzen sich alle im Wasser oder im Schlamm (VAVRA und ZEEB) und genießen dies sichtlich. Man darf nicht vergessen, daß das Leben und die Reflexe von Pferden durch ihre unmittelbare Umgebung beeinflußt werden und daß zahlreiche Hauspferde weder in die Nähe von Wasser gelangen noch die Notwendigkeit kennen, ein Gewässer durchqueren zu müssen. Im übrigen lernen Pferde voneinander auch solches, und wenn ein Fohlen eben *nicht* gelernt hat, an der Seite seiner Mutter ins Wasser zu gehen oder Wasser zu durchqueren, wird es selbst zögern, auch nur seine Füße zu benetzen. Ein solches Tier wird sich wirklich vor Wasser fürchten. Es ist die Angst vor dem Unbekannten; möglicherweise spielt auch die Struktur des Auges beim Pferd eine Rolle, weil sie es ihm unmöglich macht, bei erhobenem Kopf Tiefen zu bestimmen.

Ein wasserscheues Pferd zu schlagen oder sonstwie zu zwingen, würde zu »bedingter« Furcht führen oder, mit anderen Worten, einen negativen Reflex bedingen. Es wird wohl Tausende von Pferden geben, die mißhandelt worden sind und in der Folge unter erworbenen Ängsten leiden.

Die Lehrbuchmethode, nach der der Mensch den Weg durchs Wasser zeigt, indem er hineingeht und durchwatet, ist die richtige. Auf diese

Weise schließt man nämlich die Lücke in der Ausbildung, die die Stute aus Mangel an Gelegenheit hinterlassen mußte.

Während wir bei der Bewältigung natürlicher Ängste sehr erfolgreich sein können – wir zeigen dem Tier, daß sie grundlos sind (vorausgesetzt, daß sie in ihrer Form nicht abstrakt sind) –, bereiten bedingte Ängste ganz andere Schwierigkeiten. Die Wurzeln dieser Ängste sitzen im Langzeitgedächtnis des Tieres, und sobald irgendeine Assoziation auftaucht, wird sich das Tier sofort verteidigen. Ich gehe sogar so weit, zu behaupten, daß die meisten Schwierigkeiten mit Pferden aus solchen angstvollen Erinnerungen stammen, die durch die Ungeschicklichkeit oder den Mangel an Erfahrung des Ausbilders oder Besitzers hervorgerufen wurden. Das Problem ist, daß ein Pferd, das gelernt hat, sich mit Erfolg gegen etwas zu verteidigen, bei Bedarf jederzeit auf diese Taktik zurückgreifen wird.

Nennen wir ein paar handfeste Beispiele:

Ein Pferd, dem man mit der Peitsche um den Kopf geschlagen hat, wird sich in Zukunft nicht nur vor dem Anblick aller Peitschen fürchten, sondern ist auch noch kopfscheu geworden und verteidigt seinen Kopf, sobald jemand ihn anzufassen versucht. Ein Kapitalverbrechen ist es ohnehin, ein Pferd in seiner Box zu schlagen; es wird sich fortan mit allen Mitteln zur Wehr setzen, sobald es jemand in seiner Box zu berühren versucht. Schikaniere ein Pferd in seiner Box, und die Folgen werden die gleichen sein.

Es gibt aber noch unzählige Wege zur Konditionierung von Angst, die eher auf mangelndem Verständnis als auf einer bewußten Tat beruhen. Angst kann heraufbeschworen werden, indem man ein Pferd an einem Gegenstand, der ihm verdächtig scheint, vorbeidrängt, anstatt abzusitzen, an den Gegenstand heranzutreten und zu zeigen, daß die Furcht unbegründet ist. Man kann einem Pferd Angst vor dem Verladen machen mit einer der so häufig angewandten Zwangsmethoden: Drohen von hinten mit einem Besen; das Tier durch Druck mit einer Longe um die Hinterhand die Rampe hinauf zwingen wollen oder, schlimmer noch, im Moment, wo es die Vorderfüße auf die Rampe stellt, ihm mit der Peitsche eins zu knallen. Mit Handlungen dieser Art wird die Furcht begründet, die dann für das Pferd Realität annimmt, weil es sich an die Ursache erinnert und das Erlebnis damit koppelt. Sobald dies eintritt, wird es sich auch an die erfolgreiche Verteidigung erinnern und darauf zurückgreifen, wenn es sich zu einem späteren Zeitpunkt in einer vergleichbaren Situation befindet.

Es ist falsch, Tiere bei vermeintlichem Ungehorsam zu zwingen oder zu strafen, während es sich in Wirklichkeit um eine Verteidigung gegen angsteinflößende Dinge handelt, die ihren natürlichen Selbsterhaltungstrieb auslösen. Angst läßt sich immer durch praktische Beispiele und Geduld überwinden, indem man versucht, dem Tier die Situation verständlich zu machen. Eine Bestrafung *nach* einer Begebenheit ist ein sicheres Mittel, um sich für die Zukunft Probleme zu schaffen, für die man ganz allein verantwortlich ist. Leute, die dies tun, legen sich selbst das zur Last, was man an mir immer wieder kritisiert, wenn ich mit Pferden rede, nämlich die Vermenschlichung des Tieres. Was sie in ihrer Handlungsweise ausdrücken, liest sich so: »Du *weißt*, daß du *Unrecht* tust und *ungehorsam* bist, und ich werde dich *bestrafen*, weil du nicht *gehorcht* hast.« Selbstverständlich sagen sie dies nicht in so vielen Worten, denken es vielleicht nicht einmal bewußt, aber es ist bezeichnend für ihre Einstellung. Damit schaffen sie eine bedingte Angst, die auszulöschen wieder Jahre dauern kann.

Alle kursiv geschriebenen Worte setzen eine geistige Vorstellung voraus. JANE GOODALL hat ihr Buch über Hyänenhunde, Goldschakale und Tüpfelhyänen sehr treffend »Innocent Killers« (Unschuldige Mörder) (5) betitelt und meiner Meinung nach dadurch einen größeren Beitrag zum Verständnis tierischer »Moral« geleistet als ihr bei der Wahl dieses Titels vielleicht bewußt war. Tiere sind unschuldig, jederzeit und vollkommen. Gut und Böse, Gehorsam oder Ungehorsam und vor allem Strafe sind Begriffe, die beim Pferd den gespeicherten Wissensschatz übersteigen. Einen Punkt muß ich wiederholen: Wenn ein Ausbilder sieht, daß sein Reittier aus Furcht zurücktritt, scheut oder stocksteif dasteht, dann ist es seine Aufgabe, ihm zu zeigen, daß und *warum* es nichts zu fürchten hat.

Das Bestrafen ist für mich unter keinen Umständen annehmbar. Beim »Ungehorsam unter dem Reiter« handelt es sich hingegen um eine völlig andere Sache: Ein Pferd will zum Beispiel ein Hindernis nicht nehmen. Wird im richtigen Moment mit der Springgerte scharf geklopft, wirkt dies als zusätzlicher Impuls, um das Pferd vorwärtszutreiben, und es ist keine Strafe, sondern eine »scharfe Hilfe«. Das Pferd wird in der Hitze des Gefechts darauf reagieren und sie sehr wahrscheinlich gleich wieder vergessen. Sollte es sich trotzdem daran erinnern, wird es bestrebt sein, zu keiner Wiederholung Anlaß zu geben.

Die schärfste Zurechtweisung, die ich einem Pferd an der Hand zuteil werden lasse, ist ein Klaps auf die Schulter mit meinem Handrücken, begleitet von einem Wort des Mißfallens. Der Klaps schmerzt mich bestimmt mehr als den Empfänger, aber er übermittelt die Botschaft: »Laß den Unsinn!« In den meisten Fällen genügt dies.

Was ich oben geschrieben habe, mag als Widerspruch erscheinen zu dem, was ich jetzt sagen werde: Die sogenannte »Bestrafung« eines Pferdes, das Abneigung gegenüber der gestellten Aufgabe zeigt, ist ein höchst wirksames Mittel, um Furcht auszulösen. Ein Sticheln mit der Reitgerte ist nur angebracht, wenn das Pferd geritten wird. Man erinnere sich an die Wirkung von Zwang und Strafe bei einem Pferd, das sich gegen das Verladen in den Transporter wehrt. In dieser Situation bestraft, wird das Tier nicht nur das, was es überwinden sollte, weiterhin fürchten, sondern ausgelöst durch die erhaltene Strafe, die es nicht versteht, wird sich die Furcht noch steigern. Eine solch unangenehme Erinnerung ist oft der wahre Grund, warum sich ein Pferd häufig nur unter großen Mühen verladen läßt.

Schwenkt man vor einem Pferd eine Mütze oder ein weißes Taschentuch, um es zum Zurücktreten zu bewegen, wird man Angst auslösen. Das gleiche gilt für das Anschreien, für abrupte und unkontrollierte Handbewegungen, für das grobe Einlegen des Gebißes oder das rüde Aufwerfen des Sattels; verliert man die Geduld mit dem Pferd, bedroht man es gar mit der Mistgabel, wenn es beim Ausmisten der Box zu nahe kommt, oder scheucht man es weg, wenn es herankommt, um zu schauen, was man in seiner Box macht – mit Sicherheit bekommt es in all diesen Situationen Angst.

Es ist keineswegs unmöglich, einem Pferd beizubringen, artfremdes Verhalten anzunehmen und seine Furcht davor zu überwinden. Polizeipferde werden dazu ausgebildet, in allen erdenklichen Situationen ruhig zu bleiben. Ich habe meine Pferde längst daran gewöhnt, Staublappen, die ausgeschüttelt werden, keine Beachtung zu schenken, sich mit einem Besen bürsten oder mit dem fächerförmigen Laubrechen massieren zu lassen und seltsame Dinge, die Fremde vor ihnen umherschwenken könnten, nicht zur Kenntnis zu nehmen. Aber bei jeder solchen Gelegenheit ist sich ein in diesem Sinn erzogenes Pferd dessen bewußt, was passiert, und wird dadurch nicht überrascht. Man muß eigentlich daraus schließen, daß Angst nicht – was naheliegend wäre – durch die Seltsamkeit eines Gegenstandes noch durch irgendein Überraschungsmoment (obschon dies im Endeffekt dazu beiträgt), sondern durch das Unbekannte hervorgerufen wird.

Andererseits bestätigten Experimente mit Schrotflinten, die ich vor einigen Jahren durchführte, daß Pferde sich an den Knall von Schüssen gewöhnen lassen. Zwei Freunde zeigten den Pferden die Flinten und gingen dann gleich auf die angrenzende Koppel, während ich bei den Pferden blieb. Mehrere Schüsse wurden in die Luft gefeuert. Ich blieb angelehnt und unbeweglich am Koppelzaun stehen und beobachtete die Pferde. Sie standen recht nahe bei mir und hatten sowohl mich als auch die Flinten in ihrem Blickfeld. Die erste Salve schreckte die Tiere auf; sie blieben unschlüssig stehen, als ob sie nicht recht wüßten, ob sie zwischen sich und dem Ort des Geschehens Distanz bringen sollten oder nicht. Bei der zweiten Salve blickten sie neugierig in Richtung der Gewehre. Als die fünfte Salve abgefeuert wurde, hatten sie wieder zu grasen begonnen und hoben nicht einmal mehr die Köpfe.

Während der folgenden Tage ging ich regelmäßig mit einem Gewehr hinaus, um in rund 50 Metern Entfernung von den Pferden einen Schuß abzufeuern, nachdem ich ihnen die Waffe zur genauen Untersuchung hingehalten hatte. Hier nun wurde ein Zusammenhang zwischen dem Krach und einem ihnen bekannt gewordenen Gegenstand hergestellt. Sie brachten den Anblick der Flinte mit einem Knall in Verbindung, und dies ist noch heute der Fall. Die entsprechenden Tatsachen sind ihnen bekannt. Ein weiterer beachtenswerter Aspekt war, daß meine Gleichgültigkeit während des Abfeuerns der ersten Schüsse, die Normalität meiner Stimme und meine entspannte Haltung am Zaun während der weiteren Salven ihnen wahrscheinlich die Gewißheit vermittelten, daß der Knall eines Schusses für sie keine Gefahr darstellte, weil ihr »Leittier« nicht darauf reagierte.

Das zweite Beispiel betrifft einen Müllsack aus blauem Plastik, der im Stallhof in der Nähe der Mülltonnen, die einmal in der Woche für die Müllabfuhr hinausgestellt werden, liegengeblieben war. Der Sack war neben die Tonnen gestellt worden, als Tirade auf der Koppel war. Ich war dabei, sie heimzuführen, als sie den Sack aus rund 65 Metern Entfernung entdeckte und unwahrscheinlich aufgeregt wurde, schnaubte, tänzelte, an der Führleine zerrte, den Hals wölbte, die Nüstern blähte und die Ohren spitzte. Ich erkannte den Grund ihrer Aufregung zuerst gar nicht und schritt vorwärts. Als ich den Sack dann erblickte, hielt ich die Führleine sofort so locker wie möglich, ging zum Sack hin, begann ihn zu streicheln und mit ihm zu reden. Tirade war damals noch sehr jung, sehr nervös und bockig, aber auch überdurchschnittlich neugierig. Sie blieb eine Weile am Ende der Leine stehen, bis sie sich vergewissert hatte, daß alles in Ordnung war, dann kam sie langsam näher und untersuchte selbst den Sack. Das Dressurpferd Adonis, das ich schon erwähnt habe, reagierte genau gleich auf einen schwarzen Plastiksack, der in der Nähe seiner Boxtür stehengelassen worden war. Er sprach in der gleichen Weise auf mein gleiches Vorgehen an. Beide Begebenheiten führten zu einer Serie von Experimenten, bei denen eine Anzahl Gegenstände an verschiedenen Stellen, aber nicht gleichzeitig, im Hof aufgestellt wurde. Ich konnte feststellen, daß der Einfallswinkel des Lichts auf die glänzende Oberfläche eines Sacks die Reaktion des Pferdes bestimmte. Die Tiere schenkten demselben Sack, der in ihre Box hinein- oder aus ihr herausgetragen wurde, verhältnismäßig wenig Beachtung. Ein Sack oder irgendein anderer Gegenstand nahm nur eine Bedeutung an, wenn er an einer Stelle plaziert war, an der die Pferde normalerweise nichts vorzufinden erwarteten.

Die Reichweite von Angst-Stimulantien ist sehr groß und kann nicht genau abgesteckt werden. Dazu noch einige Beispiele: Im Wind raschelnde Rhododendronblätter regten Tirade dermaßen auf, daß sie davongerannt wäre, wenn ich sie nicht fest an der Hand gehabt hätte. Weil es unmöglich ist, ein Geräusch sichtbar zu machen, so war es auch unmöglich, ihr die Ursache zu erklären und ihr dadurch die Furcht zu nehmen. Die einzige Abhilfe war der Einsatz eines »mutigen« Leithengstes – in diesem Fall des Trainers –, der mit Selbstvertrauen und Ruhe auf die vermeintliche Gefahr zuschritt. In diesem Beispiel kann man die Ursache der Angst als abstrakt definieren, weil einerseits das Geräusch und andererseits dessen Ursache (die raschelnden Blätter) nicht mit einem Vorgang in Verbindung gebracht werden können, den das Tier im Hirn assoziiert und assimiliert. Offensichtlich führte die Stute das Geräusch auf die Anwesenheit eines feindlichen Etwas *in* dem großen Strauch zurück und nicht auf den Rhododendron selbst.

Alles, was nicht an seinem vorbestimmten Platz ist, ruft Angst und Scheuen hervor. Gestapelte Holzscheite und Haufen von dürren Ästen, die an vertrauten Waldwegen oder im Unterholz überraschend gelagert sind, werden Angst auslösen und zu abnormem Verhalten führen. Man sollte Pferde nicht einfach daran vorbeireiten, außer wenn es unumgänglich ist, sondern – wenn die Zeit dazu reicht – ihnen zeigen, wie ungefährlich das beunruhigende Ding in Wirklichkeit ist. Auf diese Weise lernt das Tier mit zunehmendem Alter, die meisten fremdartigen Gegenstände als harmlos zu erkennen.

Die junge Ponystute Leila akzeptierte Autos, Traktoren oder Lieferwagen genauso wie Fahrräder, aber ein großer Mercedes, der mit einem noch größeren Pferdeanhänger im Hof geparkt war, ließ sie fast durchdrehen, obschon sie sich problemlos in einen solchen Anhänger hatte verladen und zu uns fahren lassen. Erst als ich mit dem Anhänger sprach und ihn lange und ausgiebig streichelte, faßte sie genug Vertrauen, um näherzukommen und ihn selber zu untersuchen. Die Möglichkeit, angsteinflößende Faktoren immer zu inspizieren, verhindert mit der Zeit, daß das Pferd durch äußere Einflüße erschüttert wird. Ein junges oder neues Pferd, das »Orientierungsrundgänge« machen darf – wie in einem späteren Kapitel beschrieben –, kann so weit gebracht werden, daß seine Ängste durch den ruhigen Gebrauch der Stimme allmählich abklingen, ohne daß es die Ursache der Angst unbedingt untersuchen muß. Ein gesprochenes »Ruhig« oder »Schon gut« sollte schließlich zum Überwinden von wirklichen oder eingebildeten Ängsten genügen.

Während man durch vernünftigen Umgang mit fast allen natürlichen Ängsten diesen relativ leicht begegnet, bereiten uns »erworbene« Ängste – wie ich sie nenne – Probleme, vor allem bei älteren Pferden, die man nicht selbst von Anfang an erzogen hat. Unser Verständnis für natürliche Ängste hilft uns beim Verhüten von Fehlern, die zu erworbenen Ängsten führen.

Eine Weile lang war ein Wallach namens Favorit bei mir, und er hatte das, was wir Iren »mächtigen Dampf« nennen. Von dieser Eigenschaft machte er jedesmal Gebrauch, um die Koppelzäune zu überspringen, sobald Sirenen von auf der Straße vorbeifahrenden Polizei- oder Feuerwehrautos ihn erschreckten. Dies hätte schlimm enden können, hätte er nicht immer die Geborgenheit seiner Box angesteuert, in der er ganz friedlich stehenblieb, bis man ihn fand. Diese Begebenheiten waren mir übrigens eine Lehre, und ich mache es seither zur Gewohnheit, Stall- und Boxtüren weit offen zu lassen, wenn Pferde auf der Koppel sind. Sollte etwas geschehen, das sie erschreckt und ausbrechen läßt, ist die Wahrscheinlichkeit groß, daß sie die Sicherheit ihres eigenen Heims aufsuchen – vorausgesetzt, daß sie dort gut behandelt werden.

Ist beim Pferd einmal die Angst erregt worden, ist es besser für uns Menschen, Ruhe zu bewahren. Es hat gar keinen Zweck, sich aufzuregen und dem Pferd nachzujagen. Man sollte sich möglichst normal verhalten, um die Spannung nicht noch zu verschärfen. Das Beste ist, man schließt sofort alle Ausgänge, durch die das Tier das Gelände verlassen könnte. Dann holt man eine Karotte und ein Stück Zeitungspapier und macht sich mit einer Führleine in der Tasche ruhig daran, den Ausreißer einzufangen. Das Pferd hat meistens die Ursache seiner Flucht vergessen, bis man die erwähnten Maßnahmen ergriffen hat, und wird wieder friedlich grasen, gewöhnlich an einer Stelle, wo man eigentlich keine Hufspuren haben möchte. Weil es ein guterzogenes Pferd ist und Sie kennt, wird es herbeikommen und herausfinden, ob das raschelnde Papier in Ihrer Hand tatsächlich etwas Verlockendes birgt. Die Antwort ist die Karotte, und so wird das Pferd beim nächsten Ausbruch nicht allzu lange zögern, bis es wieder herankommt.

Es besteht ein immenser Unterschied zwischen einem Pferd, das sich erschrickt und ausbricht, und einem, das vorsätzlich erschreckt und in die Flucht gejagt wird. Ersteres wird sich relativ schnell beruhigen, wenn man ihm dazu Zeit läßt; letzteres muß vielleicht gesucht werden, weil es sich nicht mehr auf dem Gelände befindet; die obenerwähnten praktischen Vorkehrungen können nicht getroffen werden, und das Pferd wird dann zu einer Gefahr für die Allgemeinheit.

Zur wirkungsvollen Bekämpfung der Furcht müssen wir die Physiologie des Pferdeauges und des Nervensystems unbedingt berücksichtigen. Es ist relativ einfach, sich selbst beizubringen, wie ein Pferd zu sehen und zu denken, um, wie im vorliegenden Falle, mehr oder weniger genau die mögliche Reaktion eines Pferdes vorauszusehen und berechnen zu können.

Das Gesichtsfeld des Menschen unterscheidet sich sehr stark von demjenigen seines Schützlings. Die oft vertretene Ansicht, daß Pferde schlecht sehen, ist falsch. Sie verfügen über eine andersgeartete und mehr spezialisierte Sicht, die ihrer Natur und ihrer Lebensart angepaßt ist.

Wie gut sieht ein Pferd, und wie weit beeinflußt der Unterschied zur menschlichen Sicht sein Verhalten?

SMYTHE und GOODY geben uns ausführliche Erklärungen zum Aufbau und zur Funktionsweise des Pferdeauges; dies sollte es uns erleichtern, die Bilder, die das Hirn des Pferdes erreichen, und seine möglichen Reaktionen darauf zu verstehen.

Das Pferd hat keine zentrale Sicht. Es konzentriert seine Augen nicht auf einen Gegenstand, der sich vor ihm befindet. Da die Augen am Kopf seitlich gestellt sind, sieht jedes Auge gleichzeitig ein anderes Bild. Dies bedeutet: wenn Sie links von ihm stehen, sieht das Tier Sie mit dem linken Auge, während es gleichzeitig wahrnimmt, was auf seiner rechten Seite sowie vor und hinter ihm geschieht. Diese Einrichtung ist ideal für ein Geschöpf, das sich durch Rückzugverhalten schützt.

Der Augapfel ist in seinem unteren Teil abgeflacht, die Netzhaut liegt auf einer Schrägen. So kann das Pferd nahe und ferne Gegenstände gleich scharf sehen. Weil aber die Linse nicht elastisch ist wie beim Menschen, muß das Tier den Kopf heben oder senken, um ein Bild scharf einzustellen: Es rückt das Bild des beobachteten Gegenstandes auf den entsprechenden Teil der Netzhaut. Ein Pferd, das sich konzentriert, hebt den Kopf und spitzt dabei die Ohren.

SMYTHE und GOODY berichten weiter, daß ein Pferd Gegenstände, die direkt vor ihm liegen, nur dann völlig scharf sehen kann, wenn sie einen Mindestabstand von 1,2 m haben.

Man darf wohl annehmen, daß die Sicht im Flucht- und Furchtverhalten dieser Geschöpfe eine beachtliche Rolle spielt. Die Fähigkeit, viele verschiedene Bilder vor, neben und hinter sich aufzunehmen, trägt bei Ereignissen, die echte Gefahren darstellen, viel zu ihrer Sicherheit bei; sie erlaubt ihnen auch, während des Fressens zu beobachten, was um sie herum geschieht. Andererseits zwingt sie die Pferde – so müssen wir wenigstens annehmen –, eine gewisse Distanz zwischen sich und ein Objekt zu legen, das ihre Furcht erregt; dies nicht nur, um ihm auszuweichen, sondern um es überhaupt einordnen zu können.

Nie sollten wir vergessen, daß Pferde außerordentlich empfindsam, nervös und leicht erregbar sind. Ihnen entgeht kaum etwas von dem, was um sie herum geschieht, und sie verbinden ihren ausgeprägten Geruchssinn mit ihrem Sehvermögen, um immer bestens informiert zu sein. Jährlinge und Fohlen erschrecken vor den meisten Dingen, die sie nicht kennen, und nicht zuletzt durch plötzliche oder seltsame Bewegungen von Dingen, die ihnen bereits bekannt sind. Das unerwartete Schließen einer Stalltür direkt neben dem Anbindepfahl, wo das Fohlen Leila festgemacht war, hat dieses so erschreckt, daß es sich auf die Hinterbeine stellen wollte, und nur mein blitzschnelles Öffnen des »Panikhakens« hat Leila vor einem Sturz bewahrt. Sobald sie befreit war, machte sie ein paar Sprünge über den Hof und hielt dann gleich nach etwas Eßbarem Ausschau. Als ich sie einfing, war es schwer vorstellbar, daß sie vor weniger als einer halben Minute durch etwas so sehr in Schrecken versetzt worden war.

Geringfügige Vorkommnisse dieser Art sind bei jungen Tieren, die mit ihrer Umwelt noch nicht völlig vertraut sind, ganz normal und beruhen meistens auf überspannten Nerven. In diesem Alter sind Pferde besonders empfindsam, und übermäßiger Lärm, Geschrei, Einschüchterungen oder gedankenloses Verhalten hinterlassen echte Schäden in ihrem Nervensystem; gleiches gilt für Anforderungen, die ihre geistigen und körperlichen Fähigkeiten übersteigen.

Tirade mußte sich nach einem schweren Unfall, verursacht durch ausreißende Stuten, einer schwierigen Operation unterziehen. Während ihrer Erholung besuchten wir sie. In der Nachbarbox stand eine wunderschöne Stute, deren Lethargie und tiefe Depression uns den Eindruck vermittelten, sie sei schwer krank, obschon man ihr nichts ansehen konnte. Ich fragte den Tierarzt, dem die Klinik gehörte und der die beiden Pferde in Behandlung hatte, was ihr fehlte, und er sagte mir, daß die erst dreijährige Stute einen schweren Nervenzusammenbruch erlitten hatte.

Die Stute war hochbegabt und zeigte eine überdurchschnittliche Bereitwilligkeit. Sie hatte schon an Springkonkurrenzen teilgenommen und einige davon gewonnen. Ihre Besitzer, voller Stolz auf ihr phänomenales junges Pferd, waren ehrgeizig und schonten sie nicht. Offensichtlich war die Aufregung der Springplätze, des ständigen Reisens und Szenenwechsels, zusammen mit dem psychologischen Druck, einfach zuviel für ihr Nervenkostüm. Sie wurde depressiv. Der Tierarzt hoffte, sie heilen zu können, aber es würde viel Zeit erfordern. Ihr glanzloses Fell und die totale Interesselosigkeit an ihrer Umgebung wurden noch betont durch die matten, traurigen Augen; die Art, wie sie ihren eleganten Kopf zur Seite wendete, wenn man mit ihr sprach, zeigte nur zu deutlich, wie sehr sie in Ruhe gelassen werden wollte. Das ganze Wesen dieses Tieres stand in schärfstem Kontrast zur quicklebendigen Tirade, die trotz ihrer schrecklichen Verletzung vor Munterkeit und Tatendrang nur so sprühte.

Das junge Tier war zu früh zu stark gefordert worden. Hätte die Stute mir gehört, so hätte sie sich in diesem Alter eben erst an das Gefühl des Sattels und des Gurtes gewöhnen müssen; sie wäre nie in eine so frühe Karriere hineingezwängt worden.

Literatur

(1) POULSEN, H. (1949): Dansk Ornithologisk Fornings Tidesskrift. Vol. **42,** Nr. 4.
(2) BANKO, W. (o. J.): The Trumpeter Swan. **63**. The United States Department of the Interior.
(3) ZEEB, K. (1974): Wildpferde in Dülmen. 4. Aufl. Bern/Stuttgart: Hallwag.
(4) VAVRA, R. (1979): Pferdestudien. München: Co-Libris.
(5) LAWICK-GOODALL , I. VAN (1970): Innocent Killers. London: Collins.
(6) SMYTHE, R. H. , & P. C. GOODY, (973:) The Horse. London: J. A. Allen & Co.

Wahrnehmung und Verständigung

Wir dürfen mit großer Wahrscheinlichkeit annehmen, daß Tiere über eine reiche Gabe an sinnlicher und außersinnlicher Wahrnehmung verfügen, über die wir wenig oder gar nichts wissen, aber mit der wir bei unserer täglichen Arbeit mit ihnen in Berührung kommen. Wenn wir diese Wahrnehmungsfähigkeiten nicht akzeptieren, dann wird es für uns sehr schwierig, gewisse Verhaltensweisen zu erklären, die weder reflexbedingt noch instinktiv sind. Wieso zum Beispiel *weiß* meine Stute, daß *ich* unser Auto fahre, wobei sie es mit der Stimme und mit Kopfnicken begrüßt – so erzählt es mir jedenfalls meine Frau –, wenn es noch nicht einmal in ihrem Gesichtsfeld ist; denn sie tut dies nicht, wenn meine Frau fährt.

Ein vergleichbares Verhalten wurde bei meiner Labradorhündin Tatja beobachtet, wenn ich nach längerer Abwesenheit, manchmal auch nach Auslandsreisen, zurückkehrte. Sie war den ganzen Tag unruhig und nahm ihren Warteposten schon Stunden, bevor ich in Sicht- oder Hörweite war, ein, und ihre Unruhe steigerte sich in dem Maße, wie ich mich näherte. Wie konnte der Hund das wissen, und wie weiß es das Pferd?

Wenn man auf diese verblüffenden Tatsachen eine Antwort finden will, verführt dies zu Spekulationen, denn ich bin überzeugt, daß solche Verhaltensweisen weder *meinem* Hund noch *meinem* Pferd allein eigen sind. Vielmehr glaube ich, daß dieses Phänomen weitverbreitet ist; vielleicht bemerkt man es nicht oder es wird, falls man es doch beachtet, möglicherweise als einmalige Eigenschaft des betreffenden Tieres angesehen. Dieses Verhalten steht sicher in keinem direkten Zusammenhang mit Reflexen, Instinkten oder Erlerntem, sondern ist am ehesten erblich bedingt.

Die Beobachtung von Herden, seien sie domestiziert, verwildert oder wild, erhellt die Sache nicht so weit, daß man vernünftige Schlüsse ziehen könnte über die genauen Ursprünge. Wir können nur vermuten, daß diese Fähigkeit durch die bestimmenden Umstände, in denen die betreffenden Pferde leben, entwickelt wurden. Die meisten Tierarten müssen ihre Ansprüche sowie ihre Verhaltensmuster den Situationen anpassen, in denen sie sich befinden; trotzdem wird ursprüngliches Sozialverhalten, wie zum Beispiel Dominanz und Rangordnung, prinzipiell beibehalten. Im Verhalten von Rassen, die seit Jahrhunderten domestiziert sind, oder bei Rassen, die aus Verbindungen solcher Rassen hervorgegangen sind, wird es weiterhin zu finden sein.

Die Pferde, die wir auf einer Pferde-Ausstellung sehen können, sind selten »reinrassig«. Meistens handelt es sich um Kreuzungen. Dies könnte man fast auch vom Vollblutpferd behaupten, weil es Unsicherheiten gibt über den Ursprung der Stammütter, ein Thema, das ROGER LONGRIGG (1) sehr fachmännisch behandelt. Möglicherweise ist das einzige wirklich rassereine Pferd der Araber oder Orientale oder die echten Wildpferde.

Jede Blutzusammensetzung muß auch einige der Gewohnheiten und genetischen Charakteristika der betreffenden Rassen aufweisen, die letzten Endes das Wesen und die Gewohnheiten der Individuen prägen, die aus solchen Verbindungen hervorgehen. Natürlich gibt es Rassemischungen, die sich mit der Zeit rein vererben und auch als rein anerkannt werden. Rassen werden aus verschiedenen Gründen gekreuzt; das Vollblut entstand zum Beispiel durch die Bemühungen von Züchtern, ein besseres »Laufpferd« zu schaffen. Meistens sind Kreuzungen zweckorientiert, wobei man hofft, die Nachkommen würden die positiven Eigenschaften von Vater- und Muttertier aufweisen. Man beabsichtigt auch, die Qualität des Abkömmlings zu verbessern, indem Vollblut- oder Araberhengste mit einheimischen Stuten gepaart werden, die nicht nur körperliche Merkmale, sondern auch geistige Qualitäten weitergeben sollen. Nach WYNMALEN reicht eine einzige Beimischung von Araberblut aus, um viele Arten von angeborener Ungesundheit und Mängeln zu beseitigen. Zudem wird sie gesunde Atemwege, Augen- und Knochenstärke sowie die Intelligenz und das sanfte Temperament weitergeben.

Obwohl wir keine Ahnung haben, was im Hirn eines Pferdes vor sich geht, geben viele von uns sich mit der Annahme zufrieden, daß sich dort nicht viel abspielt. Gewissenhafte, täglich wiederholte Beobachtungen lassen uns erkennen, daß bestimmte Aktivitäten direkt auf Reflexe bzw. auf völlig natürliche Bedürfnisse zurückgeführt werden können. Die Tierart als solche ist nicht aggressiv und beschäftigt sich in erster Linie mit dem Problem der eigenen Ernährung und ihrer sozialen Rangordnung. Schwierigkeiten entstehen, wenn zwei Tiere mit dominantem Charakter sich dem Partner gegenüber aggressiv verhalten, obschon sie dessen Gesellschaft suchen und während des Tages in Intervallen eine Führungsstellung einzunehmen versuchen. Mir begegnet dieses Problem bei meiner Araberstute und der Halbaraberstute, die zusammen leben. Leider weisen beide Tiere Narben aus wiederholten

Schlägereien auf, aber müßte ich sie getrennt halten, wären die Probleme im Umgang mit ihnen nur noch größer. Die Rivalität ist in meiner Gegenwart, oder wenn beide in der Rosse sind, intensiviert, wobei aggressive Ausbrüche und Keilereien zunehmen. Die einzige echte Lösung wäre, sich von einem der beiden zu trennen.

Ein Pferd lebt nach Möglichkeit sehr friedlich, und die Hauptgründe für etwaige Streitereien zwischen Pferden einer domestizierten Herde und ihrer Gruppierungen betreffen in Wirklichkeit Rangordnung und Geschlechtstrieb. Überläßt man ein Pferd sich selbst und darf es so leben, wie es will, wird es weder versuchen noch das Bedürfnis dazu verspüren, seinen Horizont zu erweitern.

Die enge Gemeinschaft mit dem Menschen verändert diese Situation. Man überläßt die Entwicklung des Pferdes nicht mehr ihm selbst. Stattdessen stellt man Anforderungen, sein Lebensrhythmus wird gestört und gesteuert. Hinzu kommt, daß es aus einer bestimmten Gemeinschaft herausgenommen wird und sich mit allen Konsequenzen in eine andere einfügen muß. Das domestizierte Pferd muß nun lernen, *zwei* Gesellschaftsformen mit ihren entsprechenden Regeln zu akzeptieren. Nicht einmal von Hunden, die wir doch sehr hoch einstufen, würden wir dieses Ansinnen verlangen!

Wir wissen gar nichts über die Rolle der Telepathie unter Tieren im allgemeinen, aber es ist eine durchaus vernünftige Überlegung, daß eine solche Form der Verständigung existiert, scheint sie doch eine Reihe von Dingen begreifbar zu machen. Eine mentale Verständigung, die nicht über die *bekannten* Sinneskanäle läuft, kann nicht ausgeschlossen werden, zumal die moderne Wissenschaft, die heute über Elektromagnetismus weitaus größere Kenntnisse besitzt als früher, Vermutungen dieser Art zu bestätigen scheint.

Es ist sehr bequem, das Unerklärliche an tierischen Reaktionen dem »Instinkt« oder reinen Reflexen zuzuordnen. Wenn wir es uns aber richtig überlegen, wissen wir über tierischen Instinkt eigentlich auch reichlich wenig. Mein Wörterbuch definiert den Begriff in bezug auf Tiere als »den natürlichen Impuls, durch den sie, *offenbar* unabhängig von Vernunft oder Erfahrung, geleitet werden«. Die Hervorhebung stammt von mir. Man darf die Möglichkeit nicht ausschließen, daß Tiere sich mittels Veränderungen des normalen elektromagnetischen Feldes, in dem sie sich bewegen, miteinander verständigen können. Dies würde bedeuten, daß beispielsweise eine potentielle Gefahr, von einem Individuum wahrgenommen, seine Herzschlag- und Hirnimpulsfrequenzen verändern würde und dies sehr wohl auch in einiger Distanz durch andere Mitglieder einer Herde oder Gruppe registriert werden könnte. Das Bewußtsein, daß etwas nicht in Ordnung oder einfach anders ist, begegnet uns bei Hunden. Ich mußte feststellen, daß einer unserer Hunde sich aggressiv zeigte gegen einen Fremden, der sich generell vor Hunden fürchtet; der Hund kann die Signale der Furcht gegen den Wind in einer Entfernung bis zu 50 m von der betreffenden Person aufnehmen. Fragt man diese Person, ob sie sich wirklich vor Hunden fürchte, bekommt man unweigerlich eine bejahende Antwort, obschon über eine solche Distanz keine Zeichen von Angst sichtbar gewesen waren.

Verfolgen wir diesen Gedankengang ein wenig weiter: Wir können als Beispiel das Pferd nehmen, das geführt wird. Es besteht zwischen ihm und der Person, die es führt, ein vollkommener Kontakt. Dieser Kontakt ist nicht nur geistig, sondern auch physisch, weil die Führleine an beiden Beteiligten »festgemacht« ist und gleichsam ein »elektrisches Kabel« darstellt. Die gleiche Situation ist gegeben, wenn ein Pferd geritten wird; hierbei ist der Kontakt noch intensiver, weil der Reiter nicht nur die Zügel in der Hand hält, sondern rittlings auf dem Tier sitzt. Das Tier wird beherrscht durch den Willen des Reiters oder der Person, die es führt, und nicht nur durch die Einwirkung der Hilfen oder der Führleine.

Es gilt als gesichert, daß jedes Lebewesen von einer Aura umgeben ist. Es gibt gar keine Gründe, die dagegen sprechen, da eine Art von Aura nach einer Methode, die als »Kirlian-Effekt« bekannt geworden ist, photographiert wurde. In der Tat handelt es sich dabei um Elektrophotographie unter besonderen Umständen. Die menschliche Zelle wird von sowjetischen Wissenschaftlern mit Bestimmtheit als Sender unter anderem von elektromagnetischer Strahlung angesehen (PLAYFAIR und HILL) (2). HILL konnte einem Experiment des sowjetischen Wissenschaftlers INYUSHIN beiwohnen, bei dem die anscheinende Übertragung von Energie von einem Lebewesen zu einem anderen demonstriert wurde.

Es ist daher vorstellbar, daß eine Reaktion in der Form einer Übermittlung stattfindet, wenn sich die Auren zweier Lebewesen berühren. Führen wir diesen Gedankengang weiter: Warum sollte es nicht möglich sein, daß sich beispielsweise eine schlechte Laune als heftiger und dadurch aufwühlender elektrischer »Sturm« kundtut, der die Ausstrahlung des anderen Wesens so stark stört, daß Panik oder großer Kummer hervorgerufen werden? Es scheint wenig andere Erklärungen dafür zu geben, weshalb Tiere eine Stimmung – Gereiztheit, Angst oder unausgesprochene schlechte Laune – aufnehmen und darauf reagieren, manchmal sogar auf äußerst heftige Weise. Auf die gleiche Art können sie auch Vertrauen und Ruhe aufnehmen.

Es besteht überhaupt kein Zweifel darüber, daß die Ausstrahlungen von menschlicher Angst, von Unbehagen, Mißtrauen oder auch guter Laune schnell aufgenommen werden und eine Reaktion hervorrufen. Ein Pferd, das von jemandem geführt wird, der entweder Angst vor ihm hat oder schlecht gelaunt ist, bereitet im Umgang weit mehr Schwierigkeiten als eines, das in einer ruhigen und selbstsicheren Art behandelt wird. Ich weiß aus Erfahrung, daß Tirade bei einer Aufregung durch den Klang der Stimme und durch Auflegen der flachen Hand auf ihre Schulter sehr schnell beruhigt werden kann. Es gibt Zeiten, wo sie unmittelbar darauf reagiert. Natürlich hängt dies auch vom Grad ihrer Aufregung ab, und dieser Faktor kann nicht mit alltäglichen Mitteln gemessen werden.

Die beruhigende Wirkung ist wahrscheinlich auf die ruhige Stimme zurückzuführen, die durch ruhigen Herzschlag und ruhig fließende Hirnströme unterstützt wird, die das Pferd sehr wohl aufnehmen kann. Dies ist eine Hypothese, entstanden aus dem Wissen, daß sich alle Lebewesen in einer hochkomplexen elektromagnetischen Welt befinden, über die nicht alles bekannt ist. In der Tat werden sich die meisten von uns dieser elektromagnetischen Felder, der hohen oder niedrigen Frequenzwellen und Impulse, gar nicht bewußt, weil wir sie nicht sehen und richtig fühlen können und uns deshalb gar nicht mit ihnen beschäftigen. Es gibt für uns keine Berechtigung, Tieren eine ihnen eigene, spezielle Sensitivität abzusprechen. Eine solche gestattet ihnen, die Hirn- und Herzsignale ihrer Artgenossen und unsere eigenen – in welchen Frequenzen auch immer – aufzunehmen und die Impulse solcher Ausstrahlungen in eine »Sprache« von Verständigungssignalen umzuwandeln.

Verfolgen wir die Möglichkeit einer solchen Art von Verständigung gedanklich weiter, so liegt die Vermutung nahe, daß das Übergreifen einer Massenpanik auf eine Herde durch erhöhte Hirn- und Herzfrequenzen eines oder mehrerer Mitglieder der Herde ausgelöst werden kann. Diese Frequenzen werden bioelektrisch wahrgenommen und von der Masse in Handlung umgesetzt. Sozusagen eine Art Übertragungssystem, bei dem der einzelne gleichwohl Sender und Empfänger ist. Man sollte dieses Modell nicht in Bausch und Bogen als unvorstellbar ablehnen.

Diese Theorie scheint nicht gänzlich aus der Luft gegriffen. Halten wir uns vor Augen, wie sich Panik in einer menschlichen »Herde« ausbreitet, und wie schnell eine solcherart infizierte Menschenmasse außer Kontrolle gerät. Jegliche vernunftgetragene Bewertung einer solchen Situation, ermöglicht durch »höhere« menschliche Intelligenz, scheint in sehr ähnlicher Art wie bei von Panik ergriffenen Tieren zusammenzubrechen. Bis heute habe ich noch keine befriedigende Erklärung dafür gefunden; auch ist der innere Auslöser für Unbehagen oder Panik nicht klar erkennbar.

Es gibt so vieles, über das wir nichts wissen und über das wir nur spekulieren können. Vor ein paar Jahrzehnten wußten wir zum Beispiel auch noch nichts über das besondere »Radar-« bzw. »Sonarsystem« von Fledermäusen.

Bekanntlich stellen Pferdeherden Posten auf – meistens alte und erfahrene Stuten – die besonders während der Zeiten, in denen die Herde schläft, über sie wachen. Ein typisches Beispiel finden wir im Merfelder Bruch, wo außerhalb der Zuchtsaison keine Hengste bei der Herde sind. Bei Herden *mit* Hengsten ist die Situation anders. VAVRA (3) beschreibt, was passierte, als er eine Stute, die ein wenig abseits von ihrer Herde stand, überraschte. Sie blieb einen Augenblick unbeweglich stehen, während sie auf Alarmbereitschaft schaltete; dies übertrug sich sofort auf den Leithengst; er nahm die gleiche Haltung ein und warnte die Herde sodann durch Schnaufen.

Stuten und Hengste zeigen die gleiche Reaktion, die auch beim domestizierten Pferd beobachtet werden kann, wenn sich eine potentielle Gefahr auftut. Spannung, Neugierde, erhobene Köpfe und gespitzte Ohren sind bezeichnend.

Leider führt VAVRA nicht weiter aus, was die Aufmerksamkeit des Hengstes erregt hatte, nachdem die Stute ihre Warnstellung eingenommen hatte. Es mag sein, daß er die Stute genau in diesem Augenblick beobachtet hatte, daß er das fremde Wesen gewittert oder gar gehört hatte; aber das Wort »sofort« deutet auf eine Zeitspanne hin, die für eine stimmliche Warnung, wie sie die Herde anschließend durch sein Schnaufen erhielt, zu kurz ist. Es liegt durchaus im Bereich des Möglichen, daß der Hengst eine fremde Vibration aufgenommen hatte, die ihn veranlaßte, die Gefühlslage der Stute zu erfassen.

Das sogenannte Fühlen der Gefahr bedeutet vielleicht nur, daß fremde oder störende oder abnorme Frequenzen aufgenommen werden. In manchen Fällen können diese zusammen mit Witterung, Sicht und Gehör vor einer unmittelbar bevorstehenden Änderung der bisherigen Lage warnen. Es bedeutet nicht unbedingt, daß die Gefahr »akut« ist. Auch Menschen haben bisweilen das Gefühl, daß sich »etwas Schreckliches ereignen wird«, und es beruht möglicherweise auf einer sehr ähnlichen Reihe von Ursachen; aufgrund unserer traditionellen Gesellschaftsform sind wir aber wahrscheinlich nicht mehr in der Lage, solche Botschaften eindeutig – wenn überhaupt – zu verstehen, weil unsere Sinne so sehr abgestumpft sind, daß sie bloß noch verschwommene Wahrnehmungen verspüren können.

Wir wissen, daß dies bei Tieren nicht der Fall ist, daß sie vielmehr in der Lage sind, Signale von bevorstehenden Katastrophen aufzunehmen. Lange bevor ein Ereignis eintritt, zeigen sie sich bereits unruhig oder aufgeregt oder verhalten sich nicht mehr normal (4). Da gibt es den Fall der Freiburger Ente, deren frühe Warnung vor einem bevorstehenden Luftangriff während des Zweiten Weltkriegs zahllose Menschenleben in jener Stadt rettete, obschon sie selbst bei eben diesem Angriff umkam. Die dankbaren Bürger haben zu ihren Ehren ein Denkmal errichtet, das man noch bewundern kann (2).

Ohne Zweifel erfordert dieses Gebiet eingehende Forschung, bevor wir einfach über solche Theorien hinweggehen können oder bezüglich Tieren, ihrer Motivierung und ihres Verhaltens dogmatische Behauptungen aufstellen dürfen. Kein Zeitgenosse unseres Jahrhunderts sollte angesichts der rasanten naturwissenschaftlichen Fortschritte bereit sein, in der einen oder anderen Richtung voreilige Erklärungen abzugeben, bevor die Theorie eingehend überprüft wurde und sich als richtig oder falsch erwiesen hat. Einige meiner Erfahrungen mit Tieren verleiten mich zu der Annahme, daß ein gutes Maß an außersinnlicher Wahrnehmung Dinge erklären mag, die rätselhaft scheinen und die wir der Einfachheit halber als reine Instinkthandlungen abtun.

Das Experimentieren mit Gedankenübertragung im Umgang mit dem eigenen Pferd schadet keineswegs – im Gegenteil, es kann sogar sehr positiv sein. Es darf sich dabei ruhig um reine Gedanken handeln, die nicht artikuliert werden, denn es ist höchst unwahrscheinlich, daß ein Pferd eine Botschaft in »Wort-Gedanken« mit ihrer eigentlichen Bedeutung aufnehmen kann; vielmehr dürfen wir annehmen, daß es in der Lage ist, eine Änderung der Gedankenfrequenz oder, anders ausgedrückt, eine Änderung im Rhythmus zu erspüren.

Einige Experimente, die ich am ehesten unter »persönliche Beziehungen« einreihe, erwiesen sich als sehr aufschlußreich. Es heißt immer, man soll aus einem Pferd nicht ein verhätscheltes Haustier machen, und ich kann über die Richtigkeit oder Falschheit dieser Ansicht nicht diskutieren, weil ich einen ganz anderen Standpunkt habe. Ich sehe meine Aufgabe als die des Herdenleiters, und so stelle ich mir immer vor, ich sei kein Mensch, sondern ein Pferd, und ich versuche auch, wie ein Pferd zu denken. Dominanz ist ein ständiger intellektueller, nicht ein physischer Vorgang. Um in diesem Sinn dominant zu sein, müssen wir die menschliche Rolle bewußt steuern und dürfen nicht genau wie ein Mensch reagieren. Weil wir nun einmal nicht der Gattung Pferd angehören, müssen wir uns schon die Mühe machen, Pferde durch Beobachtung zu verstehen, und dann die entsprechenden Schlüsse daraus ziehen. Die wohl bedeutendste Grundlage ist gegenseitiges Vertrauen. Wenn wir einem Tier blindlings vertrauen, wird es auch uns trauen, weil dieses Gefühl auf irgendeine Weise übermittelt wird – wahrscheinlich, leider nicht beweisbar, durch das elektromagnetische Muster unserer Ausstrahlung.

Zweifellos werden die Schwingungen des Reiters über die Zügel übermittelt. Ich weiß aus Erfahrung, wie schnell etwas mißlingen kann, wenn ich nervös oder verärgert bin oder mich über etwas aufrege, das vielleicht gar nichts mit dem Tier zu tun hat.

Ich möchte dazu ein Beispiel erwähnen: Tirade hatte an einem Wettkampf teilgenommen; gereizt und in großer Eile brachte ich sie aus der Box, in die sie eine Weile gestellt worden war, damit Monika sie heimreiten konnte.

Die Stute drehte plötzlich durch und geriet völlig außer Rand und Band. Normalerweise genügt ein Wimpernzucken und mein kleiner Finger, um sie im Zaum zu halten, aber ich fand mich hier vollkommen außerstande, sie zu beruhigen. Sie sprang im Galopp um mich herum und weigerte sich, meiner Stimme Folge zu leisten, die wohl einen gereizten Unterton enthalten mußte. Glücklicherweise stand ein Bekannter, ihr ehemaliger Besitzer, von dem ich sie gekauft hatte, in der Nähe und unterhielt sich mit jemandem, und so bat ich ihn, sie zu nehmen. Sie beruhigte sich sofort. Ich hatte lediglich meine Gereiztheit sowie ein beachtliches Maß meiner Nervosität auf das Tier übertragen.

Ich habe oft beobachtet, daß sich Pferd und Reiter nicht gut vertragen, besonders wenn der Reiter unpäßlich oder schlecht gelaunt ist. Dies kam bei Monika gelegentlich vor; wenn sie in solchen Fällen die Stute ritt, mißlang ihr einfach alles. Ich ließ sie auf dem Longierzirkel reiten und im Sattel Gymnastik machen, während ich mit ihr scherzte und sie zum Lachen brachte. Rund zehn Minuten harten Trainings und Lockerungsübungen, verbunden mit spaßigen Einlagen, bewirkten, daß die Reiterin ihren Humor wiederfand und sich entspannte; dies war ganz deutlich erkennbar, als das Paar sich wieder an die ernsthafte Arbeit machte. Der amerikanische Ausdruck »up tight« beschreibt sehr treffend einen angespannten Reiter auf einem sensiblen Pferd, wobei letzteres so »gespannt« wird wie die Person auf seinem Rücken. Ich bin überzeugt, daß Spannungen dieser Art und ihre Übertragung von Reiter zu Pferd bzw. von Pferd zu Reiter für die häufig enttäuschenden Leistungen auf dem Spring- oder Dressurplatz verantwortlich sind.

Ohne uns zu tief in die Materie zu versenken, sei hier erwähnt, daß Lebewesen eine Reihe von elektrischen Signalen aussenden und daß der menschliche Körper eine Quelle infraroter Strahlung ist. Herz, Hirn und Muskeln erzeugen elektrische Impulse, wobei jene vom Hirn zehnmal schwächer sind als jene vom Herzen. In einem aktiven, denkenden Stadium geht vom Hirn eine Beta-Strahlung von 14–30 Hz aus, wobei es aber noch zahlreiche andere Hirnrhythmen gibt. Muskelschwingungen haben Frequenzen bis zu 100 oder mehr kHz.

Nach PLAYFAIR und HILL (2) stimmen die verschiedenen Signale mit bestimmten, genau definierbaren geistigen und physischen Zuständen überein.

In Anbetracht der ständig vom Menschen ausgesendeten Hoch- und Niederfrequenzsignale von beträchtlicher Intensität erscheint es nicht abwegig, daß das Tier in der Lage ist, die richtigen Botschaften daraus zu erfassen, und daß diese entweder mit den vom Tier selber ausgesendeten Impulsen harmonieren oder nicht. Wir können noch einen Schritt weitergehen und die These aufstellen, daß von einem Menschen ausgesendete Erregungsimpulse in Konflikt geraten können mit ruhigen Impulsen des Pferdes und dieses folglich aufregen; auf diese Weise könnte eine gewisse elektrische Turbulenz mit negativen Folgen entstehen.

Ich glaube nicht, daß wir irgend etwas wissen über die Rolle der Wärmestrahlung zwischen Pferd und Reiter. Es ist bekannt, daß jede Oberfläche, die wärmer ist als ihre Umgebung, Wärme abstrahlt. Daher ist es denkbar, daß sich die Strahlung vom Pferd und die Strahlung vom Reiter vermischen und eine ganz besondere Art intimen Kontakts schaffen. Es hieß schon immer, daß Liebe durch Kontakt entsteht, und ich bin überzeugt, daß dies weitgehend zutrifft. Ich kann mir deshalb sehr wohl vorstellen, daß sich Ähnliches zwischen zwei Lebewesen, auch wenn sie nicht der gleichen Gattung angehören, zutragen kann. In Weiterführung dieses Gedankengangs kann man vermuten, daß elektrische Impulse und Körperstrahlungen zweier Wesen zu völlig negativen Ergebnissen führen, sofern sie sich nicht harmonisch mischen.

Gewiß hat die Konzentration des Pferdehalters – oder ihr Fehlen – großen Einfluß auf das Tier und könnte die positiven oder negativen Wirkungen von Herzschlag- und Hirnfrequenzen sehr glaubwürdig machen. Es wäre bestimmt aufschlußreich, diese Theorie mit den nötigen Meßgeräten auszuarbeiten, vorausgesetzt man verfüge über die Ausbildung, um die Ergebnisse richtig zu interpretieren. Jedoch bin ich auch ohne wissenschaftliche Beweise davon überzeugt, daß diese elektrischen und magnetischen Impulse eine weit bedeutendere Rolle in Beziehungen zu anderen Lebewesen spielen, als zu vermuten wäre.

Um meine eigenen Theorien auf die Probe zu stellen, habe ich versucht – und zwar mit Erfolg – ein Pferd zum Seitwärtstreten zu veranlassen, indem ich meine Hand bis ein paar Zentimeter von seiner Haut entfernt ausstreckte; aber ich hätte nicht mit Bestimmtheit sagen können, ob die Bewegung des Pferdes nun auf einem elektrischen Signal beruhte oder auf der Tatsache, daß das Tier eine ihm bekannte Handbewegung sehen konnte. Ich habe aber mit Gewißheit aufkommende Aufregung beruhigen können, indem ich meine Hand bis rund fünf Zentimeter von seinem Körper entfernt ausstreckte und ihm sagte, es solle ruhig werden. Es gibt Tage, da knistern die Pferde förmlich vor Elektrizität, und dann kann ich durch bloße Annäherung Mähnenhaare anziehen, ohne sie zu berühren. Aber auch hier weiß ich nicht genau, ob die Oberfläche des Pferdekörpers mit statischer Elektrizität geladen ist oder ob elektrische Emissionen von »innen« kommen, mit anderen Worten, ob rein atmosphärische Bedingungen vorherrschen, die mit Emissionen nichts zu tun haben.

Bevor ich dieses unvollendet bleibende Thema abschließe, soll der Begriff »Stimmungsübertragung« erwähnt werden. Ich entlehne ihn direkt von KONRAD LORENZ (5), der ihn bei der Beschreibung von schnellfunktionierenden Nachrichtensystemen innerhalb einer Gruppe von Ratten verwendet. Wenn wir einige der in diesem Kapitel vorgebrachten Punkte und Beispiele auswerten, ist der Gedanke naheliegend, daß ein ähnliches Nachrichtensystem unter Pferden oder zwischen Mensch und Pferd existiert, auf welcher Übermittlungsbasis auch immer. Man mag es sogar Telepathie nennen. Es wird der Tag wahrscheinlich kommen, an dem wir über diese Dinge genau Bescheid wissen und in der Folge die gewonnenen Erkenntnisse werden anwenden können.

In einem gewissen Sinn dient jedes Buch über Reiterei – das vorliegende über den Umgang mit Pferden – ganz gewiß dem Bemühen, traditionelle Methoden sowie neue, aus persönlicher Erfahrung gewonnene Ideen weiterzugeben, um so dem Reiter bzw. Pferdebesitzer und letzten Endes dem Pferd selbst zu helfen.

Dies ist gut und recht. Aber auch die gewissenhafteste Anwendung einer Theorie (sie bleibt Theorie, bis sie zu unserer eigenen Erfahrung wird) kann aus dem einfachen Grund nicht zu unumstößlichen Resultaten führen, weil wir uns ständig mit Unwägbarkeiten sowie mit den Faktoren Mensch und Pferd befassen müssen. Keine zwei Menschen sind einander gleich, keine zwei Pferde werden stets auf die gleiche Weise reagieren, und schließlich sind keine zwei Situationen einander gleichzusetzen.

Pferdehalter, Reiter und Pferd werden ständig durch den jeweiligen Zustand ihres »Nervenkostüms« beeinflußt. Dies ruft ein ständig wechselndes Bild hervor, wobei jedes Wesen unwillkürlich die Schwingungen des anderen aufnimmt. Diese können sich von Augenblick zu Augenblick verändern, wenn die ausgestrahlten Impulse aufgeregt oder entspannt werden. Das Wissen um diese Tatsachen hat dazu geführt, daß ich im Text dieses Buches häufig Ausdrücke verwende wie »sich in ein Pferd hineinfühlen« oder »sich durch Zügel und Sattel verständigen«.

Pferde sind dank ihres Nervensystems hochgradig empfindsam; es wäre deshalb völlig unrealistisch zu glauben, daß sie nur Tiere und darum nicht in der Lage sind, gute von schlechter Laune zu unterscheiden. Wie ich bereits an anderer Stelle erwähnte, ist die Vorstellung von Gut und Böse jedoch abstrakt; dies verführt uns zu der Annahme, daß ein schlecht gelaunter Mensch beim Tier einen kleinen elektrischen Sturm auslöst, den es als unangenehm empfindet, aufnimmt und dadurch seine eigene nervliche Ausgeglichenheit stören läßt.

Da sich nach meiner Vorstellung nervliche Stimulantien und elektrische Impulse und Frequenzen innerhalb der Systeme von Mensch und Tier durch Zusammenspiel beeinflussen, ist sture Methodik im Umgang mit Tieren nicht ausreichend. Die Beziehung zwischen Pferd und Reiter bzw. Besitzer muß mehr beinhalten, und zwar *Verständigung*. Ich will jedoch keineswegs abstreiten, daß »Spitzentechniker« eines Kalibers von Reiner Klimke, Nelson Pessoa, Elisabeth Edgar, William Steinkraus und andere mehr sich in einen Sattel schwingen und das Beste aus einem unauffälligen Pferd herausholen könnten. Darauf angesprochen würden sie vielleicht sogar protestieren und sagen, daß sie gar nicht mehr tun, als auf seinen Rücken klettern und lediglich aufgrund ihres technischen Könnens, durch ihre Routiniertheit im Sattel ein glänzendes Ergebnis erzielen. Ich bin aber anderer Meinung, denn ich bin überzeugt, daß sie sich dank ihrer vollendeten Meisterschaft wie von selbst in das Individuum hineinfühlen können, mag dies auch unbewußt geschehen. Das Pferd spricht auf diese Meisterschaft an, weil es erkennt, was der Reiter durch seine Konzentration überträgt. Technik allein genügt eben nicht, um eine ansprechende Leistung zu vollbringen.

Bei bestimmten Konkurrenzen müssen die Reiter auf das Pferd eines anderen Reiters wechseln; es ist eine bekannte Tatsache, daß diese Pferde mehrere Tage nach diesem Erlebnis leicht verstört wirken, obwohl das fachmännische Können der betreffenden Reiter außer Frage steht. Und ebenso ist es bekannt, daß sich bei solchen Konkurrenzen manche Pferde gegen den fremden Reiter sträuben. Dies beruht wahrscheinlich darauf, daß die Kommunikation gestört ist, auch wenn die Technik stimmen mag.

Es ist gleichfalls bemerkenswert, daß man sich an die meisten Spitzenreiter in Verbindung mit einem bestimmten Pferd erinnert – Marion Coakes und Stroller, Colonel Llewellyn und Foxhunter, Nelson Pessoa und Gran Geste, Reiner Klimke und Ahlerich, um nur einige zu nennen. Man könnte zur Annahme verleitet werden, daß die Reitkunst zusammen mit der guten Abstammung des Pferdes allein ausschlaggebend für den Erfolg seien. Eine Stute namens Late Night Final (später in Finality umbenannt), Tochter eines Milchwagenpferdes, und ihre Reiterin Pat Smythe (jetzt Koechlin-Smythe) werfen solche Theorien über den Haufen. Die Entwicklung des Pferdes Finality und seine Abstammung sind zwar interessant, aber was sich ereignete, nachdem sein erster Besitzer, Mr. Traill, es verkaufte, ist noch viel spannender. Das Pferd gelangte in den Besitz von Tommy Makins, laut DORIAN WILLIAMS (16) einer der besten Springreiter Nordenglands. Weiter erfuhren wir, daß Finality unter ihm nicht gut ging und an Mr. Snodgrass in Schottland weiterverkauft wurde, der mit der Stute aber ebensowenig zurechtkam. Mr. Snodgrass war klug und bat Pat Smythe, sie in der ersten »Horse-of-the-Year«-Konkurrenz von 1949 zu reiten. Das Paar siegte in der »Leading-Jumper-of-the-Year«-Klasse, obschon sie noch nicht lange beisammen waren. Um das Bild abzurunden, hatte die gleiche Dame großzügigerweise ein anderes Pferd, Prince Hal, als potentiellen Olympiakandidaten ausgeliehen, weil zu jenem Zeitpunkt Damen das Mitreiten in olympischen Wettkämpfen nicht gestattet war. Vom Team kam jedoch keiner mit ihm zurecht. Das Pferd sollte anläßlich einer großen Konkurrenz, gedacht als öffentliche Hauptprobe für das olympische Team, an seine Besitzerin zurückgegeben werden. Pat Smythe war für das Hauptspringen nicht gemeldet, jedoch bat sie um die Bewilligung, das Pferd zu reiten. Diese wurde ihr gewährt, und sie gewann die Prüfung vor allen olympischen Reitern – dies trotz der Tatsache, daß sie das Pferd seit vielen Wochen nicht mehr geritten hatte.

Ich glaube, daß die Verständigung zwischen Pat Smythe und ihren Pferden so vollkommen war, wie man es sich nur erträumen kann. Einfacher ausgedrückt – sie wußte, wie sie mit ihnen reden sollte, und die Pferde wiederum wußten, was sie von ihnen wollte. Mir ist nicht bekannt, welcher Art diese Kommunikation war, aber ganz bestimmt beruhte sie auf vollendeter Harmonie und einem Kontakt, der auf irgendeine Weise durch Zügel und Sattel hindurch ging, wobei die Schwingungen der beiden Lebewesen vollkommen übereinstimmten.

Eine direkte Parallele fand sich – und findet sich immer noch – bei Hans Günter Winkler und seinen Pferden. Seine Leistung im Parcours während der Olympischen Spiele von 1956 in Stockholm ist fast legendär. Beinahe bis zur Bewegungsunfähigkeit verletzt, mußte er getragen und in den Sattel gehoben werden: So führte er die berühmte Stute Halla mit einem fehlerfreien Ritt zum Sieg und sicherte für Deutschland die Goldmedaille.

Es gibt alle möglichen Theorien über diesen weithin bekannt gewordenen Ritt: Halla *wußte*, was auf dem Spiel stand und trug ihren Reiter über den schwierigen Parcours; nach HORST STERN (7), der seine Ansicht mit einer Reihe von Photographien unterstützt, beherrschte die außergewöhnliche Routiniertheit und Selbstdisziplin des Reiters diesen Ritt. Aufgrund der beweiskräftigen Bilder gebe ich Stern zwar recht, gehe aber etwas weiter und behaupte, daß die Verständigung zwischen Pferd und Reiter so ausgereift war, daß mögliche kleine Lücken ohne weiteres überbrückt wurden. Man darf nicht vergessen, daß Halla ein besonders schwieriges Pferd war. Sie hatte sich nicht reiten lassen, bis Winkler ihren Weg kreuzte. Daß sie ihn, und er sie, auf den Gipfel des Erfolgs brachte, ist kein Zufall.

So sehr ich Pferde liebe und meine, sie und ihre Bedürfnisse zu verstehen, so sehr ich an ihre Intelligenz glaube und an ihre Fähigkeit, innerhalb ihrer Grenzen konzeptionell zu denken, betrachte ich es trotzdem als reinen Anthropomorphismus zu behaupten, daß irgendein Pferd wirklich »weiß«, was auf dem Spiel steht, wenn es an einem *Wettkampf* teilnimmt. Aber ich weiß aus Erfahrung, und ich habe es in diesem Buch wiederholt betont, daß der dominierende Wille und der Einfluß des Menschen, mit dem sich das Pferd am engsten verbunden fühlt, das Tier vollkommen in eine bestimmte Richtung lenken kann. Das allein schon ist im höchsten Maße bemerkenswert.

Es gibt eine faszinierende Geschichte von Golden Cygnet, von Deep Run aus der Goldenen Cygneture, eines der besten »National-Hunt«-Pferde seit Arkle. Sein dreizehntes und letztes Rennen, am 15. April 1978 in Ayr, setzte seiner vielversprechenden Karriere ein Ende. Er hatte sich einen Halswirbel gebrochen, und der Dornfortsatz eines anderen Wirbels war total zersplittert. Ich befasse mich hier jedoch nicht mit seiner Todesursache. Was mich interessiert, ist die Beziehung, wie sie zwischen Golden Cygnet und seinem Trainer, Eddie O'Grady, nach dem Unfall beim letzten Rennen in Ayr bestand.

Das Pferd war nicht nur von Anfang an schwierig anzureiten gewesen, sondern hatte auch noch die häßliche Gewohnheit, beim Galoppieren den Kopf zwischen die Beine zu nehmen, was den Sitz außerordentlich erschwerte; viele seiner Reiter wurden abgeworfen, weil es bockte. O'Grady meinte, sein Erfolg mit ihm beruhe nur auf der »Tüchtigkeit einiger meiner sehr guten Burschen«. Golden Cygnet verletzte sich beim Galoppieren wiederholt die Knie mit den Zähnen, und diese Unart konnte ihm bloß durch spezielle Kniemaschen abgewöhnt werden. Eine halbe Stunde nach dem letzten Rennen des Treffens in Ayr suchte O'Grady das Pferd auf, das nach seinem Sturz außer einer gewissen Steifheit wenig Schaden genommen zu haben schien. Da entdeckte er auf beiden Seiten seines Halses riesige Schwellungen, die eine rund 10 cm hinter dem Genick, und eine weitere im unteren Drittel der Kehlrinne. »Was dann geschah, war ganz unheimlich. Ich stand bei ihm im Stall, und er kam zu mir und rieb die linke Seite seines Kopfes an mir. Dann trat er drei Schritte zurück, kam wieder zu mir und rieb die rechte Seite seines Kopfes an mir. Dies wiederholte sich – vor und zurück – während zwanzig Minuten. Es war, als wollte er mir sagen: 'Schau her, etwas stimmt nicht. Bitte kümmere dich um mich.' Und dann setzte ich mich unverzüglich mit der Universität von Edinburgh in Verbindung.«

Später beschrieb O'Grady Golden Cygnets »unheimliches« Verhalten nochmals. »Zu Beginn eines Rennens war das Pferd jeweils völlig gelöst, als ob es wüßte, worum es dabei ging. Er kannte auch genau den Moment, wann er loslegen mußte. Kurz vor der Zielgeraden ergriff er plötzlich das Gebiß und begann erst dann, richtig zu ziehen.«

MICHAEL CLOWER, Autor des Artikels, aus dem ich oben zitiert habe, fiel auf, daß O'Grady mehrmals im Zusammenhang mit dem Verhalten von Golden Cygnet im Stall wie auf der Rennbahn das Wort »unheimlich« verwendete (8).

Trotz meines großen Respektes für O'Grady kann ich das Verhalten von Golden Cygnet nicht als »unheimlich« empfinden, sondern als höchste Anerkennung für ihn und seine Burschen. O'Grady war ganz offensichtlich der Mittelpunkt im Leben dieses Pferdes, und ihre Beziehung so ziemlich vollkommen.

Ich weiß aus persönlicher Erfahrung, daß Tiere immer sofort auf Menschen zukommen, wenn sie Hilfe brauchen. Einmal wurde Tirade während einer Abwesenheit unseres regulären Tierarztes von einem ihn vertretenden Kollegen aus Versehen fast getötet. Die Stute kam zu mir, legte ihren Kopf in meine Hände und stubste mich sachte, als ob sie Hilfe und Trost brauchte. Als sie sich schließlich ins Stroh legte, tat sie das gleiche, während ich mich über sie beugte und sie zu trösten versuchte in der Befürchtung, ihre letzten Stunden seien gekommen. Dies zog sich über fünf entsetzliche Tage hin, bis wir endlich entdeckten, was los war.

Vergleichbares habe ich erlebt mit Schwänen, die verletzt waren und von mir gepflegt wurden. Obschon sie eigentlich verwildert waren, wagten sie sich in einen der Höfe hinein und warteten, bis ich herbeikam. Sie ließen sich ohne jeglichen Widerstand von mir aufheben und behandeln. In einem Fall mußte der Patient sogar eine Autofahrt und nachfolgendes Röntgen in der lokalen Tierklinik über sich ergehen lassen (MACSWINEY, 1971). Tiere, die mit Menschen gute Erfahrungen gemacht haben, wissen, wohin sie sich wenden müssen. Sie erkennen und verstehen das Einfühlungsvermögen ihrer Bezugsperson.

Unsere Aufgabe ist es, von Anfang an am Aufbau einer solchen Beziehung zu arbeiten.

Literatur

(1) LONGRIGG, R. (1972): The History of Horse Racing. New York: Stein and Day.
(2) PLAYFAIR, G. L., & S. HILL (1979): The Cycles of Heaven. London/Sydney: Pan Books.
(3) VAVRA, R. (1979): Pferdestudien. München: Co-Libris.
(4) CANBY, T. V. (1976): National Geographic, **149**, 46.
(5) LORENZ, K. (1969): On Aggression. New York: Bantam Matrix. (Deutsche Ausgabe: Lorenz, K. (1984): Das sogenannte Böse. Zur Naturgeschichte der Aggression. München: Piper.)
(6) WILLIAMS, D. (1970): Show Jumping. London: Pelham Books.
(7) STERN, H. (1973): Bemerkungen über Pferde. München: Kindler.
(8) CLOWER, M. (1978): Pacemaker International, June. London.
(9) MACSWINEY OF MASHANAGLASS, O. MARQUIS (1971): Six Came Flying. London: M. Joseph.

Zweiter Teil
Ausbildung – erste Schritte

Erfolgreiche »Erziehung« jedes Tieres gründet sich auf gegenseitigen Respekt und Vertrauen. Gleiches gilt für das spätere Training und, im Fall des Pferdes, für die Vorbereitung auf seine späteren Aufgaben. Ich unterscheide zwischen Training und Erziehung deshalb, weil ich die beiden Phasen klar definieren möchte, die dazu beitragen, ein Pferd auf seine Lebensaufgaben vorzubereiten. Die ersten Schritte einer Erziehung umfassen jene Verhaltensweisen, die sich ein Pferd aneignen muß, um – den Spielregeln folgend – glücklich unter Menschen leben zu können. Bei dieser Erziehung bringen wir dem Pferd bewußt Gehorsam bei, was für unsere Sicherheit unumgänglich ist, vor allem deshalb, weil das Pferd unendlich viel stärker ist als wir. Training ist etwas anderes; hier wird das Pferd körperlich ertüchtigt und lernt unter anderem die sogenannten »Hilfen«, die ihm seine Zukunft als Reitpferd ebnen. Beide Phasen dienen dem gleichen Ziel: die Schaffung dessen, was HENRY WYNMALEN (1) als »ein angenehmes Reitpferd« bezeichnet hat.

Da wir uns hier ausschließlich mit der Arbeit an der Hand und mit allgemeinen Verhaltensweisen beschäftigen, beschränke ich mich auf die Vorbereitung des Pferdes auf den Reiter, der es schließlich zu Höherem führen wird. Obschon ich mich in erster Linie um Pferde ohne die geringste bisherige Ausbildung kümmere, sollte nicht außer acht gelassen werden, daß die gleichen Erziehungsprinzipien einfach und erfolgreich auf verrittene Pferde angewendet werden können, ja selbst auf

jene, die niemals irgendwelche Manieren kennengelernt haben, auch wenn sie bereits erwachsen sind oder gar in die Jahre kommen.

Fohlen sind wie junge Hunde lernbegierig und wollen ihrem »Herrn« Freude bereiten. Beide lieben es, sich in der Gesellschaft ihres Besitzers aufzuhalten, und sie genießen die Zuneigung und Aufmerksamkeit, die ihnen zuteil wird. Die menschliche Gesellschaft scheint Pferden so angenehm, daß sie herbeigeeilt kommen, wenn man sie auf der Koppel oder in der Box besucht, so daß es eigentlich unproblematisch sein sollte, ihnen etwas beizubringen. Aber man darf nie vergessen, daß sie noch kleine »Kinder« sind und sich nicht lange konzentrieren können; oft haben sie auch nicht die geringste Ahnung, was man von ihnen verlangt oder worauf man hinauswill.

Hengst- und Stutenfohlen, die bis zur Entwöhnung der Mutter »bei Fuß« gefolgt sind und dann ohne den täglichen Umgang mit Menschen als Jährlinge mit gleichaltrigen Artgenossen ein paar Jahre zusammenlebten, müssen sich beträchtlich umstellen, wenn sie plötzlich mit individueller Aufmerksamkeit bedacht und zum ersten Mal einer persönlichen Disziplin unterworfen werden. Als Mitglieder einer Gruppe nähern sie sich zwar dem Menschen, aber die Schwierigkeiten beginnen meistens, sobald man sie berühren will.

Pferde, die rund vier oder mehr Jahre alt sind und die mit einem Mal gearbeitet werden sollen, eventuell an der Longe, brauchen viel Einfühlsamkeit, Geduld und eine vorsichtige Behandlung. In vermehrtem Maß gilt dies für Pferde, die mißhandelt worden sind – damit meine ich nicht unbedingt physische Grausamkeiten – sowie für jene, die schlecht zugeritten wurden oder überhaupt keine Manieren kennen; auch ist eine gewisse Einsicht in die Ursachen ihrer persönlichen Probleme vonnöten, will man ihnen überhaupt etwas beibringen oder sie »umerziehen«.

Für all diese Tiere gelten bei der Ausbildung die gleichen Grundsätze. Die Grundanforderung sind Takt, Geduld, die Einsicht, daß man mit einem *Pferd* und nicht mit einem Menschen arbeitet, ferner ein Ausbildungskonzept, das sorgfältig erarbeitet und konsequent befolgt wird, sowie die Bereitschaft, so viel Zeit zu investieren, bis die Lektion garantiert fest im Kopf des Schülers verankert ist. Damit meine ich aber nicht, daß das Pferd etwa gehetzt oder übermüdet werden darf durch allzu lange Lernperioden. Manchmal wird es eben eine oder zwei Wochen dauern, bis die Aufgabe wirklich begriffen worden ist. Der Trainer merkt sehr bald, ob der Schüler bockig ist oder ob er ganz eindeutig nicht versteht, was von ihm verlangt wird.

Viele Übungen in diesem Buch beinhalten die Arbeit auf Distanz, und es ist wesentlich, sich vor Augen zu halten, daß ein Pferd, vor allem ein junges, seinem Trainer körperlich nahe sein oder ihn sogar berühren möchte. Deshalb muß bei der Arbeit auf Distanz der Schüler zuerst begreifen, daß er nicht allein gelassen wird.

Ich verwende eine Anzahl Hilfsmittel, um dieses Problem zu lösen, angefangen von »Berührungsstöcken« bis – schlicht und einfach – zur Bestechung. Aber die Grundlage der erfolgreichen Arbeit mit dem Pferd oder irgendeinem anderen Tier ist und bleibt das persönliche Vertrauen, die Art und Weise, wie man mit ihm umgeht, wenn es daheim ist oder nicht arbeitet. Um Reflexe zu konditionieren, befürworte ich die Bestechung sehr stark, lehne aber Leckerbissen ab, außer wenn sie zu genau bestimmten Zeiten ausgehändigt werden. Eine Bestechung ist einfach eine Belohnung, jedoch gekoppelt mit einer Tätigkeit, und wird verabreicht, wenn das Pferd wie gewünscht reagiert. Großzügig verteilte Leckerbissen lassen das Pferd oft anspruchsvoll werden; dies kann sogar soweit führen, daß es wütend oder gereizt wird, wenn es keine bekommt.

Viele Leute glauben, der Umgang mit Pferden sei schwierig; anderen hat man Angst eingejagt, bis sie denken, Pferde seien bloß wandelnde Probleme: Diese möchte ich vom Gegenteil überzeugen. Es gibt bestimmte Regeln im Umgang mit Pferden, aber sie beruhen auf gesundem Menschenverstand.

Richtig erzogene Pferde bereiten kaum Schwierigkeiten. Vernünftig behandelte und gepflegte Tiere werden bei auftretenden Problemen entgegen anderer Auffassung nicht ständig dem Tierarzt vorgestellt. Alle meine Pferde sind in einer engen Beziehung als Haustiere gehalten worden, aber mit gewissen ganz klaren Einschränkungen: Die wichtigste davon ist, daß ich das »Chef-Tier« bin, aber auch die Zuflucht und obendrein derjenige, der den Ton angibt. Ich trage meinen Teil dazu bei, indem ich nie meine Stimme erhebe, mein Pferd nie schlage, es nie gegen seine natürlichen Ängste zu etwas zwinge, sondern ihm vielmehr zeige, wie es letztere überwinden kann. Dies alles ist gesunder Menschenverstand. Ich kenne meine Pferde so gut, weil ich ihr Freund und Lehrer bin, und wenn ich in die Box gehe und mich eine Viertelstunde ins Stroh setze, erwarte ich, daß das Pferd zu mir kommt und mit mir plaudert und nicht die hinterste Wand emporklettert, um mir zu entkommen.

All das zielt auf die Schaffung eines persönlichen Verhältnisses. Dieses wird durch Erziehung sowie durch das mehr oder weniger große Verständnis dessen, was im Kopf des Tieres vor sich geht, aufgebaut. Das ist das zentrale Anliegen meines Buches.

Literatur

(1) WYNMALEN, H. (1971): Equitation. London: J. A. Allen & Co.

Der Ausbilder

Wenn jemand irgendeinem Tier irgendetwas beibringen will, muß er zuerst sich und seine Motive unter die Lupe nehmen. Aus diesem Grund spreche ich zuerst vom Lehrer, bevor ich den Schüler überhaupt erwähne. Lange bevor der Lehrer mit der Arbeit beginnt, muß er seine Ziele definieren und sich daran halten. Erziehung ist nie eine leichte Aufgabe; handelt es sich dabei um Pferde, so können gewisse zwingende Umstände den einzuschlagenden Weg weitgehend bestimmen. Zu den zwingenden Umständen gehören das Alter des Tieres, wie bald es zum Einsatz bereit sein sollte, seine Persönlichkeit und sein Temperament, allen voran aber die Fähigkeiten des Lehrers angesichts all der auftauchenden Problembereiche.

Beim Schreiben dieses Buches bin ich davon ausgegangen, daß der Lehrer für sich oder für einen Freund arbeitet, daß er sich entweder mit einem sehr jungen Pferd befaßt oder mit der Umschulung eines älteren, das die Erwartungen seines Besitzers nicht erfüllt hat. Die meisten Pferde mit Problemen sind entweder dürftig oder zu schnell angeritten worden und wissen genau darüber Bescheid, wie sie sich gegen den Willen ihres Lehrers wehren können. Pferde zögern nicht, wenn es darum geht, ihren Kopf durchzusetzen oder dies zumindest zu versuchen.

Erziehung braucht Zeit. Es gibt keine Abkürzungen, und ein gerafftes Programm wird keine dauerhaften Ergebnisse erzielen. Es gibt keine genialen Pferde, sondern nur intelligente oder dumme. Deshalb gilt: Je mehr Zeit am Anfang zur Verfügung steht, um ihnen etwas beizubringen, desto nachhaltiger werden die Resultate sein. Somit kann auch die Lösung einfachster Aufgaben nur dann auf Dauer gewinnbringend sein, wenn man sich hierzu viel Zeit nimmt. Der Unterricht muß durch eine

schier endlose Geduld, eine immense Selbstbeherrschung und ein tiefgreifendes Verständnis für die bestimmten Probleme, mit denen der Schüler konfrontiert wird, geprägt sein. Weder sind alle Probleme für alle Pferde gleich, noch sind alle Pferde einander gleich. Ihre Reaktionen auf gleiche Dinge oder ähnliche Situationen können grundverschieden ausfallen.

Wer beschließt, die Erziehung seines eigenen Pferdes selbst in die Hand zu nehmen, sollte sich vergegenwärtigen, daß auch nur *ein* einziges sinnloses Knallen mit der Peitsche, *ein* einziger Schlag mit der Gerte, *ein* einziger Wut- oder Schreianfall, *ein* Ausbruch von arroganter Ungeduld die Resultate von Stunden geduldiger Arbeit zunichte machen kann oder, schlimmer noch, das Vertrauen zerstören kann, das sorgfältig aufgebaut wurde und das in der Ausbildung so unentbehrlich ist. Ein Pferd kann solche Ausbrüche nicht verstehen; es wird aber die menschliche Unbeherrschtheit ebenso schnell und deutlich durch die Führleine oder durch die Zügel in der Reiterhand spüren, wie es sie über die Ausbrüche des Trainers wahrnimmt.

So wie wir für unsere Schüler Regeln aufstellen, so gilt dies auch für unser Verhalten, unsere Methoden und unsere persönliche Einstellung. Dies ist erforderlich, weil wir uns mit einem Lebewesen befassen, das eine empfindsame Natur besitzt, eine oft hohe Intelligenz zeigt, eine dabei jedoch nur beschränkte Fähigkeit zu konzeptionellem Denken entwickelt und über ein erstaunliches Gedächtnis verfügt, das nicht nur Allgemeines, sondern auch Einzelheiten aufnimmt. Aus diesem Grund müssen wir uns oft Zeit nehmen, um unserem Schüler, besonders wenn dieser jung ist, etwas zu »erklären«.

Da sich mein Interesse und meine Arbeit mit Pferden hauptsächlich auf die Pferd-Mensch-Beziehung sowie auf Pferdecharakter und -intelligenz konzentriert, beinhaltet das Konzept zum Umgang und zur Erziehung von jungen Pferden sowie der eigentliche Zugang zu den Tieren selbst natürlich entsprechende Aspekte. Die Erfahrung hat mich gelehrt, daß sich der Lehrer als erstes mit dem Charakter des Schülers auseinandersetzen muß. Nach vier Tagen ständigen Beisammenseins mit dem Pferd sollte man bereits etwas über sein Wesen wissen. Es ist sogar besser, wenn man das Pferd in seinem Stall besuchen kann, bevor man es überhaupt zu sich nimmt, um zu sehen, wie es sich seinen Besitzern gegenüber verhält; aber dies ist natürlich nicht immer möglich.

Ein kluger Ausbilder wird seine »Unterrichtseinheiten« nicht lang und langweilig gestalten, sondern das Interesse durch Variieren der Aufgaben während jeder Periode und im folgenden mit täglicher Abwechslung wachhalten.

Somit wird Aufgabe A, am Montag begonnen, erst am Mittwoch und vielleicht am Freitag wiederholt, während Aufgabe B für Dienstag, Donnerstag und Samstag reserviert ist. In der nächsten Woche wird der Ablauf umgestellt. Am Anfang widmet man jeder Aufgabe nur kurze Zeit. Es gibt so vieles, das ein frisches Pferd lernen muß, so daß der Lehrer immer auf etwas stößt, das getan werden muß; damit wird der Ablauf der Lektionen frei gestaltet. Ein paar Minuten pro Aufgabe genügen anfänglich vollauf und verhindern, daß das Pferd mürrisch wird.

Es gehört viel Fingerspitzengefühl dazu, zu spüren, wann eine Lektion abgebrochen werden sollte; eine Lektion, die nicht gut klappt, sollte beendet werden, aber auf solche Weise, daß der Schüler den wahren Grund dafür nicht erkennt – und dies setzt Klugheit voraus. Pferde sind dem gleichen Schicksal unterworfen wie ihre Lehrer; auch sie haben ihre guten und ihre schlechten Tage. Ein erfahrener Lehrer beharrt nicht auf der Fortführung einer Lektion, die ganz offensichtlich auf einen schlechten Tag fällt, an dem der Schüler völlig außerstande ist, sich zu konzentrieren.

Vielfalt und Abwechslung wecken und halten das Interesse und die Aufmerksamkeit des Tieres wach, was die gleiche, Tag für Tag wiederholte Routine gewiß nicht vollbringt.

Hier sind die goldenen Regeln für den Lehrer, und er darf sich nie ein Versehen erlauben und sie vergessen:

1. Das Pferd hat ein phänomenales Gedächtnis.
2. Das Pferd ist ein hochsensibles Tier.
3. Wie außergewöhnlich intelligent der Schüler auch zu sein oder zu werden scheint, wie anhänglich und gehorsam und verständig er sein mag, er ist und bleibt ein Pferd. Er denkt als Pferd, er verhält sich als Pferd und handelt mit allen Pferden nun einmal vorgegebenen Einschränkungen seines Wesens. Wenn dann das Unvorhergesehene geschieht und wir meinen, die ganze Ausbildung sei vergeblich gewesen, müssen wir uns in Erinnerung rufen, daß die Instinkte, Reflexe und Mechanismen des Pferdes Teile seines Erbgutes sind und auch durch die sorgfältigste Erziehung nicht *grundlegend* geändert, sondern bestenfalls in bestimmte Bahnen gelenkt werden können.
4. Vermenschliche nie ein Pferd. Vermenschlichung in diesem Zusammenhang bedeutet, daß man geistige Leistungen vom Pferd erwartet, die weit jenseits seiner Fähigkeiten liegen, wie hoch auch immer diese sein mögen. Ein Pferd, das vermenschlicht wird (dies passiert viel häufiger, als wir meinen), wird mehr Probleme haben als selbst jene, die verschmäht, abgewiesen oder »nur als Tier« angesehen werden.
5. Verliere nie die Beherrschung mit einem Pferd; schrei es nie an; schlage es nie in sinnloser Wut.
6. Versuche nie, ein Pferd durch Kraft oder Brutalität zu zwingen, denn dies ist ein sicherer Weg, um es zu verderben. Es wird sich gegen schlechte Behandlung zur Wehr setzen und wegen seiner überlegenen Kraft, derer es sich zwar nicht bewußt ist, die Auseinandersetzung gewinnen. Danach weiß es genau, was es tun muß. In der Folge wird man ihm bloß noch entgegentreten können, wenn man ihm Angst einflößt, und diese Situation wollen wir um keinen Preis heraufbeschwören.

Schließlich ein Wort an alle, die zum ersten Mal das Amt des Ausbilders antreten. Es ist wesentlich, nie zu vergessen, daß Pferde *nicht*, wie so oft gesagt worden ist, dumme Tiere sind. Denken wir an die gewaltige Lücke in der Verständigung zwischen der Gattung Mensch und der Gattung Pferd. Diese kann nur zum Teil überbrückt werden, indem man eine sehr enge Beziehung auf gegenseitigem Vertrauen und Respekt aufbaut. Der Unterrichtende soll sich immer vor Augen halten, daß *er* es ist, der etwas vom Pferd verlangt. Das Pferd kommt nicht und will erzogen werden, im Gegenteil. Dem Schüler wäre nichts lieber, als sein Leben auf der Koppel zu verbringen, anstatt Dinge lernen zu müssen, die den Eingebungen seiner Natur zuwider laufen und ohne die es sehr gut zurecht käme. Trotzdem wird ein gut behandeltes Pferd aufwachen und reges Interesse und eine gewaltige Bereitwilligkeit zum Lernen bekunden. Es wird dies nicht in Worten ausdrücken können, aber seine Freude in der Gesellschaft seiner Bezugsperson und seines Lehrers wird schnell den Beweis dafür liefern. Ein gut behandeltes Pferd lernt innerhalb vernünftiger Grenzen fast alles, und ein solches zu besitzen, ist eine große Freude.

Das Pferd

Das wichtigste Ziel bei der Erziehung von Pferden ist, sie für ihren Platz innerhalb der menschlichen Gesellschaft auszurüsten. Wir müssen uns nicht um ihre Stellung unter Artgenossen kümmern – das besorgen sie selbst, indem sie sogar in einer nur kleinen domestizierten Herde eine Rangordnung herstellen und akzeptieren. Schlecht erzogene Pferde oder solche, die gar keine Erziehung genossen haben, sind für sich selbst sowie für jene, die mit ihnen umgehen müssen, eine potentielle Gefahr. Sie sind gesellschaftliche Außenseiter, weil man ihnen für den »Ausgang« keine Manieren beigebracht hat oder weil sie sich nicht leicht unter Kontrolle bringen lassen, wenn sie etwas erschreckt.

Hauspferde sollten standhafte, zuverlässige und gute Freunde sein. Es ist von großem Vorteil, mit einem jungen, unbearbeiteten Pferd beginnen zu können, aber auch ältere, die nicht ganz unseren Wünschen entsprechen, können durchaus noch umerzogen werden. Dies ist vor allem der Fall bei Pferden, die allein gehalten werden, weil sie schnell zu fügsamen und guten Kameraden für ihre menschlichen Partner werden. Im allgemeinen sind sie gutmütig, weitherzig, willig und meist auch schnell von Begriff; sie brauchen nicht lange, um ihre wahren Freunde zu erkennen, und auch ein schwieriges Pferd wird sich einleben und gern lernen, wenn es richtig behandelt wird.

Ich habe weitere goldene Regeln, diesmal für Pferde. Sie sind so einfach und anspruchslos, daß auch Pferde, die nur für ein paar Wochen auf meinen Hof kommen, sich ihnen unterordnen müssen. Man muß sich nur die Mühe machen, sie dem Tier beizubringen und dafür sorgen, daß es sie befolgt. Diese Regeln können in sehr kurzer Zeit gelehrt und aufgenommen werden:

1. Das Pferd muß an der Hand gehorsam und geradeaus gehen. Es ist erstaunlich, wie viele das nicht tun, wenn man es von ihnen verlangt.
2. Das Pferd muß in der Box zu einem herkommen und zulassen, daß man ihm das Halfter problemlos umlegen und abnehmen kann.
3. Das Pferd muß in der Box zur Seite treten, wenn man es dazu auffordert. Dies ist vor allem beim Ausmisten oder Füttern sehr wichtig, wenn das Pferd aus irgendeinem Grund in der Box bleiben muß.
4. Auf Geheiß muß das Pferd in seiner Boxentür oder in der Stallgasse stehenbleiben. Diese Aufgabe scheint vielen Pferden Schwierigkeiten zu bereiten; sogar meine Stute Tirade hat mein Vertrauen mißbraucht und sich davongeschlichen, als ich ihr den Rücken zuwandte. Aber im allgemeinen gibt es keine großen Probleme, um einem Pferd das Stehenbleiben, ohne angebunden zu sein, beizubringen, damit man zum Beispiel die Hufe der Reihe nach aufheben kann zum Auskratzen oder Kontrollieren.
5. Das Pferd muß meiner Stimme vertrauen und muß begreifen lernen, daß es nie Grund zur Angst hat, wenn ich (oder später sein Reiter) bei ihm bin. Pferde lernen dies viel schneller, als man meinen könnte.
6. Das Pferd muß an den Eingang der Koppel oder Weide kommen, wenn man es ruft. Läßt man zu, daß es nicht herkommt, und versucht statt dessen, es einzufangen, entsteht eine gewisse Dominanz auf seiten des Pferdes, die ich nicht tolerieren kann. Diese ist eine meiner strengsten Vorschriften. Lieber lasse ich das Pferd stehen, als daß ich kapitulieren und zu ihm hingehen würde.
7. Das Pferd muß lernen, daß ich Herdenführer bin und Drohgebärden bei mir nicht verfangen. Ich erreiche das, was ich will, auf sehr ruhige, aber unnachgiebige Weise.

Dies sind die goldenen Grundregeln für das Pferd, und meiner Meinung nach bilden sie die wichtigste Basis in seiner ersten Erziehungsphase. Sie werden auch ohne große Umstände vermittelt; ein paar gut ausgenützte Minuten – und ich meine buchstäblich Minuten – pro Tag genügen. Die Regeln werden sehr konsequent und über eine längere Zeitspanne gelehrt, damit sie dem Individuum dauerhaft eingeprägt werden. Pferd A kann die Grundlagen in nur zwei Wochen fest im Kopf haben, während Pferd B vielleicht zwei Monate dazu braucht. Aber die Aufgaben sollten auch dann noch wiederholt werden, nachdem der Ausbilder sicher ist, daß sie verstanden worden sind.

Der Grundstein einer erfolgreichen Erziehung ist ein fest verankertes, gegenseitiges Vertrauen zwischen Pferd und Lehrer. Keiner darf den anderen zu irgendeiner Zeit oder in irgendeiner Situation fürchten. Das Tier kann relativ schwierig oder gar unberechenbar werden, wenn es spürt, daß sein Lehrer vor ihm oder vor irgendetwas anderem Angst hat. Die Dominanz des menschlichen Partners wird aus Überzeugung akzeptiert; das Pferd muß das unerschütterliche Gefühl haben, daß dieser Mensch seine Zuflucht ist in Augenblicken der wirklichen oder eingebildeten Gefahr; es muß wissen, daß ein furchterregender Gegenstand, dem der Lehrer ohne Angst entgegentritt, auch für es selbst keine Gefahr darstellt.

Man darf zu keinem Zeitpunkt vergessen, daß Pferde extrem sensibel sind. Nervosität kann zum Beispiel durch Berührung, durch die Zügel oder einfach durch Schwingungen auf sie übertragen werden. Ich habe mich mit dieser Art von außersinnlicher Wahrnehmung in Kapitel 6 befaßt. Zu meiner eigenen Genugtuung konnte ich des öfteren beweisen, daß ein Pferd beruhigt werden kann, indem man eine Hand in seine Richtung ausstreckt, aber es nicht berührt. Zu allen Zeiten sind Tonfall und -höhe der menschlichen Stimme von großer Bedeutung; dieses Instrument wird nach meinen Beobachtungen von den meisten Menschen im Umgang mit Tieren nur ungenügend eingesetzt. Die Reaktion auf eine bekannte Stimme ist unmittelbar, aber die Stimme muß ruhig und tief sein, auch bei einer Ermahnung.

Der Pferdeschüler wird sich interessiert und lernwillig zeigen, sobald man beginnt, ihm etwas beizubringen. Wenn er nicht schnell lernt, kann dies zwei Gründe haben: entweder ist die »Erklärung« falsch oder das Tier ist nicht allzu begabt und braucht mehr Zeit, um durch Wiederholungen zu lernen. Mit Ausnahme verdorbener Pferde habe ich bis jetzt noch keinen unwilligen Schüler getroffen. Der Lehrer kann aber sogar einen solchen davon überzeugen, daß er ihm nichts Böses will, immer vorausgesetzt, daß er seine Geduld nie verliert und dem Tier Vertrauen einzuflössen vermag.

R. S. SUMMERHAYS (1) zählt in 26 Kapiteln seines Buches »Das Problempferd« 31 Problemfälle auf. Meiner Meinung nach müßten die meisten dieser Probleme gar nicht entstehen, sofern ein Pferd mit Rücksicht und Geduld erzogen wird. Die Tatsache, daß dieses ausgezeichnete Buch bereits in sechster Auflage vorliegt, läßt darauf schließen, daß die gleichen Fehler immer wieder begangen werden. Allerdings lassen sich wohl viele von ihnen auf gleichgültigen oder unfachmännischen und planlosen Umgang zurückführen. Sie entstehen vorwiegend aus mangelndem Wissen über die Psyche des Pferdes. Meine Überzeugung ist, daß mehr Pferde durch fehlendes Verständnis als durch absichtliche Grausamkeit verdorben werden.

Literatur

(1) SUMMERHAYS, R. S. (1975): The Problem Horse. London: J. A. Allen & Co.

Ein Neuling kommt an

Ein Stallwechsel, wenn auch zum besseren, ist für ein Pferd stets eine Angelegenheit von großer Bedeutung. Wie gut auch immer die zur Verfügung stehende Box oder die gebotenen Bedingungen sein mögen, so haben viele Tiere dennoch beachtliche Probleme mit der Anpassung. Ein Wechsel im Personal und in der Unterkunft bedeutet einen großen Einschnitt im Leben eines Pferdes und geht auch nicht spurlos an seiner Psyche und seinem Nervensystem vorüber.

Sobald das neue Pferd aus dem Transporter geführt wird, um vorsichtig in eine ihm fremde Welt zu treten, begegnet es auch gleich einer ganzen Reihe von besonderen Faktoren. Als erstes kommt es in eine total unbekannte Umgebung, die von Fremden bevölkert ist. Dies wird ihm zunächst nicht deutlich. Es ist sich eines möglichen Dauerzustandes nicht bewußt. Aber alles sieht anders aus, riecht und tönt anders; die Umstellung ist vor allem im Fall eines jungen Pferdes, das noch nie zuvor etwas Ähnliches erlebt hat, gewaltig.

Am zweiten oder dritten Tag nach der Ankunft beginnt es dem Pferd zu dämmern, daß es in einer veränderten Situation steckt, weil es entdeckt, daß es seine alten Freunde verloren hat. Sie sind für alle Zeiten aus seinem Leben verschwunden. Es gibt keinen einzigen Menschen, den es liebt oder dem es vertraut, und auch kein einziges bekanntes Pferd. Kommt es als Einzelpferd an, um auch als solches gehalten zu werden, wird es an Heimweh und Langeweile leiden. Alles, was es gekannt hat, ist plötzlich wie weggefegt; es ist auf sich selbst angewiesen und muß mit dieser Situation fertigwerden. Es ist zu einem Geschöpf geworden, das Beistand und Hilfe braucht.

Weil sie verwirrt und verunsichert sind, versuchen viele Pferde, ihre Ängste durch Trotz zu überdecken oder sich durch aggressives Verhalten mit falschen Drohgebärden zu verteidigen, oder sie verkriechen sich hinter übermäßiger Schüchternheit und Ängstlichkeit. Deshalb müssen alle Pferde, die neu in einen Stall kommen, während der ausschlaggebenden ersten vier Tage mit ganz besonderer Rücksicht und viel Takt behandelt werden. Die Zuneigung, die man ihnen während dieser Zeit entgegenbringt, wird Früchte tragen.

Wenn ein Pferd, ob alt oder jung, erstmals in sein neues Heim geführt wird, beginnt es wahrscheinlich sogleich, sein Quartier minutiös zu untersuchen. Es wird die Einstreu, die Krippe, den Salzleckstein und alles innerhalb seiner Reichweite beschnuppern in der Hoffnung, etwas über die neue Umgebung zu erfahren. Das eine schaut aus dem Stallfenster, das andere guckt über die Halbtüre. Wieder andere stehen bockstill, lassen einen Haufen Mist fallen oder stallen. Der Mist sollte mit der Gabel sogleich in eine Ecke der Box deponiert und bis zum nächsten Tag liegengelassen werden. Gewöhnlich verteile ich ein wenig Stroh darüber, um Fliegen abzuhalten. Alle weiteren Misthaufen, die im Laufe der nächsten paar Stunden folgen, werden auf die gleiche Stelle gelegt und markieren auf diese Weise die Box als das ganz persönliche Eigentum des Tieres.

Ich habe es mir stets zur Gewohnheit gemacht, einem Neuankömmling ein Pfund Hafer zu geben, sobald er sein neues Heim kennengelernt hat. Es wird dadurch meistens beruhigt und bleibt beschäftigt, während das Transportpersonal den Hof wieder verläßt. Es ist sehr wichtig, daß die Person, die mit dem Tier umgehen wird, den Hafer *bringt*. Der Neuankömmling darf die kleine Mahlzeit nicht *finden*, sie muß ihm gebracht werden. Bei Tieren, die ausgebildet werden sollen, müßte dieser Leckerbissen vom zukünftigen Ausbilder verabreicht werden. Sobald der Hafer gefressen ist, gibt man dem Pferd ein paar Pfund gut gelockertes Heu, um es eine Weile zu beschäftigen, nachdem man es allein gelassen hat.

Es kann zehn Tage dauern, bis sich das Tier eingelebt und an seine neue Umgebung gewöhnt hat, und noch etwa vier bis fünf Tage, um seine neuen Leute mehr oder weniger zu akzeptieren. Außer wenn das Tier an einem übermächtigen Komplex leidet, von dem man nichts weiß, sollte man bis zu diesem Zeitpunkt einigermaßen miteinander zurechtkommen. Ich hatte einmal eine alte Stute, die sich während einiger Wochen einfach weigerte, sich anzufreunden und mich eigentlich nur duldete, weil ich ihre Futterquelle war. Als sie mich später wirklich akzeptiert hatte, erwieß sie sich als wunderbare Freundin und tat alles, was ich von ihr verlangte.

Normalerweise lasse ich einen Neuankömmling während der ersten vier Tage in der Box. Ich würde es ganz bestimmt nicht riskieren, ihn auf eine Koppel zu bringen. Für Bewegung wird gesorgt, wenn ich ihn an der Hand ausführe – doch später mehr darüber.

Beschränkung auf die Box und die Bewegung an der Hand helfen dem Pferd, mit seinem neuen Besitzer bekannt zu werden. Es erkennt seine Stimme, akzeptiert seinen persönlichen Geruch, identifiziert seine Besuche – auf die es sich freut – am Klang seiner Schritte, es gewöhnt sich an seine Hände und an die allgemeine Art des Umgangs – all das ist völlig anders als das, was es bisher gekannt hat.

Falls man noch ein anderes Pferd oder gar mehrere besitzt, sollte man, ohne diese zu vernachlässigen, sich während der ersten vier Tage weitgehend dem Neuankömmling widmen. Man besucht ihn öfters in der Box und, zeigt er sich gewillt, einen zu akzeptieren, kann man sich ins Stroh kauern und von ihm so genau untersuchen lassen, wie er es möchte. Wenn man ihn nicht abweist, wird er dies bestimmt tun, denn es trägt viel dazu bei, sein Vertrauen aufzubauen.

Der zweite Tag nach seiner Ankunft sollte einem »Orientierungsrundgang« gewidmet sein. Ich zeige dem Pferd den Hof. Viele Ställe sind so angelegt, daß das Tier wenig Gelegenheit hat, aus einem Fenster zu schauen und die Welt draußen zu erkunden. Ich führe jungen Pferden ihre Umgebung vor, damit sie mit ihr vertraut werden und lernen, wo ihre Behausung liegt. Das neue Heim wird viele ungewohnte Dinge und ganz fremdartige Erfahrungen enthalten, die die Neuankömmlinge verwirren und verängstigen. Der erste Orientierungsrundgang kann mit einem jungen Pferd zu einem recht hektischen Erlebnis werden, aber auch ältere sind nicht davor gefeit, vor den alltäglichsten Dingen zu schnauben und zu scheuen.

Sobald ich bemerke, daß ein Gegenstand Interesse oder Angst auslöst, gehe ich langsam darauf zu und berühre ihn mit meiner freien Hand. Dann darf ihn das Pferd in aller Ruhe untersuchen, wobei es zuerst ein paar ängstliche und zaghafte Annäherungsversuche machen wird. Ich gebe beruhigende Laute von mir und sage wiederholt, daß es »schon gut« sei. Dabei fordere ich es auf, den Gegenstand zu beschnuppern und zu befühlen, sei es nun eine Regentonne oder ein Traktor.

So schlendern wir um den Hof und, falls alles ruhig verläuft, auch in die nähere Umgebung. Diese Rundgänge sind für das Pferd die ersten Lektionen des Vertrauens zu mir, wobei meine Furchtlosigkeit vor allen erdenklichen Dingen mich im Kopf des Schülers als das große Alphatier kennzeichnet. Ich bestehe darauf, alles, was uns während der nächsten zwei oder mehr Jahre begegnet, zu zeigen und zu untersuchen. Durch diese Maßnahme verhindere ich, daß das Tier gegen seine tieferen Instinkte gezwungen wird, und erspare dem zukünftigen Reiter eine ganze Menge Schwierigkeiten, wenn der Schüler schließlich unter den Sattel kommt. Ein gewisses Maß an Phlegma kann zweifellos fast jedem Pferd beigebracht werden, was sie als Reittiere angenehm und als Wettkampfpartner sicherer macht.

An jedem folgenden Tag wird der Umkreis unserer Erkundungsspaziergänge erweitert, und ich stelle fest, daß mein Schützling bereitwillig in seinen Stall zurückgeht, nachdem er Autos beschnuppert hat, die Mülltonnen abgetastet und in ein oder zwei der anderen Boxen hineingeblickt hat, sogar einige betreten, um die Wittrung von anderen Pferden aufzunehmen, und ein paar Minuten am Anbindepfosten gestanden hat, wo alle Pferde geputzt werden. Wir haben es auch nicht versäumt, unseren Weg zu den Koppeln auszudehnen, damit unser Neuling lernt, wie er dorthin und wieder zurückkommt.

Nach dem vierten Tag wird der Neuankömmling, der sich nun mit seinem Lehrer und in seiner Umgebung schon etwas sicherer fühlt, allein auf eine Koppel gebracht. Er spürt das Gras unter seinen Füßen und bewegt sich, während ich am Zaun stehe und ihm ermunternd zurufe. Er galoppiert umher, bleibt stehen und schaut, trabt, knabbert ein bißchen am Gras, geht wieder umher, dann folgt noch ein kleiner Trab. Anschließend begibt er sich auf eigene Faust auf eine Entdeckungstour, bis er andere Pferde in den benachbarten Koppeln bemerkt. Vielleicht begrüßt er sie lautstark; dies ist zwar nicht immer der Fall. Sobald er sich beruhigt hat, lasse ich ihn allein und kehre nicht zurück, bis ich ihn nach ein bis zwei Stunden wieder in die Box bringen will.

Normalerweise kommt er bereitwillig her, wenn er gerufen wird, weil er die Nähe seiner Bezugsperson sucht.

Während ein paar Tagen folge ich dieser Routine, bis ich den Moment für richtig erachte, um ihn an der Führleine zu seinen Nachbarn zu bringen, damit sie miteinander am Koppelzaun ihre Nasen reiben können. Möglicherweise regt ihn der Kontakt etwas auf, und er wird quietschen und mit den Vorderfüßen stampfen, aber nach ein paar solcher Begegnungen bringe ich ihn mit den anderen Pferden auf die Koppel und überlasse es ihnen, völlig miteinander bekannt zu werden und ihre Rangordnung aufzustellen.

Wahrscheinlich wird auch Aggression gezeigt – zurückgelegte Ohren, Bisse – und, wenn nur Stuten da sind, blitzschnelles Auskeilen mit der Hinterhand und auch gezieltes Schlagen. Während einiger Tage wird große Unruhe herrschen, mit häufigen Drohgebärden bei jedem Kontakt, oder wenn der eine oder der andere zu nahe kommt; allerdings werden sie darauf bedacht sein, in einem gewissen Abstand voneinander zu grasen. Handelt es sich jedoch nur um zwei Pferde, werden sie recht bald den sozialen Rang etablieren. Obschon sie einander vielleicht über geraume Zeit gar nicht annehmen, sind sie andererseits auch nicht imstande, einander allzu lange fern zu bleiben und werden eine Art gespannte Waffenruhe einkehren lassen, dazwischen aber mal die Ohren zurücklegen und sich drohend anblicken. Aber auch während jener Phase wird das Tier, das zuerst auf die Weide gebracht wird, am Zaun stehen und auf die Ankunft seines Gefährten warten.

Ich lege sehr viel Wert darauf, die Tiere während des Tages, so wie es meine Zeit erlaubt, auf der Koppel zu beaufsichtigen. Die Pferde kommen entweder freiwillig zu mir oder ich gehe zu ihnen hinein und plaudere mit ihnen. Es kommt dann vor, daß sie sich eifersüchtig zeigen, weil hinter jedem Zaun ein Pferd steht, für das es eine längst beschlossene Tatsache ist, daß ich sein persönliches Eigentum und sein Freund bin. Sie versuchen vielleicht beide, mich zu bedrängen, aber das lasse ich nie zu, und sie erkennen bald, daß keiner von beiden in der ersehnten Zuneigung zu kurz kommt.

Ich habe ein strenges Verbot erlassen, auf den Koppeln Leckerbissen zu verteilen, weil die Gefahr besteht, daß die Pferde dann schnappen und gierig werden. Nur meine Frau setzt sich darüber hinweg, aber unsere Tiere akzeptieren das und scheinen zu wissen, daß sie weder von mir noch von irgend jemandem sonst etwas erwarten dürfen.

Mein Hauptinteresse gilt der Ausbildung von jungen oder der Umschulung von verrittenen Pferden, und weil ich kein Geschäft daraus mache, finde ich mich in der glücklichen Lage, die Zeit auf meiner Seite zu haben. Ich bin vorwiegend damit beschäftigt, das Wissen eines Pferdes zu vergrößern, und zwar in einer Art und Weise, daß es nichts von dem vergißt, was es gelernt hat. Ich kann mir erlauben, langsam oder auch sporadisch zu arbeiten, wenn ich dies will, habe aber die Gewißheit, daß das phänomenale Gedächtnis des Pferdes mit mir arbeitet, auch wenn der Schüler sich dessen nicht bewußt ist.

Im allgemeinen rechne ich mit einem oder zwei Jahren geduldiger Arbeit, so daß das rohe Pferd, wenn meine Tätigkeit mit ihm endet, für seine weitere Ausbildung unter dem Reiter zu einem sehr angenehmen Individuum geworden ist.

Ältere Pferde, die ich in Obhut hatte, gehörten meistens Freunden, waren pensioniert oder hatten als Folge einer Verletzung eine Erholung nötig, und alle mußten sich an meine Regeln halten. Obwohl sich die »Gastpferde« nie mit irgendeinem messen konnten, das ich selbst von Anfang an ausgebildet hatte, lernten die meisten meiner Besucher sehr schnell, auch wenn sie nicht mehr sehr jung waren, und ich hatte mit keinem irgendwelche Schwierigkeiten.

Mit einem neuen, jungen Pferd fange ich nicht eher an zu arbeiten, bis es etwa einen Monat bei mir ist. Es soll ein sehr angenehmes Leben führen können, und obschon ich es fast die ganze Zeit erziehen werde, auch wenn ich es nur auf die Koppel führe, mache ich daraus keine »Schulstunde«, sondern versuche, es soweit zu prägen, daß es mir folgt und mich respektiert.

Im Frühstadium ist es für das Pferd am allerwichtigsten zu wissen, daß es ein Zuhause hat.

Führen

Eine gute Pferdehaltung verlangt, daß sich die Tiere ohne Schwierigkeiten führen lassen. Trotzdem begegnet man oft Pferden, die an der Führleine schwierig sind. Manche sind aus Vorfreude, daß sie auf die Weide dürfen, schon recht aufgeregt, andere werden es in fremder Umgebung, wieder andere sind träge und bewegen sich nachlässig und nicht wenige setzen sich gegen die führende Hand zu Wehr.

Ungehorsame Pferde und solche, die sich der führenden Hand widersetzen, sind außerordentlich mühsam, manchmal sogar gefährlich. Dies ist vor allem dann der Fall, wenn sie eine Zeit lang nicht ins Freie konnten. Je eher sie deshalb lernen, sich korrekt führen zu lassen, desto besser für alle Beteiligten. Jedes Pferd sollte beim Führen gerade und gelöst gehen. Diese Voraussetzung ist die Grundlage für alle Arbeit an der Hand. Wir werden sehen, wie wichtig sie ist, wenn wir einige Disziplinen, wie Longieren, Arbeit am langen Zügel oder Schrittarbeit, als Mittel zur Entwicklung von Psyche und Muskulatur besprechen.

Viele Pferdehalter wollen, daß sich ihre Pferde beim Führen recht auffällig benehmen. Sie meinen, daß Nervosität und Erregbarkeit am Ende der Führleine das Feuer erahnen lassen, das im Tier steckt. Da sich einige Schaurichter durch solches Gehabe beeindrucken lassen, wird man dazu verleitet, die Haferration vor der Vorstellung des Tieres an der Hand zu erhöhen. Im 19. Jahrhundert pflegten Pferdehändler diese Art von Rasse zu erreichen, indem sie den armen Tieren ein Stück Ingwer in den Mastdarm steckten, was auch für den faulsten Gaul so unangenehm war, daß er die Füße hob, die Ohren spitzte und herumtänzelte.

Ich persönlich ziehe ein Pferd vor, daß sich gut führen läßt, weil es dank seiner guten Manieren zwar ruhig und fügsam ist, aber munter

und aktiv wird, sobald man eine Leistung von ihm verlangt. Wenn ich ein Pferd führe, so will ich auch einmal stehenbleiben können und mit jemandem plaudern, ohne daß er herumzappelt wie ein schlechterzogenes Kind. Munterkeit und Lebhaftigkeit soll das Pferd bei der Arbeit beweisen, und nicht unbedingt im falschen Moment und am falschen Platz.

Es ist sehr unangenehm, wenn das Pferd an der Hand versucht, die Führung zu übernehmen, wenn es immer traben will, von uns wegbricht oder sich einfach durch die Anwendung gewisser Tricks widersetzt. Man darf es dem Pferd nicht gestatten, die Oberhand zu gewinnen. Gelingt ihm dies nämlich, könnte es völlig außer Kontrolle geraten, vor allem, wenn es einmal wirklich Angst bekommt.

Jene Menschen können sich glücklich schätzen, die mit einem Fohlen beginnen und selber entscheiden, wie es erzogen werden soll. Ihr Jungtier wird im Alter von nur sechs Monaten wie ein alter Hase an der Führleine gehen können.

HENRY WYNMALEN (1) schlägt in seinem Buch über Zucht und Gestütsmanagement eine Ausbildungsmethode vor, die ich mit viel Erfolg angewendet habe. Wenn das Fohlen ein paar Tage alt ist, betritt der Ausbilder mit einem Helfer die Box und bindet die Stute mit dem Halfter an. Der Ausbilder legt einen Arm um die Brust des Fohlens und den anderen um seine Hinterhand und erlaubt dem Tier, sich dagegen zu wehren. Es wird sich natürlich zu befreien suchen. Man muß darauf achten, daß man es dabei ruhig und bestimmt festhält, aber doch passiv bleibt, damit das kleine Tier nicht verängstigt wird. Weil das Fohlen schwächer ist als die Person, die es hält, wird es sein Sträuben nach ein paar Minuten einstellen. Die Stute wird sodann vom Helfer um die Box herumgeführt, und mit einem weichen Wischtuch um den Hals wird ihr das Fohlen nachgeführt, wobei der Ausbilder es vorwärtslenkt und mit dem Arm um die Hinterhand steuert.

Von diesem Moment an darf das Fohlen der Stute nie frei folgen, weder auf dem Weg zur Koppel noch beim Heimführen in die Box. Das Wischtuch wird immer um seinen Hals und der lenkende Arm um seine Hinterhand gelegt. So wird der kleine Schüler dazu angehalten, neben oder hinter seiner Mutter herzugehen. Schon nach wenigen Tagen kann der Lehrer seinen rechten Arm nahe der Hinterhand über den Rücken des Fohlens und kurze Zeit später seine rechte Hand auf seine Schulter legen. Die Stute muß ruhig und vernünftig geführt werden; wer sie an der Hand hat, darf nicht davonstürmen, sondern muß das Fohlen und die Person, die es führt, stets im Auge behalten.

Ich lege dem Fohlen das erste Halfter an, wenn es drei bis vier Wochen alt ist und sich bereits mit diesem »Führprozeß« auskennt, aber ich benötige noch keine Leine. Stattdessen lege ich die Finger meiner linken Hand zwischen Backe und Backenriemen. Die Führleine wird erstmals gebraucht, wenn sich das Fohlen beim Führen über eine kurze Strecke von rund 100 Metern, zum Beispiel vom Stall zur Koppel, relativ ruhig verhält. Die Stute wird immer ein Stück weit in die Koppel hineingeführt und muß stillstehen, bis ihr Fohlen losgelassen worden ist. Ich habe es mir angewöhnt, das Fohlen ein paar Sekunden stillzuhalten und »Steh« zu sagen, bevor ich es loslasse. Diese kleine Lektion macht sich später voll bezahlt, wenn das Fohlen älter ist und man will, daß es aus irgendeinem Grund stehenbleibt und wartet. Das erfreuliche Resultat ist ein fügsames kleines Geschöpf, das mit begeistertem Quietschen zu einem herkommt, wann immer man am Koppelzaun auftaucht. Meiner Ansicht nach kann man dem Tier mit dieser Behandlungsmethode nur Gutes tun.

Sobald das Fohlen die unumgängliche Phase überwunden hat, in der es nach vorn schießt, bockstill stehenbleibt, umherzappelt und versucht, zu seiner Mutter zu gelangen, kann man eine Führleine befestigen und die rechte Hand über seinen Rücken legen. So läßt man es neben einem gehen. Wenn es begriffen hat, daß es auf der Koppel frei sein wird und zu seiner Mutter gehen darf und infolgedessen willig mitmarschiert, kann man es ganz korrekt an der Leine führen, wobei die beruhigende und steuernde Hand stets auf oder in der Nähe der Schulter ruht.

Pferde, die auf diese Weise erzogen werden, sollten keine Probleme bereiten, wenn ihr Lehrer ruhig und geduldig ist und an seiner Erziehungsaufgabe Spaß hat. Ich blicke immer noch mit Freude auf jenen Tag zurück, an dem ich einen jungen afrikanischen Studenten im irischen Nationalgestüt beobachtete, der ein außerordentlich lebhaftes kleines Vollblutfohlen am Halfter zu führen versuchte. Er strahlte übers ganze Gesicht und mußte die Freude, die ihm der unbequeme Jüngling machte, durch sein fröhliches Lachen der ganzen Welt kundtun. Aber die Situation stellt sich doch etwas anders dar, wenn ein Pferd nicht auf diese Weise erzogen worden ist oder vielleicht überhaupt nie etwas davon erfahren hat.

Schlechtes Betragen beim Führen muß wirklich nicht sein. Meiner Meinung nach ist das Führen eine Disziplin von erstrangiger Bedeutung, und sie muß korrekt ausgeführt werden. Wie übermütig oder feurig das Individuum auch sein mag, an der Führleine muß es artig und gehorsam gehen. Sein heißes Blut ist da keine Ausrede. Es muß ruhig sein bis zu dem Moment, wo es auf die Koppel gebracht, gegen den Zaun gewendet und losgelassen wird. Erst dann darf es davondonnern, bocken und vor Freude auskeilen.

Es kann vorkommen, daß sogar das gehorsamste und diszipliniertestе Pferd beim Führen bockt, aber die Ursache kann meistens identifiziert und die momentane Aufregung durch die Stimme des Ausbilders beruhigt werden.

Man begegnet zahlreichen Fehlern, die auf unkorrektem Umgang oder unfachmännischer Schulung beruhen. Kommt das Pferd zu der führenden Hand her oder bricht von ihr weg, muß dies korrigiert werden. Solche Fehler gehen eher zu Lasten des Lehrers als des Tieres und, wie wir bei so vielen anderen noch zu besprechenden Unzulänglichkeiten sehen werden, sind auch sie prinzipiell dem Ausbilder aufzurechnen.

Es liegt an der Psyche der Pferde, daß sie nicht nur ungern kurz, sondern am liebsten überhaupt nicht geführt werden wollen. Leider können wir uns nicht immer darauf verlassen, daß ein Pferd frei an unserer Seite oder bei Fuß geht, obschon die meinigen oft dazu ermuntert werden. Die Versuchung, den tieferen Eingebungen ihrer Natur nachzugeben, ist meistens zu groß, und sie marschieren dann davon, um etwas anzuschauen oder an einem Büschel Gras zu zupfen.

Ein zu kurz geführtes Pferd wird sich automatisch gegen die lenkende Hand zur Wehr setzen. Wahrscheinlich beruht dies auf der Tatsache, daß eine kurz gehaltene Leine die natürliche Balancier- und Pendelaktion von Kopf und Hals, die für eine bequeme Bewegung unerläßlich ist, beeinträchtigt. Man darf nicht vergessen, daß ein Pferd in Bewegung ständig seinen Schwerpunkt verlagert und sich dabei mit Kopf und Hals ausbalanciert.

Grundsätzlich ist das Problem das gleiche, ob nun das Pferd zu der Hand herankommt oder von ihr weg- und ausbricht. Die Bewegung beginnt am Kopf und Hals, wobei sich letzterer wölbt, um den Kopf näher an die führende Hand zu neigen. Dies dreht natürlich den ganzen Körper von der Hand, das heißt vom Lehrer weg, und das Tier hat keine andere Wahl, als seitwärts zu gehen oder zu traben. Wenn man auf der kurzen Führleine beharrt, werden andere Probleme entstehen, wie Zackeln oder Einrollen. Die Abhilfe ist denkbar einfach: Man läßt die Führleine länger, fällt einen Schritt auf Schulterhöhe zurück, und das Tier wird nun geradeaus gehen.

Ich behaupte, daß die meisten Fehler beim Führen aus diesem einfachen Grund entstehen, und ich glaube, daß fast alle Probleme überwunden werden können, indem man dem Pferd einfach mehr Leine gibt, weil man – so erstaunlich dies klingt – mit einer längeren Leine eine bessere Kontrolle ausüben kann.

Ein Fehler, der eindeutig aus der zu kurzen Führleine resultiert, ist das Umkreisen. Die meisten jungen Pferde, die als Fohlen nie geführt wurden oder sonst zuwenig Umgang mit Menschen hatten, verteidigen sich auf diese Weise. Sie kommen immer näher an die führende Hand, gehen quer vor dem Lehrer vorbei und umkreisen ihn. Als Abhilfe gibt man mehr Leine und läßt das Pferd zwar herankommen, aber dann bringt man es dazu, einen so oft, wie man es für nötig erachtet, ganz eng zu umkreisen; ursprünglich war dies ja nie die Absicht des Pferdes gewesen. Es bereitet ihm etliche Schwierigkeiten, sich im engen Zirkel zu beugen, was später im Kapitel »Longieren« erklärt wird. Als nächster Schritt führt man das Pferd aus den ungewollten Kreisen heraus und in der gewünschten Richtung weiter. Das Pferd wird wahrscheinlich von Zeit zu Zeit dieses Umkreisen wieder versuchen und soll jedesmal auf gleiche Weise korrigiert werden. Weil Pferde aber schlau sind, werden die meisten sicher recht bald merken, was los ist, und dieses Spiel aufgeben. Ich führe es zwar meistens ein bißchen weiter, indem ich an einem Punkt stehenbleibe und vom Schüler verlange, daß er mich weiter umkreist, obschon er überhaupt nichts derartiges tun wollte. Man kann ein bißchen Kapital schlagen aus der Abgewöhnung dieses eigensinnigen Umkreisens, weil man in einem gewissen Sinn dabei die Grundprinzipien des Longierens einführt; aber das Longieren ist nicht der eigentliche Zweck des täglichen Führens.

Eine weitere Verteidigung gegen die führende Hand ist ein unangenehmes Manöver: Das Pferd wirbelt herum und bleibt dem Lehrer gegenüber stehen, nimmt den Kopf hoch und beginnt in einer Art von Tauziehen rückwärts zu zerren. Zuschauer sind davon begeistert. Ich dulde dieses Verhalten nicht. Es kommt aber öfters vor, wenn zum Beispiel Hengste in Gruppen geführt werden; einer wird durch etwas aufgeregt und steckt den nächsten und alle weiteren an, bis die ganze Reihe anfängt, wild auszuschlagen und sich gegen ihre Pfleger zu wehren. Ein einzelnes Tier kann man einigermaßen unter Kontrolle bringen, vorausgesetzt, daß die Führleine lang genug ist.

Wenn ein Tier dies bei mir versucht, lasse ich ihm recht viel Leine, ziehe sie dann ein und nähere mich dabei seiner Schulter, bis ich es wieder auf einer Geraden vorwärtsführe, und zwar genau in die Richtung, aus der wir gekommen sind. Sobald das Pferd wieder richtig Tritt faßt, drehe ich um und gehe in der ursprünglich beabsichtigten Richtung weiter. Ich betrachte es durchaus nicht als Zeitverschwendung, diese Übung zu wiederholen, sollte das Pferd einen neuen Versuch wagen; ich spiele mit, so lange das Pferd es tut, und rede ihm dabei ruhig zu. Aufregung ist meistens Ursache dieses Verhaltens. Ich verlange nicht mehr, als daß es meine Bedingungen annimmt. Letzten Endes gewinnt meine Ausdauer, nicht sein Tauziehen. Ich mache *ausschließlich* das, was ich bereits beschrieben habe, und rede mit leiser Stimme im Gesprächston, um das Tier abzulenken. Bei manchen Pferden ist ein scharf gesprochenes »Nein« oder andere Ausdrücke des Mißfallens vonnöten, um sie wieder fügsam zu machen.

Eine weitere Verteidigungsmethode zeigt sich darin, daß das Pferd den Kopf hochwirft und mit allen Vieren stoppt. Ich war Mitbesitzer einer großen, hervorragenden Stute, die kopfscheu war. Sie war außerordentlich stur, leicht erregbar, scheute willkürlich mit dem Kopf und blieb stehen, wenn sie ihren Willen durchsetzen wollte. Sie machte alles noch ein bißchen schwieriger, indem sie die Hinterhand senkte und die Vorderbeine streckte. Bevor ich sie kaufte, hatte ich mit ansehen müssen, wie sie wegen dieser Untugend geprügelt wurde. Eine Peitsche ist in solchen Situationen völlig nutzlos. Sie wird das Tier entweder furchtbar erschrecken und fast unbeherrschbar machen oder dazu beitragen, daß ein normales Führen nur noch schwieriger wird.

Als diese Stute sich das erste Mal bei mir so verteidigte, wußte ich mir zuerst gar nicht zu helfen, und so zerrte ich halt an der Leine. Sie zog in einer Richtung, ich in die andere, und ich mußte gegen ihren vollen Widerstand kämpfen. Je heftiger ich zerrte, desto heftiger zerrte sie zurück. Rein zufällig fand ich dann die richtige Lösung. Als unser Ringkampf auf seinem Höhepunkt war, ließ ich die Leine voller Überdruß plötzlich los. Sie fiel beinahe hintenüber. Um ihr Gleichgewicht kämpfend, brachte sie den Kopf herunter, und ich stand mit der Leine in der Hand da, als sie ihr Gleichgewicht wieder gefunden hatte. Sie folgte mir wie ein Lamm. Sie wiederholte allerdings diese unangenehme Form der Verteidigung, wenn ich sie in den Stall führte oder wenn sie auf der Koppel bleiben wollte. Die Sache war besonders dann ärgerlich, wenn ich sie schnell vor einem Platzregen oder einem Gewitter in Sicherheit bringen wollte, weil ich die Pferde bei Unwetter nie im Freien lasse. Deshalb mußte ich mir eine sinnvolle Methode ausdenken.

Weil ich Pferde niemals anschreie oder schlage, blieb mir nur eine verstandesmäßige Lösung offen. Kein Pferd, so überlegte ich, ist in der Lage, den Kopf auf unbestimmte Dauer hochzuhalten. Wäre deshalb der vernünftige Weg, den Kopf wieder nach unten zu bringen, nicht das Einfachste von der Welt, nämlich gar nichts zu tun? Wenn man andererseits etwas tun muß, so zwingt man das Pferd, den Kopf oben zu behalten, indem mit der Leine die Verbindung sachte aufrechterhalten wird und man das Tier mit dem kleineren Ende der Dressurgerte unter dem Kinn kitzelt, aber wirklich nur kitzelt.

Ich habe beide Methoden versucht und fand, daß es schneller und wirkungsvoller war, wenn das Pferd seinen Kopf von allein wieder herunterbringt. Sobald der Kopf unten ist, läßt man das Pferd eine Volte ausführen, aus der heraus es ruhig vorwärts geführt wird. Am Ende hat niemand die Nerven verloren, und durch Wiederholung kann man dem Pferd zeigen, daß sein Getue unsinnig ist. Die Einstellung des Ausbilders »Ich kann länger warten, ich habe den ganzen Tag Zeit«, gewinnt jedesmal, und allmählich verliert sich beim Pferd diese Neigung zum Widerstand.

Pferde stehen oft urplötzlich still und weigern sich, auch nur einen Schritt weiterzugehen. Wenn dies zum ersten Mal passiert, warte ich einen Augenblick und beobachte den Kopf. Wird dieser kurz geschüttelt und zeigt keinerlei Aufmerksamkeit von Augen und Ohren, bedeutet dies gewöhnlich, daß das Pferd beabsichtigt, seinen Willen durchzusetzen. Rührt es sich nach aufmunternden Worten immer noch nicht, gebe ich ihm mit meinem Handrücken einen scharfen Klaps auf die Schulter. Werden solche Dinge zur Gewohnheit, trage ich eine Dressurgerte mit der Spitze nach hinten in der linken Hand und gebe ihm damit gerade hinter der Gurtenlage einen scharfen kleinen Stups. Man muß gut darauf achten, daß das Pferd nicht *sieht*, woher der kleine Stoß kommt. Steht das Pferd hingegen aufmerksam da, mit gespitzten Ohren, leicht erhobenem Kopf und die Augen auf eine mittlere Distanz gerichtet, so schaue ich selbst genau dorthin, um mögliche Ursachen für sein Zögern zu entdecken. Ist der scheinbare Grund in der Nähe, gehe ich meinem Zögling voraus, lasse die Leine lang, berühre das betreffende Ding und *rede* mit ihm. Das Pferd wird meist sehr vorsichtig mit geblähten Nüstern und – wenn es ein Araber ist – mit Schnauben folgen, um sich davon zu überzeugen, daß keine echte Gefahr besteht. Der Hintergedanke ist, daß der Schüler das Ding selbst genau anschauen und beschnuppern soll.

Befindet sich der Gegenstand nicht innerhalb der Reichweite, wartet man vernünftigerweise, bis sich das Pferd von selbst davon überzeugt hat, daß die Ursache seiner momentanen Angst eigentlich harmlos ist. Wenn sich der Gegenstand wegbewegt, wird sich das Pferd beruhigen. Ist der angsteinflößende Gegenstand stationär und lediglich etwas Unbekanntes, wird das Tier zwar mißtrauisch bleiben, sich aber beruhigen. Selbstverständlich sollte der Pferdeführer ständig beruhigend wirken und das Tier mit seiner Gelassenheit »anstecken«. Dann kann er es an den Gegenstand heranführen und eine persönliche Untersuchung veranlassen. Die Hauptsache ist, daß man das Pferd nie zwingt.

Probleme bereitet schließlich auch ein Pferd, das wie eine Lokomotive zieht. Obwohl solche Pferde normalerweise aufgeregt sind oder auch möglichst schnell irgendwo hingelangen wollen, liegt der Fehler prinzipiell bei einer schlechten frühen Erziehung. Dieses Ziehen kann zur Gewohnheit werden, wenn der Pferdehalter Mühe hat, damit fertigzuwerden. Das Pferd kann an einem Trensenzaum geführt werden, wenn die Sache ausartet, aber dann kommt eine weitere Schwierigkeit hinzu, wenn man das Pferd auf der Koppel loslassen will. Am besten führt man solche Pferde hinter einem ruhigen und erfahrenen »Schulmeister«, falls einer abkömmlich ist. Ziehen ist sehr schwierig abzugewöhnen und kann sogar erfordern, daß das Tier einen Führkurs an Zaum und Zügel mitmacht. Der äußere Zügel sollte rund einen Zentimeter kürzer sein als der innere; beide Zügel werden relativ lang gehalten, und die führende Hand ist dort plaziert, wo der Hals in die Brust übergeht. Viele gehlustige Pferde zeigen diese Eigenschaft; vielleicht ist sie auch eine Verbindung von ehrgeizigem Bewegungsdrang und echter Aufregung. Ich hatte einst einen sehr kräftigen, rund 173 cm großen, vierjährigen Westfalen, der sehr schwierig unter Kontrolle zu halten war. Es dauerte eine ganze Weile, bis ich ihn schließlich so weit brachte, daß er fügsam an der Hand ging, indem ich ihn hinter einem »Schulmeister« führte.

Tänzelnde Pferde gefallen vielen Leuten, weil sie blendend aussehen und, wenn man nichts davon versteht, voller Leben und Temperament nur so zu sprühen scheinen. Der unregelmäßige, bockige Gang rührt meines Erachtens daher, daß hochgezüchtete, nervöse Tiere zu kurz geführt werden. Sie schauen ständig umher und wollen wissen, was überall vor sich geht. Dabei können sie einem leicht auf die Zehen treten, wenn man nicht aufpaßt. Ich rede die ganze Zeit mit solchen Pferden und versuche, ihre Aufmerksamkeit von allem anderen außer von mir abzulenken, aber dies wird sie bloß mit teilweisem Erfolg vom Tänzeln abhalten. Der Fehler muß letztlich in der Reitbahn behoben werden, wo diesen Pferden das korrekte Geführtwerden beigebracht wird.

Die Umschulung an der Longe kann sehr viel dazu beitragen, diesem Übel abzuhelfen, wenn der Trainer ruhig und ausdauernd ist. Mit seriöser Schrittarbeit wird auch diese Art von Erregbarkeit gemildert. Ich persönlich würde ganz von vorn beginnen, zuerst mit gewöhnlichem Führen, dann während einer Weile mit parallelem Führen (siehe Kapitel »Parallelführen und Berühren«), gefolgt von Longierstunden mit behutsam zwischen den längeren Schrittphasen eingeschobenen Trab- oder Galopplektionen. Diese Arbeit muß ruhig und beherrscht und in allen Gangarten mehr auf Rhythmus als auf Geschwindigkeit bedacht sein. Eine beruhigende Stimmlage ist auch hier ein sehr gewichtiges Instrument.

Hat das Pferd einmal bewiesen, daß es ruhig gehen kann – mit anderen Worten, daß es ein gewisses Selbstvertrauen gewonnen hat –, sollte es von jemandem geritten werden, der die Anregungen von R. S. SUMMERHAYS (2) aufgreift und befolgt. Letzterer empfiehlt, gelöst im Sattel zu sitzen und dadurch das Tier zu beruhigen und jedesmal die Zügel aufzunehmen, wenn es aus dem Schritt in Trab oder einen zackelnden Gang fallen will. Die Zügel werden gelockert, sobald das Pferd nachgibt.

Wir kennen auch träge Individuen, die man regelrecht hinter sich herziehen muß. Hier zeigt sich wiederum eine fehlerhafte Ausbildung. Dies kann leicht dadurch behoben werden, daß man neben der Schulter geht, die Leine in der linken Hand, und mit dem rechten Handrücken auf die Schulter klopft; oder man klopft, Zügel in der rechten Hand, mit der Spitze der Dressurgerte. Die hier beschriebene Gewohnheit findet sich häufiger bei störrischen Ponys als bei Pferden. Obschon sie unschön ist, besteht weiter keine Gefahr, außer wenn es sich das Pferd in den Kopf setzt, einen umzurennen. Der Fehler dürfte innerhalb von ein bis zwei Wochen korrigiert sein. Karottenstückchen und angemessen dosiertes Klopfen mit der Dressurgerte sind wirkungsvolle Hilfen.

Bei den ebengenannten wie auch bei anderen individuellen Fehlern trägt die sanfte Stimme des Trainers sehr viel dazu bei, sie zu beheben. Es ist eigenartig, wie viele Menschen sich davor scheuen, mit ihren Tieren zu reden. Die menschliche Stimme ist beim Beruhigen und Ablenken von allen möglichen äußeren Einflüssen ein wertvolles Hilfsmittel.

Pferde, die ein Abwehrverhalten zeigen, sollten nie bestraft werden, und schon gar nicht – außer als sanfte Hilfe – sollte je eine Peitsche gebraucht werden. Die Stimme des Lehrers sollte nie die normale Stimmlage übersteigen, wenn eine ruhige Zurechtweisung erteilt wird. Das Pferd wird seinen Widerstand öfters wiederholen, jedoch läßt es sich schließlich durch die Geduld und Entschlossenheit des Lehrers, durch Stimm- und Leinenkontakt beherrschen. Der Kraft kann man nicht mit Kraft begegnen, denn bei einem so ungleichen Kampf wird immer das Pferd gewinnen.

Ein letztes Wort über Führleinen. Ich arbeite mit zwei Längen, acht Meter für unbeherrschte oder stürmische Tiere und vier Meter für die gewöhnliche Arbeit. Alle Leinen, auch die Longe, sind mit sogenannten »Panik«- oder Schnellverschlußhaken ausgerüstet. Ich lasse meine kurzen Führleinen von meinem Sattler aus zähem Baumwoll- und Synthetikgurtband anfertigen. Zwischen dem Panikhaken und einem starken Drehring ist ein Stück von 10 bis 15 cm Länge in dreifacher Lage eingenäht. Diese Führleinen lassen sich leicht waschen und sind am nächsten Tag trocken.

Die Führleine sollte immer lang sein, damit sich das Tier vom Ausbilder wegbewegen kann oder umgekehrt. Auch das friedlichste Tier kann zur Gefahr werden, wenn es in Panik gerät, und ein verletzter Lehrer nützt niemandem. Pferde, die gewohnheitsmäßig ziehen, solche, die wegen einer Verletzung sehr lange in der Box bleiben mußten, oder Tiere, die neu im Stall sind, sollten an Longe und Kappzaum geführt werden. Sie können leicht aufgeregt und impulsiv werden, wenn sie zum ersten Mal ins Freie gelangen, und man kann sie nicht mehr unter Kontrolle halten, wenn man nicht korrekt ausgerüstet ist. Die Überzeugung allein genügt nicht, daß man unter solchen Umständen auch ein vertrautes und geliebtes Tier ungestraft handhaben kann. In ihrer Warnung vor dem Gebrauch von zu kurzen Führleinen, nicht nur unter solchen Bedingungen, sondern immer, unterstreicht DIANA TUKE (3) auch die Gefahr von Verletzungen des Ausbilders.

Die Art, wie man die Führleine hält, spielt eine beachtliche Rolle. Die sorgfältig in Schlaufen gelegte Leine wird in der linken Hand gehalten (wenn man auf der linken Seite führt), so daß man sie im Notfall auslaufen lassen kann. Die führende Hand liegt flach oben auf der Leine, wobei der Daumen von der Schulter des geführten Tieres wegzeigt. Auf diese Weise hat man eine bessere Kontrolle über die Leine und kann sie bei Bedarf fest, aber sanft nach unten drücken, und zwar nicht nur zum Verhalten, sondern auch um die Oberhand zu bewahren. In einem Notfall läßt man die Leine aus der linken Hand durch die rechte hindurchlaufen, wobei man sie immer wieder wie mit einem Bremshebel abbremst. Große Vorsicht ist geboten, damit sich die Leine nicht um Arme, Hände oder Finger verwickeln kann. Es ist besser, das Ganze loszulassen, als eine derartige Verletzung zu riskieren. Aber auch das aufgeregteste und kräftigste Pferd kann an der Longe unter Kontrolle gebracht und nachher versammelt werden.

Unter normalen Umständen hält die führende Hand die Leine rund einen Meter vom Kopf des Pferdes entfernt. Der Trainer geht neben der Schulter des Pferdes, den Unterarm an die Seite des Tieres gelegt und den Körper leicht gegen seinen Schützling geneigt. Man geht mit dem Pferd im gleichen Schritt; damit bleibt der Rhythmus flüssig und erbringt den zusätzlichen Vorteil, daß das Pferd einem so nicht auf die Füße treten kann.

Literatur

(1) WYNMALEN, H. (1971): Horsebreeding and Stud Management. London: J. A. Allen & Co.
(2) SUMMERHAYS, R. S. (1975): The Problem Horse. London: J. A. Allen & Co.
(3) TUKE, D. (1973): Horse by Horse. London: J. A. Allen & Co.

Das Pferd lernt das Stehenbleiben

Keine geringere Autorität als R. S. SUMMERHAYS (1) behauptet, daß »unter Tausenden« von englischen Pferden nicht eines stillsteht, wenn der Reiter absitzt und das Tier sich selbst überläßt.

Das Stehenbleiben ist eine Frage der elementaren Erziehung und beginnt bereits im Fohlenalter, wie es im Kapitel »Führen« angeregt wird. Es ist keine Kunst, das Pferd zum Stehenbleiben zu bringen. Es genügt, daß der Lehrer sich einsetzt. Nach meiner Ansicht ist Stehenbleiben ein wesentlicher Bestandteil der Sicherheit im Umgang mit dem Pferd in unserer Gesellschaft. Ein Pferd, das stehenbleibt, wenn auch bloß für ein paar Minuten, ist ein vernünftiges und gehorsames Tier.

Für alle Bereiche der Erziehung (nicht des Trainings) rechne ich mit rund einer oder maximal drei Minuten pro Lektion. Aber 15–20 Sekunden pro Tag sollten genügen, um dem Pferd das Stehenbleiben unter der Tür seiner Box beizubringen, obschon die Zeit, die dieser Aufgabe gewidmet wird, im Laufe der Tage und Wochen verlängert wird. Ich mache es mir zur Gewohnheit, Lektionen dann und wann zu repetieren, auch wenn ich der Ansicht bin, daß das Tier sie gut gelernt hat; vielleicht sind es gerade diese »Wiederholungskurse«, die spontan irgendwo irgendwann und unabhängig vom Alter des Pferdes unternommen werden, die dazu beitragen, die Disziplin immer aufrechtzuerhalten.

Ich weiß nicht, mit welchen Methoden andere Leute dieses Ziel erreichen, aber ich werde den hervorragenden Hengst Romadour II nie vergessen, der im Nordrhein-Westfälischen Landgestüt in Warendorf eine halbe Stunde lang an seiner offenen Box, halb drinnen und halb draußen, stehenblieb, während ich seinen Kopf und Hals modellierte. Es muß noch angefügt werden, daß eine sehr breite Stallgasse vor ihm

lag, mit Boxen vorn, rechts und links, alle mit Hengsten besetzt. Man hatte Romadour bloß gesagt, er solle stehenbleiben, und das tat er. Seine einzige Bewegung während der ganzen Zeit war, daß er sich zum Modellierstand herüberstreckte und sein Modell beschnupperte. Dieser Hengst hat mich ebensosehr beeindruckt wie der Spitzen-Junghengst auf Pitt-Rivers »Tollard« Arabergestüt, der, eingerahmt von der offenen Tür seiner Box, bewegungslos stehenblieb, während Stuten und Wallache an ihm vorbeigeführt wurden.

Wenn ich Pferde das Stehenbleiben lehre, benütze ich eine offene Boxtür als Hilfe und trage Schuhe mit weichen Sohlen. Ich stelle das Tier unter die offene Tür und sage ihm, es solle stehenbleiben. Wenn es vorwärts zu gehen versucht – was es unweigerlich tun wird –, drücke ich die Sohle meines Schuhs gegen sein Bein und wiederhole das Wort »Steh«. Dies tue ich, so oft der Schüler sich vorwärtsbewegen will. Bleibt er für einige Sekunden still stehen, erhält er sofort eine Belohnung.

Diese erste, einfache Stufe ist darauf ausgerichtet, dem Schüler die Bedeutung des Wortes zu erklären, das mit Zurückhalten in Verbindung gebracht wird. Die Lektion wird alle zwei bis drei Tage und zu unregelmäßigen Zeiten erteilt. Macht man es nicht so, wird das Tier das Stehenbleiben nur mit einer bestimmten Zeit in Zusammenhang bringen, und Pferde haben bekanntlich ein sehr ausgeprägtes Zeitgefühl.

Wie schnell der Schüler lernt, hängt nicht nur vom Ausbilder und dessen Geduld allein ab, sondern auch vom Individuum selbst. Es muß die wahre Bedeutung des Wortes begreifen, weil der Lehrer ihm nicht nur eine bestimmte Handlung beibringt, sondern sie mit einem gesprochenen Wort verbindet. Sobald der Schüler die erste Stufe gelernt hat – das Stehenbleiben auf Geheiß unter der offenen Boxtür, aber *ohne* Belohnung, wie auch den Gehorsam gegenüber der Stimme, sollte er doch davonwandern wollen –, dann ist der Zeitpunkt für die nächste Stufe gekommen, die auf dem Hof stattfindet.

Wir müssen immer daran denken, daß ein Pferd im Freien in seinem Verhalten weitgehend vom Herdentrieb geleitet wird. Der durchschnittliche Schüler fürchtet sich am meisten davor, allein gelassen zu werden. Er sucht die Nähe des Leittieres – in unserem Fall des Ausbilders. Dieser muß dem Pferd beibringen, daß er es nie allein lassen wird, außer wenn er es auf die Koppel bringt, und sollte er sich doch von ihm entfernen, wird es bloß für eine ganz kurze Zeit sein. Dies ist genau dasselbe Vorgehen wie beim Abrichten von Jagdhunden, die sitzenbleiben oder Platz machen und warten müssen. Auch sie brauchen die Gewißheit, daß sie von ihren Besitzern nicht im Stich gelassen werden.

Im Hof angelangt, dreht man das Pferd so, daß es seine eigene Box vor sich hat, deren Tür offensteht. Die Box ist das Heim des Tieres, und sollte es sich unbehaglich fühlen, weiß es, daß es dort Zuflucht findet. Mit diesem Gefühl der Sicherheit wird sich das Pferd viel eher auf das konzentrieren, was der Lehrer von ihm wünscht. Das Pferd steht jetzt in Richtung Box ein paar Meter vor dem Eingang, der Lehrer ihm zugewendet vor ihm. Er hält die Backenriemen des Halfters und sagt »Steh«. Der Schüler wird vielleicht versuchen, einen Schritt vor- oder zurückzugehen, aber das wird ihm nicht gelingen, weshalb er möglicherweise nach rechts oder links auszuweichen probiert. Dies ist während der ersten Lektion im Freien nicht weiter von Belang, aber die Wiederholung des Wortes »Steh« ist wichtig. Wenn das Tier ruhig und gerade steht – man versuche, es am Ort zu halten, während man bis 15 zählt –, belohnt man es und stellt es in die Box zurück. Diese Lektion wird von Zeit zu Zeit wiederholt, aber nicht jeden Tag, bis das Pferd ruhig und gerade stehenbleibt, ohne zappelig zu werden. Wenn man so weit ist, wird das Training eine Stufe weitergeführt, aber es ist enorm wichtig, daß der Lehrer vollends davon überzeugt ist, daß das Pferd für die Fortsetzung wirklich bereit ist. Was das Pferd nämlich jetzt lernt, muß es sein ganzes Leben lang begleiten; es muß wirklich »sitzen«.

Ich habe über Methoden gelesen, nach denen man das Pferd an einem Stein verankern oder ihm die Zügel so über den Kopf hängen soll, daß sie vor ihm herabbaumeln. Dem kann ich aber nicht zustimmen, weil ich das Gefühl habe, daß man das Pferd so weder wirklich lehrt, auf Kommando stehenzubleiben, noch ihm volles Vertrauen in seinen Lehrer beibringt. Ich mag keine Dinge, die vor Pferden herabbaumeln, denn sollten sie plötzlich die Flucht ergreifen, könnten sie stolpern und stürzen oder sich anderweitig verletzen.

Die nächste Phase betrifft den Einsatz der Führleine, die etwa 50 cm unter dem Kinn gehalten wird, nachdem man das Pferd so aufgestellt hat, wie wenn man die Backenriemen hält. Man sagt dem Pferd, es solle stehenbleiben. Sehr wahrscheinlich wird es dies tun, aber es könnte auch sein, daß es sich in relativer Freiheit wähnt und versucht, vorwärts und auf den Lehrer zuzugehen. Man sagt ihm, es soll zurücktreten und drückt gleichzeitig mit dem »V« der ersten zwei Finger der linken Hand in die Brust, bis es reagiert. Dann gibt man den Befehl zum Stehenbleiben.

Es ist unnötig, jedes Stadium in allen Einzelheiten zu beschreiben – wie die Führleine langsam verlängert wird, während das Pferd Fortschritte macht und wirklich lernt, um was es geht. Wir müssen auch nicht besonders auf den Gebrauch der Stimme hinweisen, die Ermunterung und Lob spendet, noch auf die Notwendigkeit, jede Lektion mit einer passenden Belohnung in Form eines Brotbrockens oder einer Karotte zu beenden. Eines Tages wird das Pferd ruhig in einiger Entfernung von uns stehenbleiben, am Ende einer Leine von rund vier Metern, und wird dies auf Geheiß fortan immer tun.

Dieses Ziel wird auf die gleiche Weise erreicht, wie ein guter Trainer einen Jagdhund erzieht: durch allmähliches Vergrößern des Abstandes zwischen sich und dem Schüler, während er rückwärts von ihm weggeht und dabei »Steh« oder »Steh und bleib« wiederholt. Sollte das Tier die Nerven verlieren und auf uns zukommen, bringen wir es auf den ursprünglichen Platz zurück und beginnen das Ganze von vorn. Es ist nicht weniger und nicht mehr als ein Geduldspiel. Sobald der Schüler die Lektion begriffen hat, kann weitergegangen werden, aber immer noch innerhalb des Stallhofs, der nun zu einem bekannten Aufenthaltsort geworden ist und keine angsterregenden Dinge mehr enthält.

Führleine und Halfter werden durch einen Zaum ersetzt, und dem Pferd wird ein Longiergurt angepaßt; somit kann man den ersten wirklich freien Versuch wagen. Dem Schüler werden die Zügel über den Kopf gelegt und zum Festhalten mit einem Stück Schnur am Gurt angebunden. Man stellt das Pferd am üblichen Platz auf, während der Trainer rückwärts von ihm weggeht, jedoch im Blickfeld verbleibt und ihm beruhigend zuredet. Sofern man dieses Experiment nicht zu früh unternimmt, wird der Schüler mit größter Wahrscheinlichkeit in seiner Stellung verharren. Natürlich müssen das gebührende Lob und die Belohnung folgen. Wenn man dies in Abständen von etlichen Tagen immer wieder mit Erfolg übt, kann man das Pferd im Hof an verschiedenen Stellen und in unterschiedlichen, ungewohnten Richtungen aufstellen, während sich der Lehrer für etwa eine Minute entfernt, zum Beispiel im Stall verschwindet, um etwas anzusehen und dann zum Schüler zurückkehrt, ihn streichelt und wieder verläßt. Sobald das Pferd Langeweile und Unruhe zu zeigen beginnt, fordert man es nochmals zum Stehenbleiben auf; das ist aber genau der Moment, wo man die Lektion abbrechen soll, um das Tier nicht zu überfordern und mißmutig zu machen.

Ein paar Tage nach den letzten dieser »Hofstunden« wird das Pferd auf den Reitplatz oder auf die Koppel gebracht und an einer Stelle plaziert, die ihm als Niemandsland vorkommen muß; hier bekommt es den Befehl zum Stehenbleiben. Der Lehrer geht dann zum Koppelzaun, den Rücken dem Schüler zugewendet, ruft ihm beim Weggehen über die Schulter »Steh« zu und fährt dann fort, in einer ruhigen, steten Stimme mit dem Tier zu reden. Gewöhnlich setze ich mich hin, zünde eine Zigarette an und rauche sie, was rund 7 1/2 Minuten dauert. Das ist ungefähr die maximale Zeitspanne, die für diese Aufgabe sinnvoll ist: Wir erwarten schließlich von einem Pferd, daß es allein in der Mitte einer Koppel still steht. Anschließend verdient es großes Lob.

Bis jetzt haben wir uns mit Pferden befaßt, die lernen, allein stehenzubleiben, wenn sie irgendwo plaziert werden. Über die anderen Gelegenheiten, wo es unerläßlich ist, daß die Tiere stehenbleiben, wurde noch nichts gesagt: zum Beispiel während des täglichen Putzens, bei Behandlungen durch Tierarzt oder Hufschmied, oder wenn sie allein am Anbindepfosten stehen, beim Satteln und Aufzäumen und während der Reiter aufsitzt.

In den meisten Fällen greifen wir zur offenen Bestechung: Man läßt den Schüler ein paar Augenblicke allein und gibt ihm etwas, wenn man zurückkommt. Dies sollte aber unauffällig und ruhig geschehen.

Aber was auch immer man macht, das Trainingsprinzip ist das gleiche: das unmerkliche, langsame Aufbauen, bis Pferd und Zeitpunkt reif sind. Der Lehrer muß den Schüler mit Vertrauen erfüllen, er selbst muß dem Tier Vertrauen entgegenbringen. Man muß Vertrauen schenken, um Vertrauen zu ernten. Und man muß unbedingt an seinen Schüler glauben.

Obwohl ich bei der Erziehung von Pferden für gewöhnlich keinen Helfer wünsche, bin ich über Beistand sehr glücklich, wenn der Schüler lernen muß, stillzustehen, während jemand auf seinen Rücken klettert. Dies kann für ein junges Pferd ein höchst beängstigendes Erlebnis sein, und das Überraschungsmoment wird am ehesten gedämpft, wenn der

Lehrer während des Vorgangs nahe bei seinem Kopf steht. Ein leichtgewichtiger junger Mensch eignet sich für diese Aufgabe am besten. Er stellt einen Fuß in den Bügel, steigt auf und legt sich über den Sattel, jedoch ohne im geringsten zu versuchen, sich zu setzen. Das Pferd möchte vielleicht gleich vorwärtsschießen, wird dabei aber an den Anbindepfosten und seinen Lehrer stoßen; dessen Aufgabe ist es, das Tier zu beruhigen und ihm eine Belohnung zu verabreichen, während er ihm den Befehl zum Stehenbleiben gibt. Normalerweise habe ich den Schüler schon längst auf diesen Augenblick vorbereitet, indem ich einen Arm über den Rücken lege oder neben ihm stehe und mich über seinen Rücken lehne; so ist das Gefühl nicht ganz unbekannt und wird den Schüler nicht sonderlich erschrecken. MARY ROSE (2) macht den sehr guten Vorschlag, daß sich jemand auf einen Aufsteigebock stellt, *bevor* irgendein Versuch unternommen wird, wirklich auf dem Rücken des Pferdes zu sitzen, damit sich dieses daran gewöhnt, Menschen über ihrer normalen Kopfhöhe zu sehen. Wenn wir bedenken, daß das Unbekannte bei Pferden die Hauptursache für ihr Erschrecken ist, zeugt dieser Vorschlag von viel gesundem Pferdeverstand.

WYNMALEN (3) andererseits zieht es vor, den Fuß in den Bügel zu stellen, während das Pferd stillsteht, ihm dann eine Belohnung zu geben und das Ganze mehrmals zu wiederholen. Man beginnt damit in der Box des Pferdes und übt im folgenden im Freien.

Wir beherzigen sowohl WYNMALENs wie auch MARY ROSEs Methoden – es gibt keine besseren –, aber gleichzeitig ziehe ich es vor, beim Kopf des Pferdes zu stehen, wenn zum ersten Mal jemand aufsitzt. So kann ich es nämlich in der gleichen Weise ruhighalten wie in dem Fall, als es das Stillstehen lernen mußte, wobei ich die Backenriemen auf beiden Seiten halte. Der einzige Unterschied besteht darin, daß es bei dieser Übung einen Leckerbissen zugesteckt bekommt.

Die Aufgaben müssen sich Stufe um Stufe über mehrere Tage erstrecken. Eile ist in einer elementaren Lektion, die das Tier während seiner ganzen Existenz erleben wird, fehl am Platz. Der Lehrer darf nicht ungestüm sein; wir wollen kein wildes Umherschwenken und unsanftes Auflegen des Sattels; alles wird langsam und umsichtig gemacht. Wenn die Übung gut gelingt, wiederholen wir sie; falls das Pferd nicht stillstehen will, brechen wir sie ab.

Es ist ein Augenblick von großer Bedeutung, wenn der Schüler das Gewicht des Reiters im Bügel akzeptiert. Das Aufsteigen bereitet ihm momentanes Unbehagen, weil der Druck auf Flanken, Rücken und Bauch wirkt. Aus diesem Grund setzt es sich genau dann in Bewegung, wo es dies nicht tun sollte.

Im Anfangsstadium des Reitens sollte der Lehrer das Tier immer ruhighalten, bis der Reiter aufgestiegen ist und der Schüler begriffen hat, daß es dabei nichts zu fürchten gibt.

Literatur

(1) SUMMERHAYS, R. S. (1975): The Problem Horse. London: J. A. Allen & Co.
(2) ROSE, MARY (1977): Training Your Own Horse. London: George Harrap & Co.
(3) WYNMALEN, H. (1971): Equitation. London: J. A. Allen & Co.

Die Peitsche – kennen, aber nicht fürchten

Ich durchkämmte die ganze mir verfügbare Literatur nach Hinweisen darauf, wie man verhindert, daß Pferde Angst vor der Peitsche haben (diesen wünschenswerten Zustand nenne ich »peitschenvertraut«). Sowohl WYNMALEN als auch MARY ROSE erklären den korrekten Gebrauch der Peitsche, geben aber keine Ratschläge darüber, wie man Pferde wirklich dazu bringt, die Peitsche zu akzeptieren.

Leider sind viele Pferde peitschenscheu. Manche haben solche Angst, daß sie beim bloßen Anblick einer Peitsche fast durchdrehen. Ich war einmal Mitbesitzer einer hervorragenden Stute, die als Paradebeispiel eines verdorbenen Pferdes gelten konnte. Sie war in jeder Beziehung derart mißhandelt worden, daß es an ein Wunder grenzte, daß man sich ihr überhaupt nähern durfte. Für mich war es eine enorme Genugtuung, sie psychisch wieder ins Lot zu bringen und ihr Sicherheit zu vermitteln; sie hat mir sehr viel von dem beigebracht, was ich über den Umgang mit Pferden weiß. Sie hatte solche Angst vor der Gerte, daß ich sie hinter meinem Rücken verstecken mußte, um sie ihrem jeweiligen Reiter in die Hand zu geben, und ich durfte auch keine Peitsche gebrauchen, wenn ich sie longierte.

Jemand hat mir einmal gesagt, daß Pferde *instinktiv* vor der Peitsche Angst haben, und sogar WYNMALEN bemerkt, daß Pferde ihr gegenüber instinktiv mißtrauisch sind. Die vielen Experimente, die ich im Verlauf der letzten zwölf Jahre durchgeführt habe, nötigen mich aber zum

Widersprechen. Ich betrachte die Angst vor der Peitsche nicht als instinktiv, sondern ganz allgemein als das Ergebnis eines bedingten Reflexes allerersten Ordnung. Die Theorie einer instinktiven Angst kann ich nur insofern bejahen, als es für Pferde natürlich ist, *allem* zu mißtrauen, was ihnen irgendwie unbekannt ist. Weder Fohlen noch Jungpferde, die durch meine Hände gingen oder von mir ausgebildet wurden, erwiesen sich am Schluß ihrer Ausbildung als peitschenscheu.

Die Furcht vor der Peitsche ist nicht angeboren. Wäre dem wirklich so, würde ich in ganz tiefen Schwierigkeiten stecken. Es gibt während der Ausbildung eines Pferdes praktisch keine Phase, in der ich nicht entweder eine lange Dressurgerte oder einen »Berührungsstock« gebrauche. Offensichtlich liegt der Grund der Scheu und der Angst in der Art und Weise, wie das Tier zum ersten Mal mit der Peitsche Bekanntschaft macht oder wie diese dann eingesetzt wird, und nicht schon in ihrem bloßen Vorhandensein. Macht man plötzliche Bewegungen mit der Peitsche oder schwenkt sie umher, geht man gleichgültig an das Pferd heran und läßt dabei die Peitsche knallen oder sausen, dann ist die Angst beim Pferd schon vorprogrammiert. Die gleiche Wirkung könnten übrigens gedankenlos umhergeschwenkte Papiertüten, Taschentücher oder Zügel auslösen. Schnelle, abrupte Bewegungen mit der Hand, deren Bedeutung nicht abgeschätzt werden kann, machen jedes Tier nervös. Wir sollen es uns daher ganz klar einprägen, daß alle Bewegungen der Hände, mit und ohne Peitsche, immer bedächtig und überlegt erfolgen sollen, wobei wir sorgfältig darauf achten, daß auch deren Sinn deutlich wird.

Ich habe es immer schon für sehr wichtig gehalten, daß das Tier das Wesen eines Gegenstandes versteht, bevor man ihm eine Reaktion darauf zumutet. Ich nehme gern das Gedächtnis des Pferdes, seine Beobachtungsgabe, seinen außergewöhnlichen Geruchssinn, sein gutartiges Wesen und seine Lernfreudigkeit als meine wichtigsten Hilfsmittel in der Ausbildung in Anspruch. Diese Eigenschaften setze ich daher auch ein, wenn ich ihm etwas über Peitschen beibringe, wobei ich die »aktive« und die »passive« Peitsche unterscheide. Die aktive Peitsche wird nur gebraucht, und zwar äußerst sparsam, wenn das Pferd geritten wird, weshalb ich sie hier nur am Rande erwähne. Die passive Peitsche ist etwas anderes. Wie die nähere Bezeichnung schon andeutet, hat sie wenig Funktionen und dient eher als Verlängerung der Hand; sie wird gleichermaßen zu einem langen und sanften »Finger«, der lenkt und Tuchfühlung bewahrt.

Ich weiß, daß ein Pferd keine Angst hat, wenn ich eine Mistgabel aufhebe und in den Stall trage, ebensowenig wenn ich einen Eimer, ein Wischtuch oder einen Besen in der Hand halte. Es gibt daher keine stichhaltigen Gründe, warum sich dieses Pferd vor einer Peitsche fürchten sollte – auch nicht instinktiv –, wenn sie von der gleichen, bekannten Hand getragen wird. Natürlich läge der Fall anders, wenn das Tier mit Peitsche oder Stock schlechte Erfahrungen gemacht hätte, bevor es überhaupt in meine Obhut gelangte.

Wenn man beabsichtigt, ein Pferd wirklich mit der Peitsche vertraut zu machen, dann muß man praktisch während der ganzen Ausbildungszeit immer eine lange Dressurgerte bei sich tragen. So gewöhnt sich das Pferd an ihren Anblick, und sie wird zu einem »normalen« Bestandteil von uns. Wir müssen immer daran denken, daß das Pferd uns und unsere Bewegungen mit größtem Interesse beobachtet, sobald wir auf den Hof kommen. Dort können wir die Peitsche bewegen, sie unter den Arm klemmen und mit ihr herumgehen, ohne Aufregung zu verursachen oder sie mit Pferden in Zusammenhang zu bringen.

Zu meinem weiteren Vorgehen gehört auch, daß ich mit der Peitsche in der Hand zur Halbtür gehe. Ich erlaube dem Bewohner der Box aber nicht, sie zu untersuchen oder zu berühren, sondern lehne sie außerhalb seiner Reichweite an die Außenmauer des Stalls, bevor ich die Box betrete. Wenn ich das Tier herausnehme, lasse ich die Peitsche dort.

Man sagt, Pferde wären neugierig, aber ich bezeichne sie als »gern gut informiert«, und mein Vorenthalten der Peitsche neckt sie. Die einen werden sich die größte Mühe geben, sie zu erreichen und strecken sich so weit es geht über die Tür hinaus; andere wiederum versuchen, mich zu ihr hinzuzerren, wenn ich sie herausführe.

Mit einem Jungpferd treibe ich dieses Spielchen ein paar Tage lang, und dann bringe ich die Peitsche zur Box und lasse das Pferd sie nach Herzenslust über die Halbtür hinweg untersuchen. Es beschnuppert den unbekannten Gegenstand, prüft mit seinen feinfühligen Lippen dessen Beschaffenheit oder macht sogar den Versuch, damit zu spielen. Normalerweise verliert sich das Interesse doch recht bald, und es schenkt ihm keine Beachtung mehr.

Bei meinem nächsten Besuch nehme ich die Peitsche mit in die Box, lasse das Pferd daran schnuppern und lehne sie dann aufrecht in einer Ecke an die Wand. So lasse ich sie stehen und beschäftige mich mit dem Rücken zum Pferd mit der Mistgabel. Fast unweigerlich wird das Pferd zur Peitsche hingehen, um sie ausführlich zu untersuchen. Es wird daran ziehen und stoßen, so daß sie natürlich umfällt. Das Pferd wird zurückschrecken, ängstlich schnauben, den Hals wölben und das Ding genau ansehen, das nun ganz harmlos und unbeweglich im Stroh liegt. Zaghaft wird es sich nähern und nochmals schnuppern. Diese Peitsche, die das Pferd bereits kennt, riecht nach mir. Sie ist vollkommen ungefährlich. Ich trete herbei, hebe sie auf, spreche mit dem Pferd und streiche ihm sanft damit über den Hals. Danach klopfe ich ihm den Hals, klemme die Peitsche unter den Arm und verlasse die Box.

Wenn ich den Schüler am nächsten Tag aus der Box nehme und auf die Koppel führe, kommt die Peitsche mit, und sie begleitet uns noch längere Zeit. Sie ist nun in der gleichen Weise akzeptiert worden wie der Hufkratzer oder die Wurzelbürste. Der Schüler kennt sich aus; zudem trägt sie meine beruhigende Wittrung. Damit hat die Sache ein Ende.

Diese Methode eignet sich zum Anlernen von jungen Pferden ganz vorzüglich, ist aber ebenso wertvoll, wenn man peitschenscheuen Pferden ihre Angst zu nehmen versucht; im letzteren Fall ist allerdings mehr Zeit und sehr viel mehr Umsicht erforderlich. Unter keinen Umständen darf man diese Arbeit beschleunigen wollen; die Peitsche muß immer tief gehalten werden, das heißt in Hüfthöhe, und wie in allen Belangen des Umgangs sollte der Trainer auf den Moment warten, wo der

Schüler von sich aus kommt. Man darf ihm die Sache nie aufdrängen oder sich in seiner Zugänglichkeit verschätzen. Das Pferd allein weiß, wann es seine Angst überwunden hat, nicht der Ausbilder, und es wird die Veränderung sehr schnell zeigen. Ich kann immer nur wiederholen: Die Arbeit mit Pferden erfordert Zeit und Geduld, wenn dauerhafte Ergebnisse erzielt werden sollen.

Sobald der Ausbilder weiß, daß der Schüler die passive Peitsche akzeptiert hat, ist der Augenblick gekommen, um mit der Ausbildung eine Stufe weiter zu gehen. In dieser neuen Aufgabe lernt das Pferd, daß die Peitsche zum Lenken und zur Verdeutlichung da ist. Sie wird zu einem Mittel der Verständigung.

Zu Beginn dieser Aufgabe trage ich die Peitsche beim Führen in der linken Hand. Die Spitze weist nach hinten, und der größte Teil der Peitsche ist vor dem Tier durch meinen Körper verdeckt. Ich ziehe in einem flotten Tempo los, und bleibt das Pferd etwas zurück, berühre ich es leicht an der Flanke und sage im selben Augenblick »vorwärts« oder »weiter«. Es weiß eigentlich gar nicht, daß die federleichte Berührung von der Peitsche herrührt und wird folglich auch nicht erschreckt. Für ein junges Pferd ist dieses leichte Berühren der Flanken seine erste Begegnung mit einer »Hilfe«.

Nachdem ich die Peitsche recht lange auf diese versteckte Art getragen habe, kommt einmal der Tag, an dem das junge Tier an diese sanfte Hilfe gewöhnt ist und ich die Peitsche ganz offen in die führende Hand nehmen kann. Während ich so dahingehe, weist die Spitze immer noch nach hinten gegen die Flanke, aber durch eine leichte Drehung des Handgelenkes ist sie bereit für eine Berührung. Irgendwo unterwegs nehme ich die Führleine in die linke Hand, um die rechte frei zu lassen, damit ich das Pferd sanft vom Widerrist bis zum Schweifansatz überstreichen kann, während wir dahingehen. Das mache ich ein paar Tage lang, bis sich das Tier daran gewöhnt hat. Der Hintergedanke ist, daß man das Pferd so weit bringt, sich eine Peitsche in irgendeiner Richtung über den Körper führen zu lassen, ohne Angst zu bekommen. Sobald das Pferd volles Vertrauen gefaßt hat, sollte man die Peitsche wie eine Kerze mit der Spitze nach oben tragen können.

Die Schlußphase dieser Arbeit setzt voraus, daß man dem Pferd bereits beigebracht hat, auf Geheiß frei stehenzubleiben, und ist lediglich die Fortsetzung dessen, was bereits beschrieben wurde. Hat das Pferd noch nicht gelernt, still zu stehen, wird es an die Führleine genommen und in die Mitte des Hofs oder des Reitplatzes gebracht, wobei der Lehrer gerade vor ihm stehenbleibt. Nachdem er ihm ein Stück Karotte zugesteckt hat, beginnt er das Pferd sehr sanft mit der Peitsche zu streicheln. Er fängt am Hals unterhalb der Ohren an und fährt bis zum Widerrist, dann vom Widerrist der Schulter entlang hinab über die Vorderbeine, anschließend an den Schultern und Flanken entlang so weit zurück, wie er reichen kann. Zeigt das Tier bei dieser Behandlung Behagen – normalerweise wird es das tun –, stellt sich der Lehrer nun an seine Seite und streicht vom Widerrist bis zum Schweifansatz über den Rücken, hinter dem Deltamuskel die Flanken hinab und den Unterbauch entlang.

Wenn man vor dem Pferd steht, soll man daran denken, die Peitsche vor den Augen des Tieres in die andere Hand zu wechseln. Sie wird angehoben und vor seinem Gesicht vorbeigeführt; wenn wir dann feststellen, daß ihn das nicht im geringsten aufregt, kann man ruhig behaupten, das Pferd sei nun mit der Peitsche vertraut.

Zeigt sich in diesem Stadium auch nur die leiseste Angst, muß die Lektion sofort abgebrochen, die Peitsche unter den Arm geklemmt und der Schüler mit der Hand gestreichelt werden; ein Stück Karotte bekommt er auch noch. Selbstverständlich wird die ganze Übung ein paar Wochen später wieder versucht.

Es gibt praktisch keine Probleme, wenn ein Jungtier auf diese Weise an die Peitsche gewöhnt wird. Pferde mit viel Blut und Temperament sind meiner Meinung nach etwas leichter auszubilden als Kreuzungen. Aber unabhängig von der Rasse akzeptiert jedes Pferd, das man gleich von Anbeginn in Händen hat, alles, was man mit ihm tut, sogar was man ihm antut.

Man fragt sich vielleicht, was dieser Leerlauf soll, warum so viel Aufwand für ein vermeintliches Detail verschwendet wird, wenn es doch so viel anderes zu tun gibt. Ist es aber so unwichtig, ob sich der Schüler vor der Peitsche fürchtet oder nicht? Keineswegs, denn die Peitsche ist ein bedeutendes Instrument; angstfreier Umgang mit ihr ist sogar wesentlich bei der zukünftigen Ausbildung und Beherrschung des Individuums.

Ich habe schon erwähnt, daß es in der Ausbildung meiner Schüler eigentlich keine Phase gibt, in der ich die Dressurgerte nicht gebrauche. Ich benütze sie beim Führen, um einem impulsiven Pferd Druck auf die Brust zu geben, wenn es das Kommando zu übernehmen versucht; ich gebe damit Druck auf die Schulter eines Pferdes an der Hand, das darauf drängt, nach innen zu schwenken; wenn eines versucht, im Gehen mit der Nase den Boden zu pflügen, berühre ich es ganz leicht unter dem Kiefer; unterwegs bewahre ich mit der Gerte den Kontakt; ich treibe die Sprunggelenke zu besserer Aktion an. Wie wir später noch sehen werden, benütze ich die Dressurgerte, um die Hilfen vom Boden aus zu lehren, bevor das Pferd überhaupt je mit Sattel oder Reiter Bekanntschaft macht. Sie wird umfassend eingesetzt, wenn das Pferd am langen Zügel arbeitet oder longiert wird. Zusammen mit den »Berührungsstöcken« ist sie ein großes Korrekturinstrument.

Diese und noch viele andere Gründe verdeutlichen, warum das Pferd nie vor irgendeiner Peitsche Angst bekommen darf. Bei Angst oder auch nur Scheu könnten wir nie jene feinen kleinen Berührungen anbringen, die auf so sanfte Art korrigieren und die von der Stimme gesprochenen Befehle unterstreichen.

Unter solchen Umständen wäre es reine Torheit, ein Pferd zu schlagen. So könnte das Potential des Pferdes und sein Charakter verdorben werden und es entstünde ein unbeherrschbares, teuflisch schwieriges Wesen. Ich habe einmal einer Frau zugeschaut, die einem völlig verängstigten Pferd, das sich nicht verladen lassen wollte, eifrig die Beine und den Körper peitschte. Ich nehme an, daß sie es mit der Zeit in den Anhänger brachte, aber sie wird auf ihrem ganzen Heimweg über die unerwünschte Einmischung eines bestimmten Mannes und die Sturheit ihres Tieres geschimpft haben. Es war aussichtslos, ihr klarmachen zu wollen, daß sich das Pferd in Zukunft nie mehr würde verladen lassen, obschon ich vermute, daß es in der Vergangenheit oft ähnliche Prügel erduldet hatte. Die Frau begriff auch nicht, daß das Tier sein Leben lang peitschenscheu bleiben würde.

An verschiedenen Orten und in anderen Ländern habe ich ähnliches irrationales Verhalten erlebt, und es überstieg jedesmal mein Fassungsvermögen. DORIAN WILLIAMS (1) erzählt in seinem Buch über den irischen Reiter Seamus Hayes, letzterer hätte einmal bemerkt, das sicherste Mittel, um den Wert eines Pferdes innerhalb von zwei bis drei Wochen von 5000 £ auf 500 £ zu verringern, sei Grausamkeit in seiner Ausbildung. Dies, so WILLIAMS, war Hayes' größter Beitrag für die Springreiterei; man mag ruhig hinzufügen, für die Reiterei ganz allgemein. Ich will zwar das Verdienst meines Landsmanns nicht um ein Jota schmälern, doch hat XENOPHON (2) schon vor vielen Jahrhunderten die gleiche Warnung ausgesprochen.

Damit bin ich beim Thema »Strafe« angelangt. Viele Leute reden vom Bestrafen eines Pferdes; auch in Handbüchern begegne ich dem Ausdruck »Bestrafung«. Es ist eine Sache, beim Reiten einem Pferd scharf hinter dem Unterschenkel des Reiters oder auf die Schulter zu klopfen, und eine ganz andere Sache, es nach einem Vorkommnis durchzuprügeln.

In einem kurzen Artikel über den Gebrauch von Sporen vom 26. August 1983 warnt KLIMKE (3) vor dem Mißbrauch derselben und meint, daß sie vom »gewöhnlichen Reiter« (der Ausdruck stammt von mir) gar nicht benützt, sondern einzig im Wettkampf als eine zusätzliche, feine Hilfe eingesetzt werden sollten. Er spricht von leichter Berührung und/oder »sanftem« Druck. Das gleiche kann gesagt werden über den Gebrauch der Gerte, mit der Ausnahme, daß es wirklich in der Hitze des Gefechts so ausschauen könnte, als wollte das Pferd in einer schwierigen Situation den Sprung verweigern. Ein Pferd mit den Sporen zu bestrafen oder mit der Peitsche zu schlagen, um ihm auf diese Weise etwas »beizubringen« oder um es eine Missetat bereuen zu lassen, zeugt von einem völligen Mangel an Verständnis für das Wesen des Tieres.

Es ist ein großer Irrtum zu glauben, daß Pferde verstehen, warum sie geschlagen oder bestraft werden. Der schnelle Einsatz der Peitsche in einer schwierigen Situation beim Reiten sollte höchstens wie »ein Mückenstich« sein (wie KLIMKE dies vom Gebrauch der Sporen sagt), um das Tier unverzüglich vorwärtszutreiben.

Man setzt beim Pferd einen »menschlichen Verstand« voraus, wenn man meint, es könnte die Bestrafung so verstehen wie wir. Diese spitzfindige, übersteigerte Anschauung bewegt sich weit jenseits des Auffassungsvermögens eines Pferdes und kann nicht einmal damit gerechtfertigt werden, daß es aufgrund irgendeiner Tradition innerhalb der Pferdegesellschaft verstanden werden sollte. Ein Pferd bewegt sich, das heißt geht vorwärts, um dem Stich der Peitsche auszuweichen. Den gleichen Reflex würden wir bei einem Menschen beobachten, der blitzartig wieder aufsteht, weil er sich auf einen Tapeziernagel gesetzt hat. Das Pferd sagt sich nicht, daß es den Schlag erhalten hat, weil es etwas unterlassen oder etwas Verbotenes getan hat. Solche Überlegungen würden die Grenzen seines konzeptionellen Wahrnehmungsvermögens sprengen; es wäre ein Erkennen von Ursache und Wirkung. Ich persönlich bezweifle, daß ein Klopfen mit der Peitsche bei Gelegenheit »A« das Verhalten des Tieres beeinflussen wird, wenn es mit einer ähnlichen Situation »B« konfrontiert wird, obwohl manche Leute diese Theorie vertreten.

Strafe im Sinn der Definition, »daß für eine Missetat gelitten werden muß«, ist bei Tieren völlig sinnlos, und es ist sogar nichts als Sadismus, wenn sie *nach* einem Vorkommnis ausgeteilt wird. Die Vorstellung von Gut und Böse, von Recht und Unrecht sind menschliche, abstrakte Begriffe und übersteigen die intellektuellen Fähigkeiten des Pferdes. Tiere sind *völlig* schuldunfähig. Was wir gern als Untugenden bezeichnen, sind meistens instinktive Reflexe und Verteidigungsmechanismen, die, im Falle von Pferden, oft das Ergebnis unvernünftiger Behandlung sind. Deshalb ist es moralisch falsch, irgendwelche Strafen zu verhängen.

Eine sichtbare Drohung mit der Peitsche läßt das Pferd nicht nur vor der Peitsche *als solcher* zurückweichen, sondern auch vor der Person, die mit ihr droht und die als direkte Folge davon zur Ursache von Angst wird. Unter keinen Umständen wird das Pferd die Drohung oder die Prügel mit ihrer auslösenden Ursache in Verbindung bringen. Es *kann* dies nicht. Diese Tatsache macht Bestrafungen irgendwelcher Art zum totalen Unsinn.

Ich darf mit Stolz sagen, daß meine Pferde zu mir kommen, wenn ich mit der Dressurgerte am Koppeleingang erscheine mit der Absicht, sie frei zu bewegen. Sie wissen, daß es dabei viel Spaß gibt. Wenn wir fertig sind, lege ich die Gerte über die Schulter und maschiere davon, und meistens folgen sie mir.

Die Stute Tirade macht offenbar einen Unterschied zwischen der Dressurgerte und dem langen Berührungsstock. Sie kommt zu mir her, wenn sie letzteren sieht, weil sie weiß, daß eine Stunde an der Longe oder am langen Zügel folgt. Die junge Leila, meine gegenwärtige Schülerin, lernt die gleiche Unterscheidung zu machen.

Dies ist auch gut so: Die Peitsche ist lediglich die Verlängerung der Hand des Ausbilders.

Literatur

(1) WILLIAMS, D. (1970): Show Jumping. London: Pelham Books.
(2) XENOPHON, P. (1984): Über die Reitkunst. Der Reiteroberst. Zwei hippologische Lehrbücher der Antike. Aus dem Griechischen von R. KELLER. 4. Aufl. Berlin/Hamburg: Paul Parey.
(3) KLIMKE, R. (1983): »Sporenhilfe«. In: Programm »Turnier der Sieger«. Münster: Hölker.

Schrittarbeit

Es wäre gut, wenn es uns ganz deutlich bewußt würde, daß Schritt die Grundgangart des Pferdes ist und daß sie mehr Aufmerksamkeit verdient, als ihr gewöhnlich zuteil wird. Es ist die Gangart mit der geringsten Muskelspannung gegenüber der Wirbelsäule, der Achse für die Bewegung der Gliedmaßen. Die Muskelspannung nimmt bei schnelleren Gangarten zu, um die Wirbelsäule so starr wie möglich zu machen, damit sie nur geringe seitliche Schwingungen verzeichnet.

Obschon ein Pferd draußen auf der Koppel täglich viele Meilen zurücklegen mag, findet eigentliche Übung dabei nicht statt. Diese Bewegungsart ist als Grundlage für das Training oder für harte Arbeit ungenügend, wenn keine kontinuierliche Förderung erfolgt. Ein Tier, das ständig auf der Weide ist, hat keine ausreichende Kondition und ist überhaupt nicht athletisch.

Eigentlich ist das Umhergehen auf der Koppel gar keine »Schrittarbeit«, so wie ich sie verstehe. Das Pferd »schlendert« mit tiefgehaltenem Kopf auf der Suche nach Gräsern und Kräutern umher. Die Bewegung unter solchen Bedingungen ist nicht kontinuierlich, sondern unterbrochen von Freßpausen, einem gelegentlichen Galopp und Phasen, wo das Pferd herumsteht und schaut. Trotzdem sind die potentiellen Qualitäten des gewöhnlichen Schritts erkennbar, selbst wenn sich das Pferd auch nur 20 m bewegt; daraus läßt sich ableiten, was zu einer guten Bewegungsarbeit noch getan werden muß.

Alle Phasen der Ausbildung und des Trainings eines jungen Pferdes überschneiden sich. Das frühe Stadium vom korrekten Gehen an der Führleine, Parallelführen (siehe das folgende Kapitel »Parallelführen und Berühren«), Stehenbleiben oder irgendeine der anderen gelernten

Übungen kommen ins Spiel, wenn wir mit dem Schüler unsere ersten Spaziergänge unternehmen, um ihn körperlich und geistig zu entwickeln.

Die ersten Schrittübungen wurden innerhalb der Koppel gemacht, um das Tier daran zu gewöhnen, über längere Zeitabschnitte an der Hand zu gehen. Gleichmäßigkeit und Ruhe an der Hand sind die wichtigsten Voraussetzungen für diesen wesentlichen Abschnitt seines Trainings. Als erstes konzentriert man sich nur auf Vorwärtsbewegung und Lockerung. Sobald man sich davon überzeugt hat, daß das Tier ruhig geht und höchstens leicht scheuen wird, wenn etwas es erschreckt, kann man außerhalb der Koppeln größere Spaziergänge unternehmen.

Es ist eine kluge Vorsichtsmaßnahme, während der Rundgänge auf der Koppel eine Dressurgerte in der linken Hand zu tragen. Das Pferd gewöhnt sich an ihr Vorhandensein. Diese Dressurgerte kann später zum Korrigieren oder zum Vorwärtstreiben eines trägen Pferdes eingesetzt werden, indem man ihm gerade hinter dem Gurt leicht auf die Flanke klopft.

Schrittarbeit ist das beste Mittel, um ein Pferd für die Vorstellung an der Hand, für die Zucht oder als Vorbereitung auf anspruchsvolleres Training fit zu bekommen. In seinem Buch über den Umgang mit Hengsten bemerkt NEIL DOUGALL (1), daß »Schrittarbeit die traditionelle britische Methode ist, um einen Hengst für die Zuchtsaison in Form zu bringen«. Um welches Perd oder Pony es sich dabei auch handeln mag: es gibt keine bessere Methode.

Junge Pferde müssen bei mir sehr viel im Schritt arbeiten, um Kondition zu erlangen. Selbstverständlich geht diese Arbeit dem Longentraining voraus, weil ich recht viel von ihnen verlange, sobald jenes Stadium einmal erreicht ist.

Für den Anfang genügen zehn Minuten Schrittarbeit vollauf; über die Tage und Wochen werden diese Perioden verlängert.

Zu Beginn sollte der Schritt raumgreifend und rhythmisch sein; das Pferd hält den Hals, der als ausgleichendes Pendel wirkt, weit ausgestreckt. Das Tier soll dabei körperlich und vor allem geistig gelöst sein. Zeigt es sich vorerst stürmisch, führt man es nicht aus der Koppel heraus, bevor es durch Stimme und Hand vollständig unter Kontrolle gebracht worden ist. Hat der Lehrer seine vorbereitende Arbeit gut gemacht, sollte es gar nicht vorkommen, daß sich sein Schüler so aufführt, wenn er zur Schrittarbeit geholt wird.

Der Ablauf der Schrittarbeit muß abwechslungsreich gestaltet werden, wobei man die Koppelgrenzen als Hilfsmittel einsetzt. Dann kann man die Hufschlagfiguren im Schritt probieren. Am besten eignen sich Übungen wie die Schlangenlinie, der Handwechsel, der Diagonalwechsel oder der Wechsel aus dem Zirkel, die alle das Pferd beugen und dazu beitragen, es unter Kontrolle zu halten.

Sobald das Pferd im Schritt gut an der Hand geht, kann man ernsthaft mit Spaziergängen beginnen. Die meisten Pferde werden munter und aufmerksam, wenn sie feststellen, daß sie mit ihrem Privatlehrer ausgehen dürfen, was für sie einen besonderen Genuß bedeutet. Zuerst mag der Schüler etwas träge oder nachlässig erscheinen, aber das will nichts besagen. Nach den ersten paar hundert Metern wird er sich einlaufen und richtig munter werden, sobald er warm wird. Der Kopf sollte die korrekte Stellung einnehmen, der Rücken sich strecken und der Schweif gehoben sein; die Oberlinie muß sich sichtbar verändern und das Sprunggelenk aktiv werden. Wenn dies alles zutrifft, kann man annehmen, daß sich der Schüler wohlfühlt und sein Gleichgewicht gefunden hat.

Der Ausbilder bestimmt das Tempo. Es sollte zügig sein und mindestens 100 m in der Minute betragen. Der Lehrer geht neben der Schulter des Schülers und läßt nicht zu, daß dieser trödelt oder hinter die führende Hand zurückfällt. Man redet ständig mit dem Pferd und muntert es auf.

Das Hauptaugenmerk sollte darauf gerichtet sein, daß der Schüler gerade geht und ruhig bleibt. Bei Sportpferden ist ein gewisses Maß an Phlegma zwar erwünscht, jedoch müssen sie lernen, aufmerksam zu sein und korrekt im Schritt zu gehen. Dies bedeutet keineswegs, daß sie ihr Temperament einbüßen oder ihren Vorwärtsdrang verlieren sollen, im Gegenteil. Aber wir bemühen uns, das Temperament so zu formen, daß sie sich nicht durch Unwichtiges aufregen oder durch jeden Schatten hinter jedem Baum erschrecken lassen. Der gewöhnliche Schritt wird am besten trainiert, wenn man dem Schüler wenig Zeit läßt, sich um irgendwelche äußeren Einflüsse zu kümmern, und ihn flott in Bewegung hält.

Schrittarbeit ist im Grunde genommen nur die Fortsetzung des Führens an der Hand in einem gegebenen Tempo. Zehn Minuten bedeuten einen Kilometer, was als ein recht gutes Tempo angesehen werden darf.

Wo man mit dem Pferd spazierengeht, hängt von der Umgebung ab und von der Freiheit, diese zu benützen. Landbesitzer sind von diesem Problem nicht betroffen, aber viele Ausbilder müssen sich darauf beschränken, auf das Land des Nachbarn zu gehen oder müssen die Erlaubnis einholen, auf Waldwegen zu spazieren. Andere müssen mit ruhigen Feldwegen vorliebnehmen. Jede Landschaft wird aber ihre Tücken und Aufregungen mit sich bringen, wenn wir uns mit frischen Pferden auf den Weg machen.

Zeigt der Ausbilder ehrliches Interesse, wird ihm der Spaziergang ebensoviel Spaß machen wie seinem Zögling. Er beobachtet diesen aufmerksam und redet ständig mit ihm, wobei er allerlei Unsinn erzählen mag, als ob das Pferd jedes Wort verstehen könnte.

Gewöhnlich lege ich kurze Pausen ein, während derer der Schüler ein wenig grasen darf. Dies ist eine gute Maßnahme, weil sie bewirkt, daß das Pferd deutlicher erkennt, was vor sich geht. Ich lasse es von Zeit zu Zeit auch stillstehen, um es daran zu gewöhnen, dies auch weit weg von seiner normalen Umgebung zu tun. Die besten Ergebnisse erzielt man im Training immer, wenn es abwechslungsreich gestaltet wird.

Beim Spaziergang mit einem jungen Pferd ist die erste Begegnung mit einem Fasanen immer ein Ereignis. Eine abrupte Explosion hinter einem Grasbüschel oder aus einem Dickicht heraus, flatternde Flügel, die laut gackernde Stimme, entrüstet ob der Störung – und das junge Pferd tanzt in plötzlichem Schrecken. Einmal habe ich auf einem einzigen Spaziergang ein halbes Dutzend solcher Explosionen erlebt. Da hilft viel gutes Zureden; man versichert dem Schüler immer wieder, daß alles »schon gut, schon gut« ist. So wird er sich beruhigen, aber am wirkungsvollsten ist es natürlich, wenn der Ausbilder ohne persönliche Aufregung einfach weitergeht.

Für den Schüler ist es sehr gut, bergauf und bergab zu gehen, weil er dabei lernt, sich auszubalancieren. Das Tempo wird so schnell gehalten, wie der Lehrer gehen kann, und er treibt das Pferd an, weil es versuchen wird, das Tempo zu verschleppen, wenn man es gewähren läßt. In meiner Gegend ist das Land zum größten Teil eben, und jede Geländeerhebung muß gesucht und ausgenützt werden. Wir haben auf dem Gut einen steilen kleinen Hügel, der immer wieder herhalten muß. Mit den Pferden gehen wir eine Seite hinauf, die andere hinab, wieder hinauf und wieder hinab. Diese Arbeit kräftigt die Lendenpartie und aktiviert die Sprunggelenke; der Schüler muß auch sorgfältig darauf achten, wie er seine Füße setzt.

Die für den Schüler benötigte Ausrüstung hängt von ihm selbst ab. Hengste habe ich nie spazierengeführt, und so kann ich nicht behaupten, etwas über sie zu wissen. Ich führe Stuten und Jungpferde, einschließlich Junghengste, spazieren und brauche nichts außer dem Kappzaum und der Longe. Der Kappzaum wird ohne Gebiß benützt, weil dieses erst eingesetzt wird bei der Schrittarbeit mit Zaum und Zügel, um die Tiere auf die Arbeit an der Hand vorzubereiten. In diesem Fall werden die Zügel in einer Hand gehalten, wobei der äußere Zügel um einen Bruchteil kürzer sein sollte als der innere; sie dürfen aber nicht so kurz gehalten werden, daß sie die Mundwinkel herabziehen könnten.

Zwischen Hand und Maul sollten die Zügel so locker sein, daß sie nur durch ihr Gewicht einwirken. Sie werden nur aufgenommen, wenn vom Pferd ein Druck ausgeht. Mit anderen Worten: Der Schüler bekommt die Einwirkung erst dann zu spüren, wenn er gegen die führende Hand zieht. Für junge Pferde, die noch nicht vollständig an das Gebiß gewöhnt sind, benützt man anfänglich weiche, einteilige Gummi- oder Hartgummitrensen, um zu verhindern, daß die Empfindlichkeit des Mauls beeinträchtigt wird. Wenn der Schüler später am langen Zügel arbeitet, versucht der Lehrer ihm beizubringen, auf ganz feine Zügelhilfen anzusprechen in der Hoffnung, daß er sein Leben lang darauf reagieren wird.

Meiner Meinung nach sollte man mit einer gebrochenen Trense warten, bis das junge Pferd bereits sechs Monate lang geritten wurde. Dies beruht auf meiner Überzeugung, daß die gebrochene Trense, außer bei äußerst vorsichtigem Gebrauch, wegen ihres Nußknackereffekts sehr viel Widerstand aufbauen kann. Aus diesem Grund ziehe ich es vor, keine gewöhnliche gebrochene Trense, sondern eine gebrochene Gummitrense zu benutzen. Viele Ausbilder sind vielleicht nicht damit einverstanden, aber ich kann nur aus meiner eigenen Erfahrung schöpfen.

Als Tirade zum ersten Mal ihre junge Reiterin auf dem Rücken trug, wurden die Zügel nur ganz wenig eingesetzt. Drei Monate lang erfolgte die Einwirkung ausschließlich durch Kreuz und Schenkel der Reiterin, und Tirade trug nur das Gewicht der Zügel im Maul. Das Ergebnis war nicht nur von Dauer, sondern im höchsten Grad zufriedenstellend.

Junge Pferde kann man an das Gefühl des Gurtes gewöhnen, wenn man ihnen für die Spaziergänge einen Longiergurt anlegt. Ebenfalls zur Gewöhnung verwende ich für das Pferd Gamaschen.

Auch wenn das Tier normalerweise ruhig an der Führleine geht, sollte man auf Widerstand gefaßt sein. Die ersten Ausflüge außerhalb der gewohnten Umgebung können den Schüler über jedes erwartete Maß hinaus aufregen, und manchmal ist es schwierig, die Ursache festzustellen. Das Unerwartete lauert überall.

Als Tirade zweieinhalb Jahre alt war, mußte man immer auf Überraschungen gefaßt sein. Ihre Rasse und ihr Temperament waren nur schwer zu bändigen, und unsere Spaziergänge verliefen oft sehr aufregend. Als wir das erste Mal unser Gelände verließen, führte ich sie auf ein Stoppelfeld. Wir überquerten die öffentliche Straße, die das Gelände durchschneidet, und begegneten Traktoren und einem Mähdrescher auf dem Feld; alles ging völlig problemlos. Ich führte Tirade nur an Halfter und Longierleine. Ich wählte diesen Moment, weil alles vorhanden war, was einmal Schwierigkeiten bereiten könnte, wenn sie unter dem Reiter ging: Mähdrescher, Wagen, Traktoren, Strohballen, Lärm und das Unbekannte. Sie ging wie ein Lamm. Autos und Lastwagen auf der leicht erhöht liegenden Straße beeindruckten sie nicht im geringsten.

Am nächsten Tag machten wir uns auf denselben Weg, wo ungefähr die gleiche Betriebsamkeit herrschte. Der Unterschied war, daß Tirade Zaum und Gebiß trug, mit denen sie wohlvertraut war. Wir überquerten zuerst das abgeerntete Feld, dann eine Straße, gelangten auf einen Waldweg und kamen im großen Bogen wieder zurück. Auf dieser Strecke von rund drei Kilometern kämpfte sie ununterbrochen gegen meine Hand. Seltsamerweise erfuhr dieser strenge, erschöpfende Gang keine Wiederholung. Was an jenem Tag in sie gefahren war, wird immer ein Rätsel bleiben. Sie schien aber begriffen zu haben, daß sie sich gegenüber der führenden Hand nicht durchsetzen konnte, und das war das allerwichtigste.

Nach Möglichkeit sollte ein erfahrenes Pferd den Anfäger begleiten. Letzteres fungiert als »Schulmeister« und zeigt dem jungen Tier, wie es gehen soll. Pferde lernen sehr rasch voneinander, vor allem, wenn sie Koppelfreunde sind. Leider ist es nicht immer möglich, jemanden zu finden, der den »Schulmeister« führt oder der erfahren genug ist, um das Tempo zu bestimmen. Stellt sich jedoch ein williger Helfer zur Verfügung, so ist es am besten, wenn das rohe Pferd während mindestens einer halben Meile dem älteren folgen muß, bevor es aufholen und Seite an Seite mit ihm gehen darf. In schwierigen oder zweifelhaften Situationen sollte der »Schulmeister« sofort die Führung wieder übernehmen.

Literatur

(1) DOUGALL, N. (1976): Stallions. London: J. A. Allen & Co.

Parallelführen und »Berühren«

Diese Trainingsmethode erweist sich für fast alle Pferde als nutzbringend. Wir erreichen durch sie eine Kontrolle aus der Distanz, korrigieren Fehler, können die Gangart des Pferdes beurteilen und das junge oder unausgebildete Tier für die Longe vorbereiten. Sie ist auch ein Bestandteil meiner fortschreitenden Ausbildung, bei der eine Phase in die nächste übergeht.

Grundsätzlich besteht das parallele Führen darin, daß man dem Pferd beibringt, in einer kleinen Entfernung vom Lehrer an einer relativ gespannten Führleine zu arbeiten. Das Pferd wird beim Führen zum Vorwärtsgehen ermuntert, und gleichzeitig lehrt man es, gelöst und gerade zu gehen.

Jedes Pferd, das gut behandelt wird, sucht die Nähe seines Besitzers oder der Person, die normalerweise mit ihm umgeht, und kann nicht begreifen, daß es Momente gibt, wo dies nicht erwünscht ist. Das ist der wahre Grund, warum die meisten Pferde in die Mitte des Longierzirkels kommen. Sie wollen uns nahe sein.

Sobald ich dies erkannt hatte, entschloß ich mich zu einem Versuch: Das Pferd muß ohnehin lernen, geradeaus und ruhig zu gehen, wenn es geführt wird, also kann ich ihm ebensogut beibringen, in einer Entfernung parallel zu mir zu gehen, womit ich den ersten Grundstein lege für sein Verhalten an der Longe. Meine Experimente erwiesen sich als durchführbar, und ich wandte diese Technik an, um meine eigenen Tiere auszubilden. Es funktionierte ausgezeichnet.

Unter der Voraussetzung, daß man Zeit und Engagement aufbringt, sollte die Entwicklung eines Pferdes bis zu dem Punkt, wo es zum ersten Mal bestiegen werden darf, sorgfältig Schritt für Schritt aufgebaut wer-

den. Wünscht man sich eine gleichbleibende Leistung, so gibt es nur einen einzigen Weg, dieses Ziel zu erreichen: Man investiere Zeit und Geduld, man dränge das Pferd nie, man verlange nicht zu früh zu viel von ihm.

Die Erfahrung hat mich gelehrt, daß der folgende Ablauf in der Ausbildung eines jungen oder eines umzuschulenden Pferdes gute Ergebnisse zeigt. Ich habe sechs Stufen ausgearbeitet, bevor das Pferd soweit ist, das erste Mal bestiegen zu werden (dies sollte ohnehin erst im Alter von etwa vier Jahren geschehen): gewöhnliches Führen, Schrittarbeit, Parallelführen, Einführung in die Longenarbeit, eigentliches Longieren, Arbeit am langen Zügel. Das sind meine »Stufen der Bewegung«, im Gegensatz zu den sechs »Stufen des Trainings«, die im Kapitel »Longieren« besprochen werden. Alle anderen Arbeiten werden parallel zu den Stufen der Bewegung durchgeführt.

Die Leitmotive der Bewegungsstufen sind Rhythmus und Gelöstheit, ohne die es keinen wirklichen Fortschritt geben kann. Ist der Rhythmus falsch und ist das Pferd verkrampft oder ängstlich, oder trifft gar beides zusammen, können wir nicht weiterkommen. Daran sollte man immer denken. Wir erzielen keinen echten Fortschritt, wenn der Schüler nicht volles Vertrauen in den Ausbilder und der Ausbilder kein solches in den Schüler hat. Die Beziehung zwischen ihnen ist aufgebaut auf gegenseitigem Vertrauen und Respekt; sie sichern der Arbeit einen glatten Verlauf und machen das Pferd wirklich umgänglich. Meisterschaft gründet auf Vertrauen; Probleme und Problempferde entstehen aus Uneinigkeit.

Ich beginne mit dem Parallelführen gern auf einer großen Koppel, den Zaun auf einer Seite und genügend Länge vor mir, um dem Pferd zu ermöglichen, auf einer Geraden zu gehen.

Das Pferd wird auf die Koppel geführt und sofort zwischen mir und dem Zaun aufgestellt. Ich gebe ihm so viel Leine, daß ich einen Arm ausstrecken und es durch sanften Druck auf die Schulter von mir wegschieben kann. Die Leine wird dann noch ein bißchen gelockert. Wenn der Schüler versucht, sich mir zu nähern, sagt ihm jedesmal der gleiche kleine Stups, daß er dies unterlassen soll. Ich gehe einmal ganz um eine große Koppel oder zweimal um eine kleine herum, halte an, wechsle die Hand und wiederhole das Ganze. Die ersten Lektionen verlangen vom Lehrer eine ganze Menge Energie und können recht amüsant sein; sie enden gewöhnlich damit, daß wenigstens der Lehrer weiß, was er getan hat und darüber noch ins Schwitzen kam! Die nächsten paar Lektionen verlaufen meistens besser. Ganz unerwartet kapiert der Schüler auf einmal, was von ihm verlangt wird, und geht ruhig an der Seite des Lehrers, aber mit einer Armlänge Abstand.

Bis man dieses wünschenswerte Stadium erreicht, muß man damit rechnen, daß der Schüler immer wieder versuchen wird, zu einem herzukommen, und daß man ihn immer wieder wegstoßen muß. Das Pferd schwenkt seine Hinterhand von einem weg und kommt mit dem Zaun in Berührung. Dies trägt nicht nur dazu bei, daß es geradeaus geht, sondern daß es seine Aufgabe richtig lernt. Sind die Anfangsschwierigkeiten einmal behoben und begleitet uns der Schüler, anstatt sich zu wehren, ist der Moment gekommen, die Dressurgerte einzuführen, die man gleich von Anfang an in der linken Hand (oder der Hand, die vom Tier am weitesten entfernt ist) mitträgt; die Leine wird ebenfalls in dieser Hand geführt.

Der Abstand zwischen Pferd und Lehrer kann nun durch die zusätzliche Länge der Dressurgerte, die dadurch lediglich zur Verlängerung der Hand wird, vergrößert werden. Die Gerte dient einzig zum Wahren des Abstandes, entweder durch eine sanfte Berührung oder einen kleinen Stups oder Stich, der den Schüler auf eine Gerade zurückführt.

Sofern man vernünftig mit dem Schüler umgegangen ist und ihn nicht verwirrt hat, braucht er sehr wenig Zeit, um zu verstehen, was man von ihm will. Verrittene Pferde brauchen gelegentlich etwas länger und verlangen mehr Takt und Überzeugungskraft im Umgang, aber auch sie lernen relativ schnell, daß der Lehrer sie nicht im Stich läßt, wenn er von ihnen verlangt, daß sie in einem bestimmten Abstand neben ihm hergehen. Es erübrigt sich zu sagen, daß die Stimme beim Beruhigen des Schülers, beim Ermuntern und Loben während der Arbeit eine wichtige Rolle spielt. Normalerweise rede ich nicht nur mit ihm, um ihn von äußeren Einflüssen abzulenken, sondern um ihn fest auf unsere Tätigkeit zu konzentrieren.

Wenn der Schüler sich daran gewöhnt hat, mit der Dressurgerte gelenkt zu werden, führe ich den ersten der »Berührungsstöcke« ein. Dieser wird ganz offen senkrecht in der linken bzw. der vom Pferd am weitesten entfernten Hand getragen. Den Stock brauche ich auf gleiche Weise wie die Dressurgerte, aber weil er länger ist, vergrößert er den Abstand.

Alle Vorarbeiten werden innerhalb der Koppel absolviert. Obschon diese Phase für den Ausbilder nur mäßig interessant ist, erfüllt sie den Zweck, das Pferd in einer Geraden gehen zu lassen und sein Vertrauen zu stärken. Diese Vorarbeit kann sogar schneller als erwartet erfolgreich sein, und dann kann man sich an die Hufschlagfiguren heranwagen, die sehr viel spannender sind. Bei diesen Übungen wird die Leine je nach den Reaktionen des Pferdes leicht gespannt, und sobald es tut, was man von ihm verlangt, gibt man die Leine nach oder lockert die Spannung.

Als erste Übung mache ich einfache Handwechsel. Es ist wichtig, daß diese korrekt ausgeführt werden, weil alle anderen Figuren von der Bereitschaft des Pferdes, gerade zu gehen, seinen Abstand zu wahren und auf den leisen Druck der Leine anzusprechen, beeinflußt werden. Sobald ich sehe, daß die Figur wiederholt richtig gemacht wird, folgen der Konterwechsel und der Diagonalwechsel. Schlangenlinien, halbe Volten, Volten und Zirkel kommen als nächstes, wenn das Pferd gut anspricht. Alle Figuren werden im Schritt ausgeführt. Der Schüler wird nicht nur durch die Leine, sondern auch mit dem Stock gelenkt und korrigiert, wobei der Ausbilder immer leicht seitlich von ihm steht, damit er den Bewegungsablauf genau verfolgen kann. Der Ausbilder bewegt sich dabei in einer Art Krebsgang.

Berührungsstöcke sind nichts Besonderes. Sie sind preiswert und leicht erhältlich: Ich benötige nämlich nur Bambusrohre von verschiedener Länge, die es in jedem Gartenzentrum zu kaufen gibt. Ihre Steifheit macht sie für diese Arbeit so geeignet. Überdies kann man mit ihnen dem Pferd nicht wehtun, auch wenn man dumm genug wäre, es in einem Ausbruch von Ungeduld zu schlagen, was man aber nie tun darf.

Einen Schüler, der in Lektionen an diese Stöcke gewöhnt wurde, kann man durch ihren sinnvollen Einsatz korrigieren. Wir gehen in der gleichen Weise vor, die wir anwenden, wenn wir dem Pferd die Angst vor der Peitsche nehmen wollen. Der Schüler begreift, daß der Stock ein Verständigungsmittel ist. Es wäre töricht, ihn mit dem Stock zu berühren, bevor er weiß, welchem Zweck er eigentlich dient; dies gilt besonders im Fall eines verrittenen oder peitschenscheuen Pferdes.

Auch Pferde, die diese Stöcke bereits kennen, können durch sie verängstigt werden, wenn sie nicht mit Zurückhaltung eingesetzt werden. Sie dürfen nie umhergeschwenkt werden. Man braucht sie ausschließlich zum Zeigen oder zu ganz leichten Berührungen.

Berührungsstöcke dienen keineswegs nur zum Antreiben des Pferdes. Ich benütze sie auch, um den Schüler zu bremsen, sollte er es sich in den Kopf gesetzt haben, zu drängen oder allzu stürmisch zu sein. Ich beschreibe im folgenden die wesentlichen Berührungspunkte, die für den Amateur am nützlichsten sind. Das Pferd wird sich an sie erinnern und später darauf reagieren, wenn es für die Longe vorbereitet wird.

Ohren, Kruppe und Schweif sollten nie berührt werden. Die Ohren nicht, weil es unnötig ist; Kruppe und Schweif nicht, weil sich das Pferd verkrampfen, Schwung und Rhythmus verlieren, den Schweif einklemmen und die Hinterhand senken wird – genau das Gegenteil von dem, was wir ja erreichen wollen. Die allgemeine Regel »Weniger ist mehr« gilt auch hier: Es ist besser, zu wenig zu berühren als zu viel. Die Berührung muß wirklich eine *Berührung* sein, nicht ein Hieb, und muß immer von einer stimmlichen Aufforderung begleitet sein. Die einzige kräftige Berührung bekommt das Pferd, bis es deren Bedeutung versteht, gleich hinter der Lage vom Sattelgurt. Dazu brauche ich die Spitze des Stocks und sage gleichzeitig »Vorwärts«.

Das sind die Berührungspunkte und ihre Bedeutung:

1. Hinter dem Gurt: Antreiben
2. Auf dem Sprunggelenk: Aktion, Untertreten mit den Hinterbeinen
3. Unter dem Ellbogen in der Mitte des Oberarms: dehnt die Aktion des Vorderbeins, macht sie »leichter«
4. In der Mitte der Schulter, hintere Mitte des Deltamuskels: Wahrung des Abstandes und/oder Geraderichten der Vorwärtsbewegung
5. Auf der Brust: Verhalten oder Stoppen, verbunden mit einem stimmlichen Befehl.

Das Pferd wird für diese Arbeit zum ersten Mal einen Kappzaun tragen. Die Führleine wird wie üblich unter dem Kinn festgemacht.

Die Lage der Berührungspunkte beim Pferd

Vorbereitung auf die Longenarbeit

Einen beachtlichen Teil der Arbeit mit einem jungen Pferd nimmt die Vorbereitung zum Reiten ein. Ich habe an anderer Stelle erwähnt, daß der Umgang mit dem Pferd um so leichter wird, je häufiger es an die Hand genommen wird und je früher es seine Ausbildung beginnt. Es macht dann auch viel mehr Spaß mit ihm, und es fällt wesentlich leichter, es zu besteigen.

Alles, was ich bisher geschrieben habe, war direkt ausgerichtet auf die Formung des Schülers zu einem angenehmen und umgänglichen Kameraden. Zudem wurde größte Sorgfalt darauf verwendet, seine Rasse und sein Temperament zu bewahren, indem es weder unterdrückt noch auf irgendeine Weise verängstigt worden ist. Die Zielvorstellung ist, daß das Tier *mit* uns *zusammenarbeitet* und *verstehen* lernt, was wir jeweils von ihm wünschen. Wenn Leute Angst haben, der Sentimentalität und der »Vermenschlichung« ihrer Tiere beschuldigt zu werden, entwickeln sie leicht einen Komplex, der ihnen die Augen verschließt vor der Beobachtungsgabe, der Auffassungsgabe und der Lernfreudigkeit des Tieres. Deswegen verfallen viele dem Irrtum, daß greifbare Resultate nur durch Einsatz herrischer Allüren gesichert werden könnten. Dabei entgeht ihnen völlig, daß ein Tier gern lernt oder geritten wird; daß es eine solche Lenkung direkt erwartet; daß es durch sein Gehabe in gewissen Situationen buchstäblich fragen kann: »Na, was kommt jetzt dran?«

Es ist für uns ein gewaltiger Vorteil, daß junge und unverdorbene Pferde den Kontakt und den Umgang mit Menschen suchen und lieben. Ein Teil der Vorbereitungsarbeiten beinhaltet das Longieren, für das viele Reiter bloß Geringschätzung haben. Sie sind fest davon überzeugt, daß sie ihr Pferd vom Sattel aus besser bewegen können – das wird wohl so sein –, anstatt es »im Kreis herumrennen zu lassen«, wie diese Reitkünstler es nennen. Ein völlig logisch und akzeptabel erscheinendes

Argument von jemandem, der wenig über diese Disziplin und ihren Zweck weiß. In der Tat ist es wohl besser, wenn solche Reiter im Sattel bleiben und davon absehen, ihr Pferd zu verderben, vor allem, wenn sie nichts anderes können, als es wirklich auf dem Zirkel herum*rennen* zu lassen, was ohnehin das allerletzte ist, was man vom Pferd verlangen sollte. In den meisten Fällen würden sie lieber aufsteigen und auf seinem Rücken reiten, denn dies, so argumentieren sie, sei schließlich der Grund, weshalb sie sich ein Pferd zugelegt hätten!

Wirklich große Könner jedoch verachten die Disziplin Longieren keineswegs. HENRY WYNMALEN (1), MARY ROSE (2) und REINER KLIMKE (3), um nur drei zu nennen, widmen ihr in ihren Büchern ein ganzes Kapitel, und an der Spanischen Reitschule in Wien ist sie tägliche Übung. Hochangesehene Institutionen, wie zum Beispiel das Nordrhein-Westfälische Landesgestüt oder die Deutsche Reit- und Fahrschule in Warendorf, besitzen sogar eine besondere Longierhalle. Neu ist die Idee jedoch nicht. Wenn wir weit zurückblättern, finden wir Darstellungen unter anderem in Werken von JOHANN ELIAS RIDINGER (4), die Pferde bei der Longierarbeit zeigen. Wer das Longieren als eine sinnlose Disziplin ohne positiven Wert abtut, sollte einmal in Ruhe darüber nachdenken, denn es ist möglich, daß er Zweck und Wirkung mißverstanden hat.

Longieren bedeutet aber nicht etwa »Ringkampf zwischen Pferd und Trainer«, wie man leider allzu oft beobachten kann, während das Tier in die Mitte rennt oder stoppt oder den Kopf hebt und dem Lehrer trotzt. Für den Zuschauer mag dies recht unterhaltend sein, aber der Nutzen ist gleich Null. Gerade diese Disziplin muß mit Ruhe ausgeführt werden, weil sie das Pferd lösen und zu rhythmischer Bewegung führen soll. In der Tat erreichen wir sehr viel mehr an der Longe, wenn wir uns dabei Zeit lassen und uns die Mühe machen, den Schüler korrekt auf dem Zirkel zu bewegen. Hat er diese Aufgabe schließlich gemeistert und geht flüssig, folgt die Arbeit über Cavalletti und Hindernisse.

Das fachmännisch longierte Pferd beugt sich im Schritt oder bei gelöstem Trab gegen das Innere des Zirkels und zeigt so den korrekten Schwung und Rhythmus. Es sollte seinen Trainer aufmerksam beobachten und mit ruhiger Konzentration auf die treibende und ermunternde Stimme ansprechen. Zweck des Longierens ist nicht nur Bewegung, sondern Ausbildung und Verbesserung der Gangart.

Es ist eigenartig, daß so viele Amateure das Longieren anscheinend nie gelernt haben. Ich muß zugeben, noch nie festgestellt zu haben, daß jemand in irgendeinem mir bekannten Reitclub eine Longierstunde erhielt, obschon ich mir vorstelle, daß dies durchaus geschieht. Auch ist mir noch nie eine theoretische Diskussion zu diesem Thema zu Ohren gekommen. Vielleicht bin ich allzu kritisch, aber es scheint mir, daß die Longierstunden – falls sie tatsächlich stattfanden – bei den mir bekannten Reitern nicht von allzu großem Nutzen gewesen sein können.

Früher war ich ein Pedant, wenn es um die Longiertechnik ging, und ich war von dem brennenden Wunsch erfüllt, absolut »korrekt« zu longieren. Ich befolgte dabei die in Fachbüchern vertretenen Methoden sowie jene von Experten, die mir meiner Meinung nach in ihrem Fachwissen haushoch überlegen waren.

Ich habe sehr viel über die Sache nachgedacht und kam zum logischen Schluß, daß dem Tier *beigebracht* werden muß, an der Longe zu gehen, genau wie man alles andere lehrt. Gleichzeitig jedoch wurde mir klar, daß das Pferd eine bestimmte Unterweisung erhalten müsse, bevor es Zirkel, Kappzaum und lange Zügel kennenlernt. Natürlich wäre dies wiederum mit Zeit und Aufwand verbunden. Wenn ich aber später versuchen müßte, den Schüler neu zu »orientieren«, nachdem ich ihm eine ihm schwer verständliche Handlung abgefordert und ihn völlig verwirrt habe, so erweisen sich die vorher aufgewendeten Bemühungen keineswegs als Zeitverschwendung.

Liest man aufmerksam die Fachbücher, findet man unweigerlich die Feststellung, daß ein Pferd nicht ohne die Hilfe eines Assistenten ausgebildet werden kann. Diese Person von offenbar unschätzbarem Wert geht außen am Zirkel neben dem Kopf des Schülers, hält ihn ruhig und treibt ihn vorwärts, während sich der Ausbilder in die Mitte des Zirkels stellt und zum Drehpunkt wird, um den das Tier an der Longe herumgehen sollte. Viel hängt vom Ausbilder ab, aber in einem leicht fortgeschritteneren Stadium treibt der Assistent das Pferd noch weiter vorwärts, indem er ihm mit der Longierpeitsche folgt, falls es der Lehrer nicht vorzieht, diese selber in die Hand zu nehmen.

Diese Theorie hat gewiß ihr Gutes. Aber sie bedeutet, daß jemand wie ich, der seine Arbeit mit völlig unausgebildeten Pferden sehr früh und dazu allein beginnt, entweder einen Helfer einstellen oder sich auf die Dienste eines Familienmitgliedes verlassen müßte. Sollte niemand verfügbar sein, bliebe als einzige Alternative, das Pferd überhaupt nicht zu longieren.

Ich dulde zu Beginn weder Assistenten, Familienmitglieder noch gute Freunde, und schon gar keinen »Peitschenträger«. Soll das Pferd korrekt gehen, braucht man keinen Assistenten, der die Konzentration von Lehrer oder Schüler doch nur verwirrt und stört. Kurzum, das Longieren ist eine intime und private Angelegenheit. Ich wiederhole auch, daß man den Schüler in keinem Fall auf den Zirkel bringen und gleich von ihm erwarten kann, daß er instinktiv weiß, was er zu tun hat – und dies alles ohne vorausgegangene Einführung. Wer meine Ratschläge bis zu diesem Stadium der Ausbildung befolgt hat, wird das Longieren als Fortsetzung all dessen erkennen, was der Schüler bisher gelernt hat.

Das Longieren ist ein genau so wichtiger Bestandteil der Reiterei wie die Fertigkeit im Sattel. Aufmerksames Longieren offenbart uns sehr rasch, was das Pferd falsch macht; dank dieses wertvollen Hilfsmittels sehen wir gleich, was der Reiter korrigieren muß.

Natürlich kann man das Pferd auch longieren, wenn man es lediglich bewegen will, ohne zu reiten, aber im Idealfall longiert man für einen ganz anderen Ausbildungszweck.

Im Kapitel »Führen« hatte ich vorgeschlagen, daß das Pferd, falls es nicht korrekt an der Führleine gehen wollte, vom Trainer statt dessen auf einen Zirkel gebracht werden sollte. Der Schüler soll zum Verbleib auf dem Zirkel gezwungen werden, nachdem sein Widerstand gegen den Willen seines Meisters schon längst verflogen ist. Es obliegt der Beurteilung des Trainers, wann dies genügt und das Pferd wieder geradeaus geführt werden kann. Obschon an jener Stelle nicht eigens hervorgehoben, so waren dies die ersten Übungen im Longieren. Später, beim Berühren mit den Stöcken während des Parallelführens, verlängert der Trainer die Führleine und hält den Schüler auf Distanz, indem er ihn an der Schulter berührt und im Kreis gehen läßt, so daß er seine Bewegung aus einer kleinen Entfernung beurteilen kann. Das ist bereits die zweite – indirekte – Longierlektion.

Auf diesen Zirkeln war der Schüler gezwungen, sich zu beugen oder nachzugeben, und mußte sich daher genau ausbalancieren. Wegen seiner seitlichen Steifheit hatte der Schüler jedoch nicht, wie man meinen könnte, seinen Körper gebeugt, um die Kurve zu meistern, in die man ihn gezwungen hatte. Vielmehr mußte er in der Muskulatur, an der der Brustkorb zwischen den Vorderbeinen aufgehängt ist, eine leichte Schaukelbewegung ausführen. Das folgende Kapitel vermittelt mehr Einzelheiten zu diesem Vorgang.

Wenn man sich während der Ausbildung einige Gedanken zu den Hufschlagfiguren macht, kann man leicht erkennen, daß nahezu alle in der einen oder anderen Weise angelegt sind, das Pferd durchlässig und seitlich flexibel zu machen und es dabei eine Bahn folgen zu lassen, die es normalerweise in Freiheit nicht wählen würde. Die Hufschlagfiguren stellen eine körperliche Beanspruchung dar, weil sie anstrengend sind und Konzentration erfordern. Das Longieren ist ein Vorstadium zu diesen Übungen, die bereits beim Parallelführen begonnen wurden. Der Unterschied liegt jedoch darin, daß das Pferd erst durch das Longieren lernt, wirklich konsequent und in gleichmäßigem Rhythmus zu arbeiten.

Außer beim Training eines Voltigierpferdes sehe ich keinen Vorteil darin, daß der Lehrer in der Mitte des Zirkels stehenbleibt. Ich würde sogar bei dieser Tätigkeit zu Beginn nach meiner Methode mit dem Pferd arbeiten, das heißt, daß ich mich mit ihm bewege. Indem ich mitgehe, erreiche ich, daß das Pferd vorwärtsgeht. Der Schüler *beobachtet* mich die ganze Zeit, und sobald ich mich bewege, wird er dies auch tun. Ich stehe leicht seitlich zu seiner Bewegung, damit ich diese ständig beurteilen und mit dem Berührungsstock korrigieren kann. Mathematisch gesehen ist mein Bewegungsfeld relativ klein und wird durch die Länge des Stocks in meiner Hand bestimmt; durch diese Verlängerung führe ich den Schüler eigentlich parallel – eine Übung, die er bereits versteht.

Die ersten Lektionen, die nicht länger als fünf, höchstens zehn Minuten dauern, werden mit dem Schüler allein und im Schritt abgehalten. Wir gehen miteinander den Zirkel ab; ich plaudere mit ihm und vereitle mittels Berührungsstock oder Dressurgerte seine eventuellen Versuche, in den Zirkel hineinzukommen oder aus ihm herauszugehen. In Wirklichkeit erweitere ich die Übung »Parallelführen« und benütze daher weder Kappzaum noch Longe, sondern arbeite mit Halfter und einer 4 m langen Führleine. Der Stock oder die Gerte bestimmen den Abstand zwischen mir und dem Pferd.

Nachdem ich den Zirkel ein paarmal abgeschritten habe, lasse ich den Schüler einige Sekunden lang stehen, wechsle die Hand und beginne von vorn. Wer es vorzieht, kann auch mit dem Pferd auf dem Zirkel traben, dann wieder in den Schritt parieren und anhalten, aber ich arbeite lieber im Schritt, bis der Schüler zu erkennen gibt, daß er wirklich begriffen hat, worum es geht. Als Abwechslung und weil ich immer versuche, das Interesse des Tieres zu wahren, gehe ich halb um den Zirkel herum und verlasse ihn. Dabei halte ich den bestimmten Abstand von der Schulter des Tieres weiterhin ein und gehe auch weiter parallel zu ihm, genau wie vorher, als ich seinen Schritt bei anderen Übungen korrigierte. Danach kehren wir auf den Zirkel zurück und drehen noch ein paar Runden. Für das erste Mal genügt das. Ein Tätscheln, eine Belohnung, und ab in den Stall.

Die nächsten Lektionen folgen dem gleichen Schema, wobei ich allerdings jedesmal den Abstand zwischen mir und dem Schüler vergrößere und die Berührungsstöcke verlängere. Das Pferd empfindet die Arbeit als seltsam, vielleicht auch als unangenehm, weil es doch zu seinem Lehrer herkommen will. Aber sobald es dies versucht, tippe ich leicht seine Schulter an, und es erinnert sich an den Abstand, den es wahren muß; weil ich ständig rede und beruhige, gewöhnt es sich daran, die Entfernung zu mir einzuhalten. Wird es langsamer, kitzle ich den Schüler an der Gurtenlage, um ihn vorwärtszutreiben. Berühre ich das Sprunggelenk, so weiß er, daß ich dieses aktiv beteiligt sehen will und daß er gut untertreten soll.

Sobald der Schüler sein Vertrauen zeigt, indem er an der 4-Meter-Leine gut und gleichmäßig geht, führe ich den Kappzaum und die lange Longierleine ein. Ich halte das Pferd immer noch vier Meter von mir entfernt und beginne ihm beizubringen, was ich mit Wort und Geste von ihm verlangen werde. Ich lehre die Hilfen als Signale, die ihm sagen, daß es im Schritt, Trab oder Galopp gehen oder anhalten soll. Mein Ziel ist es, bei einem schließlich fortgeschrittenen Schüler nur mit dem Zeigefinger der freien Hand signalisieren zu müssen, um das zu unterstreichen, was meine Stimme fordert.

Gleich zu Beginn sollte man den Schüler das Vokabular lehren, das beim Longieren gebraucht wird. Die menschliche Stimme wird während der Arbeit zu einem der wichtigsten Werkzeuge bzw. Hilfsmittel. Ich sage »vorwärts« oder »weiter«, »ruhig«, »langsam«, »Achtung, Kopf«, »Vorsicht«; ein scharfes »Eh!« folgt auf eine Disziplinlosigkeit; »langsam« und »steh« oder »br-r-r« bringt das Pferd zum Stehen. »Brav!«, »so ist's recht!« oder Ähnliches wird zum Loben ausgesprochen. Die Stimme ist immer gelassen und tief. Es ist überflüssig, sie zu erheben, weil Pferde ein außerordentlich scharfes Gehör haben, und Geschrei tut ihnen nicht nur weh, sondern steht auch nicht im Einklang mit einer ansonsten ruhigen Hand.

Ich benütze den Berührungsstock, weil ich mich mit dem Schüler bewege. Den Gebrauch der Peitsche habe ich eingestellt, weil der Stock dem Pferd alles mitteilt, was es zu wissen braucht; es lernt dazu mehrere Stockpositionen zu unterscheiden. Der auf die Schulter gerichtete Stock bedeutet »Schritt«, der Stock ungefähr in Sprunggelenkhöhe auf die Hinterhand gerichtet heißt »Trab«, auf den Kopf zeigend »Achtung, Kopf« und horizontal auf die Brust des Pferdes gerichtet »langsam«,

»Schritt« oder »Halt«, je nach der ausgesprochenen Aufforderung. Halte ich den Stock senkrecht in der linken Hand, ist alles in Ordnung. Diese Signale werden immer durch den Gebrauch der Stimme unterstützt; die meisten einigermaßen intelligenten Pferde und Ponys erfassen diese Signalsprache binnen kurzer Zeit.

Der Stock wird auch zum Berühren des Schülers gebraucht. Ein Antippen des Sprunggelenks heißt »Füße aufheben und untertreten«. Ein Antippen der Flanke gerade hinter der Gurtenlage verlangt mehr Schwung. Ein Antippen oder auch Anstoßen der Schulter bedeutet »Komm nicht gegen die Mitte«. Wird der Befehl zum Verlangsamen, Schritt oder Anhalten – was gerade verlangt worden ist – nicht befolgt, geht der Ausbilder einen Schritt auf das Pferd zu, nimmt die Leine entsprechend auf, zieht den Kopf ganz leicht nach innen gegen die Mitte, wiederholt den Befehl und drückt mit dem Kopf gegen die Brust des Schülers. Wenn dieser nicht außerordentlich stürmisch oder aufgeregt ist, bringt diese Berührung meistens die gewünschte Wirkung.

Wenn das junge Tier die Signale auf dem Zirkel befolgt und korrekt im Schritt oder Trab und einigermaßen gerade und ruhig geht, ist die Zeit gekommen, um auf dem Zirkel mit dem eigentlichen Longieren zu beginnen.

Einige Besserwisser stört es, wenn sie mich mit dem Pferd den Zirkel abschreiten sehen, dazu noch vier Meter von ihm entfernt. Sie geben sich wirklich große Mühe, um mir zu sagen, daß ich es falsch mache. Mein Zugeständnis an sie geht gerade so weit, daß ich ihnen erkläre, nicht in der klassischen Weise zu arbeiten. Von meinem Standpunkt aus ist eine solche Kritik eher borniert und zeugt von mangelnder Phantasie und übertriebenem Festhalten an konservativen Methoden, zumal ich so gut wie nie gefragt werde, *warum* ich in dieser Weise arbeite.

Ich darf daher an dieser Stelle das Konzept erläutern. Mein Mitgehen mit einem jungen und unerfahrenen Pferd oder mit einem, das verritten war und die Arbeit ständig durch Verteidigung unterbricht, ermuntert zum Vorwärtsgehen. Stelle ich mich leicht hinter die Schulter des Pferdes, so treibe ich den Schüler vor mir her und fordere seine Vorwärtsbewegung. In diesem Stadium verwende ich absichtlich nicht den Begriff »Schwung«. Wenn ich mich mit dem Schüler bewege, vermittle ich ihm die Sicherheit, daß ich ihn nicht im Stich lasse, und zeige ihm, daß das Verlangte in Verbindung mit mir ausgeführt wird. Ich arbeite in der Tat mit dem Schüler *zusammen*. Darüber hinaus bin ich in der vorteilhaften Lage, das Tempo und den Rhythmus während der Bewegung bestimmen zu können.

Ich tröste meine Kritiker immer damit, daß einst der Tag kommen wird, an dem ich das Pferd aus der Mitte des Zirkels so heraus longiere, wie dies jedermann gefällt und richtig erscheint. Solange das Pferd jedoch ein Anfänger ist, oder wenn ich es an der Longe durch Berührung korrigieren will, wird dies von meiner Seite aus eben *nicht* geschehen.

Im folgenden Kapitel werden die Auswirkungen dieser Vorarbeit eingehend besprochen, ferner die zu beachtenden Punkte angeführt und die Begründung dazu geliefert.

Literatur

(1) WYNMALEN, H. (1971): Equitation. London: J. A. Allen & Co.
(2) ROSE, M. (1977): Training Your Own Horse. London: George Harrap & Co.
(3) KLIMKE, R. (1969): Cavaletti. London: J. A. Allen & Co. Deutsche Ausgabe: KLIMKE, R. (1986): Cavaletti. Ausbildung von Reiter und Pferd über Bodenricks. 6. Aufl. Stuttgart: Franckhsche Verlagshandlung.
(4) RIDINGER, J. E. (1978): Schul- und Campagne-Pferde (Nachdruck der Ausgabe von 1760). Dortmund: Harenberg.

Longieren

Bevor ich den Schüler an die Longe nehme, darf er sich unter meinem Kommando frei bewegen. Ein Pferd, das ein bis zwei Tage in der Box gestanden oder einige Zeit nicht gearbeitet hat, kann entweder so übermütig sein, daß es schwierig ist, ruhig mit ihm umzugehen, oder aber so faul, daß die schlummernden Kräfte und der Vorwärtsdrang in seinem Körper erst erwachen, nachdem es sich ein wenig bewegt hat.

Mein unerfahrenes Jungtier wird von einem versierten »Schulmeister« begleitet, dessen Verhalten es nachahmen wird. Beide haben einen Riesenspaß, schlagen hoch aus und galoppieren wild umher. Sobald sie den ersten Dampf abgelassen haben, fallen sie in Trab und zeigen die vollendete Schönheit dieser Gangart – uneingeschränkt und schwebend. Damit ist der Augenblick gekommen, wo man die eigentliche freie Arbeit beginnen kann. Im Abstand von ungefähr 15 m umkreisen die Pferde von sich aus den Trainer, der von seinem Posten her die gewünschte Gangart befiehlt. Nach ein paar Minuten wird dann das eine oder andere Pferd herbeigerufen und auf den Zirkel gebracht.
Die gängige Longierausrüstung umfaßt die folgenden sieben Teile:

1. Longiergurt,
2. Kappzaum,
3. Zaum ohne Nasenband,
4. Ausbindezügel,
5. Longe,
6. Longierpeitsche,
7. Bandagen.

Ich weiß, daß andere Leute gewiß andere Vorstellungen haben über die Art und Weise, wie ein Pferd longiert werden soll; ich habe aber nicht die Absicht, mich hier über die jeweiligen Vor- und Nachteile, wie ich

sie sehe, auszulassen. Jedermann, der seriös arbeitet, hat eigene Theorien und gewisse Fähigkeiten, während er sich im Prinzip an allgemeingültige Erfahrungen hält. WYNMALEN (1) und BECHER (2) beispielsweise haben mich stark beeinflußt, und zwar nicht nur in ihrem Vorgehen, sondern ebensosehr in ihrer Einstellung und ihrer Denkweise.

Weil ich jedoch allein arbeite, mußte ich meine eigenen Methoden von den Theorien und Praktiken anderer ableiten, um durch ständige Übung das herauszukristallisieren, was mir am meisten zusagt. Von dem Augenblick an, da das Pferd in meine Hände gelangt, sind meine Erziehungsmethoden darauf ausgerichtet, es zu einem manierlichen und zuverlässigen Tier auszubilden, woran sich seine weitere Förderung anschließen kann. Voraussetzung ist, daß es an der Hand sehr gut gehorcht, damit ich meine eigenen, abweichenden Methoden in Verbindung mit dem Gebrauch meiner Stimme anwenden kann. Sollte ich nicht die erforderliche Mühe aufgewandt haben, das Tier in diesem Sinne zu erziehen, dann sind weder meine eigenen noch fremde Theorien von großem Nutzen. Man muß das Tier als Individuum erfassen, damit es als Partner mit einem zusammenarbeitet.

Aus diesem Grund verzichte ich auf Longiergurt, Zaum, Ausbindezügel und Longierpeitsche, ersetze letztere aber durch einen langen Berührungsstock aus Fiberglas. Bevor nun der entrüstete Aufschrei »Alles falsch!« ertönt, sollte man sich daran erinnern, daß der Schüler zuvor sehr gewissenhaft vorbereitet und gefördert worden ist, um nun ruhig mit ihm arbeiten zu können. Selbst ausgesprochen gehlustige und muntere Pferde werden sachlich arbeiten, wenn man sie früh an die Hand nimmt und ihnen für die verschiedenen Disziplinen Gehorsam beibringt. Dank der engen persönlichen Beziehung, über die anderswo so viel geredet und geschrieben wird, aber die man so selten miterlebt, sollte der durch die Longe übermittelte Kontakt zur Beherrschung genügen.

Die persönliche Beziehung zwischen Pferd und Ausbilder bzw. Pferd und Reiter, ganz abgesehen von den Techniken, die hierdurch so wirkungsvoll umgesetzt werden können, ist in der Reiterei und im Umgang mit Pferden überhaupt das A und O.

Ich brauche den Longiergurt erst dann, wenn ich ein verhältnismäßig fortgeschrittenes Stadium erreicht habe, bei dem ich mit dem Pferd am langen Zügel arbeite. Statt dessen verwende ich zur Arbeit an der Doppellonge, in Wirklichkeit eine Vorstufe zur Arbeit am langen Zügel, den Sattel.

Ausbindezügel werden nicht benützt, weil sie den Zweck der Übung zunichte machen. Kopf und Hals sollen sich nach vorn strecken, die Bewegung der langen Rückenmuskulatur, des »M. longissimus dorsi«, soll harmonisch werden, sobald alle Muskelgruppen koordiniert sind. Deshalb ist es sinnlos, das Pferd auszubinden. Wenn man die Ausbindezügel nicht anstellt, sondern locker läßt, erfüllen sie ohnehin keinen Zweck, also erspart man sich am besten die Mühe, sie überhaupt anzubringen. Sinnvoll werden Ausbindezügel nur, wenn sie vor der Brust gekreuzt sind und die seitliche Bewegung von Kopf und Hals bis zu einem gewissen Grad einschränken. Ein Schlaufzügel in der Nähe des Vorderzwiesels, zwischen den Vorderbeinen hindurchgeführt und unter dem Gurt befestigt, erlaubt dem Pferd bei richtiger Einstellung eine gewisse Streckung, aber ich befürworte ihn in der Anfangsphase nicht, sondern erst später, wenn eine gewisse Versammlung verlangt wird.

In Anlehnung an WYNMALEN, der Ausbindezügel beim Longieren als zwecklos erachtet, weil sie die seitliche Beugung und den freien Gebrauch von Hals und Kopf als balancierendes Pendel behindern, habe ich unseren Kappzaum umgearbeitet. Die Longe wird am Kinnriemen, der nun unten einen Ring aufweist, eingehängt, während der Ring am Nasenband entfernt worden ist. Dies bedeutet, daß das Pferd beim Longieren rund 15 cm vor der Hand geht, was ich ganz allgemein als Vorteil betrachte. Zudem wirkt das Gewicht der Longe unter dem Kiefer auf den Kopf und drückt nicht auf die Nase, was für das Pferd angenehmer ist. Das Tier kann sich strecken, seitlich bewegen und durch die Pendelbewegung von Kopf und Hals sein Gleichgewicht erhalten.

Der Hauptzweck bleibt immer gleich: Wir wollen ein *gelöstes* und vertrauensvolles Pferd entwickeln, welches leicht im Biß geht und nicht ständig das Bedürfnis nach Verteidigung verspürt; eines, das durch den bloßen Klang der Stimme beruhigt werden kann, sollte es erschreckt oder aufgeregt werden; eines, das *mit* uns arbeitet, nicht gegen uns. Gleichzeitig will man dem Pferd die Freude am Vorwärtsgehen bewahren und die Haltung seines Kopfes verbessern. Der Schüler soll gelöst gehen und alle Steifheit ablegen. Aber in erster Linie soll er lernen, mit den Hinterbeinen unterzutreten, das heißt die Sprunggelenke zu aktivieren, Kopf und Hals als Pendel zu benutzen, das Gleichgewicht zu finden, die Rippen zu beugen und sich seitlich zu lockern.

Es ist sinnlos, diese Ziele verfolgen zu wollen, ohne zumindest eine elementare Vorstellung von der Anatomie des Pferdes zu haben, von seiner seitlichen Steifheit, der relativen Starre der Wirbelsäule, von den Funktionen der wichtigsten Muskeln hinsichtlich der Bewegungsfähigkeit des Tieres. Wir müssen wissen, daß der »Motor« des Pferdes hinten liegt, wo auch der ganze Schub herkommt. Man muß verstehen, daß sich das Pferd nicht nur vorwärts, sondern gleichzeitig seitwärts bewegen kann; daß seine Vorderbeine nicht mit der Wirbelsäule verbunden sind – das Pferd hat kein Schlüsselbein –, denn sie werden von Muskeln, der sogenannten »Brustschlaufe«, gehalten. Dank dieser Eigenheit kann das Pferd Kurven laufen, indem es die innere Schulter hebt und die äußere senkt; diese Vorgänge nennen wir »Abduktion« (Abziehen) und »Adduktion« (Anziehen). Bei der Adduktion des einen Vorderbeins und der Abduktion des anderen rollt das Pferd gleichsam in der Brustschlaufe, wenn es eine Kurve nimmt. Wegen dieser besonderen Aufhängung des Brustkorbs ist das Pferd – wie erwähnt – in der Lage, gleichzeitig vorwärts und seitwärts zu gehen, wobei sich beide Beine gleich schnell bewegen, das äußere aber den größeren Schritt macht (3). Ein Extrembeispiel stellt das amerikanische Quarter Horse dar: Beim »Barrel Racing« neigt es sich in einem derart flachen Winkel zum Boden, daß man sich wundern muß, warum es nicht umfällt.

Ohne das obengenannte Minimalwissen sollte man sich nicht an das Longieren von Pferden heranwagen; auch wird so verhindert, daß die

Tiere aufgrund zu hoch gesteckter Anforderungen Muskelzerrungen und -überanstrengungen erleiden.

Die Arbeit auf dem Zirkel erfordert eine echte Kraftanstrengung; je enger der Zirkel, desto mehr wird das Pferd belastet. Deshalb hofft man, daß sich beim Pferd nach mehreren Monaten der Arbeit und des Trainings die seitliche Steifheit etwas verringert hat, und daß es so durchlässig geworden ist, daß man es in recht engen Kreisen führen kann, ohne Verkrampfung oder Abwehrverhalten zu provozieren. Longieren ist eine Korrekturmethode allerersten Ranges und zugleich die umfassendste Art der Gymnastik.

Jedes Pferd hat eine steife Seite, die man im Laufe der Arbeit erkennt. Das Pferd bewegt sich nicht gern auf jener Seite, weil das Beugen unbequem ist. Die gewöhnliche Verweigerung drückt sich dann im Versuch aus, hereinzukommen und die Hand zu wechseln. Bei den Durchlässigkeitsübungen muß daher gerade dieser Seite besondere Beachtung geschenkt werden. Von Zeit zu Zeit, aufs Geratewohl, vielleicht einmal in der Woche, verkürzt man die Longe, so daß der Zirkel einen Durchmesser von 5 m hat, und beugt das Pferd um sich herum. Diese enge Bewegung darf aber nicht übertrieben werden, weil sie eine Belastung für die Pferdebeine darstellt. Für diese Übung genügt eine halbe bis eine Minute. Sobald das Pferd an der Longe recht gut geht, oder später, wenn man am langen Zügel arbeitet, schadet es durchaus nicht, es etwas länger auf der steifen als auf seiner flexibleren Seite zu bewegen. Aber man muß darauf achten, daß es dem Pferd keine Schmerzen bereitet.

Im vorigen Kapitel über die Vorbereitung des Pferdes für die Longierarbeit habe ich die klassische Methode dieser Disziplin erwähnt; jetzt ist ein guter Moment, um näher auf dieses Thema einzugehen.

In der klassischen und, genau gesagt, korrekten Art, eine Longierstunde zu beginnen, macht man das Pferd mit dem Zirkel bekannt und führt es zu diesem Zweck ein Stück weit herum, vielleicht sogar eine ganze Runde. Dann geht man rückwärts, dem Pferd weiterhin zugewendet, von ihm weg und in einer Spirale in die Mitte des Zirkels. Dabei läßt man die Longe auslaufen, ordnet sie und befreit sie von eventuellen Verschlingungen. Das restliche Stück wird frei hängend in sauberen Schlingen in die Longierhand genommen. Die Longe läuft horizontal zum Pferd, und, wird meine Methode befolgt, zwischen dem Ring- und dem kleinen Finger der Longierhand.

Wenn man dem Pferd zugewendet steht, weist die Longierhand zu seinem Kopf, die Peitschenhand zur Hinterhand. Bewegt sich das Pferd zum Beispiel auf linke Hand, ist die rechte Hand des Trainers auf seine Hinterhand gerichtet.

Sobald das Pferd mit dem Longierablauf vertraut ist, befolgt man die oben beschriebene Methode (Aufstellen des Pferdes auf dem Zirkel, Plazierung des Trainers in der Mitte), aber wirklich erst dann. Die Lehrbuchmethode von der Einführung des jungen Pferdes in das Longieren erfordert einen Assistenten, der von außen das Pferd um den Zirkel führt, es beruhigt und ihm so viel Vertrauen vermittelt, bis es begreift, was es tun soll. Dieser Helfer wird dann mit der Peitsche betraut, um das Pferd vorwärtszutreiben. Theoretisch ist die Idee ausgezeichnet, aber der Haken daran ist, daß das rohe oder auch nervöse Tier seine Aufmerksamkeit auf *zwei* Personen richten muß, und manches Pferd wird gerade deswegen aufgeregt oder bekommt Angst vor der Longe. Wie ich schon gesagt habe, bin ich nicht dafür, daß jemand mit der Peitsche in der Hand dem Tier auf den Fersen folgt, und ich lehne es ab, daß ein Helfer es auf dem Zirkel herumführt. Ich wiederhole: Longieren ist eine ganz private Sache.

Ein guter Start des Schülers ist nicht weniger wichtig als das persönliche Verhalten des Lehrers im Zirkel, unabhängig davon, ob er sich mit dem Tier zusammen bewegt oder das Training vom Mittelpunkt des Zirkels aus leitet. So wie beim Reiten der Reiter ebenso konzentriert sein sollte wie sein Pferd, verhält es sich genauso bei der Longenarbeit. Uns allen sind die unkonzentrierten Personen hinlänglich bekannt: Longe in der Hand, Haltung salopp, der Blick schweift umher, eine verwickelte, herabhängende Longe, ohne jeglichen echten Kontakt; um das Bild abzurunden: Die Peitsche kracht oder schleift am Boden nach.

Der engagierte Ausbilder hingegen ist wachsam und konzentriert, sein Augenmerk bloß auf das Pferd gerichtet. Dies ist der Augenblick, wo eventuelle Korrekturen zwischen Hand und Pferd vorgenommen werden. Die Longe sollte einen leichten »Bauch« haben, schön ausgeglichen zwischen Hand und Kopf, der für Korrekturen aufgenommen wird. Die Longe führt man wie die Zügel beim Reiten mit dem gleichen ständigen Nachgeben und Aufnehmen. Das Tier muß sich wohlfühlen und sein Gleichgewicht auf natürliche Weise finden. Der Lehrer darf das Pferd nicht mit der Longe auf dem Zirkel herumziehen, noch darf das Pferd dies mit dem Lehrer tun. Die Longierhand ist sicher und fest. Wird die Peitsche gebraucht, muß sie gekonnt gehandhabt werden – dies erfordert beträchtliche Übung – und darf das Pferd allerhöchstens kitzeln. Wird ein Berührungsstock verwendet, so richtet man ihn aufs Pferd. In beiden Fällen müssen die Befehle auch mit der Stimme gegeben werden. Longierstunden sind keine stummen Angelegenheiten, aber die Stimme muß sanft und gelassen klingen. Man kann keine ruhige Entspannung oder Interesse erwarten, wenn man selbst nicht bereit ist, diese Eigenschaften auszustrahlen. Dieser Punkt kann nicht oft genug betont werden.

Der Grundstein zum Rhythmus wird im Schritt gelegt, und zwar wählt man dazu den Mittelschritt. Diese Gangart erfordert eine kräftige, fleißige, raumgreifende und gelöste Aktion, bei der die hinteren Hufe in die Spur der Vorderhufe treten. Der Mittelschritt ist eine Viertaktbewegung, was bedeutet, daß jeder Huf deutlich und in gleichmäßiger Folge am Boden aufschlägt. Auf diesen Punkt muß man sich konzentrieren, denn er ist eines der gesteckten Ziele. Gelöstheit gehört aber gleichfalls dazu, weil es ohne sie keine Gleichmäßigkeit gibt. Ein Pferd, das nervös und/oder ängstlich ist und das sich nicht jederzeit durch die Stimme des Lehrers beruhigen läßt, wird in seinem Rhythmus holperig und unsicher, es verkrampft sich und wird sich angespannt und aufgeregt bewegen.

Ich konzentriere mich deshalb auf den Rhythmus und auf die Geraderichtung der Wirbelsäule. Das Pferd muß lernen, die lange Achse seines

Körpers der Spur anzupassen, sei diese nun eine Gerade, ein Bogen oder ein Kreis. Dieses Ziel ist erreicht, sobald die Spur des Vorderhufs von derjenigen des Hinterhufs gedeckt wird. Weicht aber ein Hinterhuf nach außen aus, so ist das ein Fehler, denn die Hinterhand bringt den Schwung nicht in die Gravitationslinie, das heißt, daß die Achse nicht gerade verläuft. Dies muß sofort korrigiert werden. Zu diesem Zweck verlange ich einen Handwechsel, was natürlich den Rhythmus total unterbricht, weil das Pferd auf dem Zirkel stehenbleiben und gewendet werden muß, um die Bewegung in der entgegengesetzten Richtung fortzusetzen. Wenn dies klappt, mache ich nach ein paar Runden einen erneuten Handwechsel. Gelingt es überhaupt nicht, wird die Longe verkürzt und das Tier auf dem Zirkel parallel geführt. Bringt auch das nicht den gewünschten Erfolg, führt man das Tier vom Zirkel weg und parallel auf einer Geraden, wo man den offensichtlichen Fehler durch sanfte Berührung korrigieren kann. Das ist eine der wenigen Gelegenheiten, wo ich gewöhnlich einen Helfer brauche, der das Tier vor mir führt. Ich folge ihm mit einem Berührungsstock in der Hand und kann dabei nicht nur die Bewegung des Pferdes, sondern auch die Hufspuren beobachten.

Als nächstes folgt der Arbeitstrab. Er soll immer regelmäßig und energisch sein. Die Hufe stoßen in einem gleichförmigen Zweitakt auf, wenn die beiden diagonalen Beinpaare richtig arbeiten. Bei dieser Übung konzentriere man sich auf Regelmäßigkeit, gekoppelt mit einer aktiven Bewegung in einer Geraden. Es ist zwecklos, fortgeschrittenere Lektionen zu versuchen, bevor diese beiden Gangarten nicht nahezu vollkommen ausgeführt werden. Dies sollte am Anfang der Ausbildung stehen, sonst ist das Pferd verritten.

Ich longiere auf einem permanenten Zirkel von 10 m Durchmesser. Er befindet sich im Freien und wird auf zwei »Seiten« von einem Zaun und auf einer weiteren durch Wasser begrenzt. Zwölf Jahre Longierarbeit haben ihn vertieft und die Mitte mit Gras überwachsen lassen. Die offenen Seiten, das heißt diejenige gegen das Wasser und diejenige zur Koppel, sind mit einer Schlagwand versehen. Dieser Zirkel wird nur für langsame Gangarten benutzt. Soll das Pferd galoppieren, so geschieht dies an einem anderen Ort und an der ganzen Länge der Longe.

Ich verlange keinen Galopp, bevor der Schüler in der oben beschriebenen Arbeit sehr versiert geworden ist. Ich habe die Erfahrung gemacht, daß ein junges Pferd, das zu früh galoppiert wird, je nach seinem Temperament sehr viel von der beigebrachten Disziplin verliert. Jungtiere werden in dieser Gangart leicht aufgeregt und versuchen, auszubrechen und mit der Hinterhand der longierenden Hand auszuweichen. Dies geschieht, weil ihre Konzentration erlahmt oder durcheinandergerät. Ein erfahrenes Pferd wird selten so reagieren. Pferde, die sich noch nicht richtig tragen können, werden in den Trab fallen; wenn man sieht, daß dieser Moment unmittelbar bevorsteht, verlangt man sofort Trab, um zu verhindern, daß der Schüler das Tempo bestimmt, obschon man ganz genau weiß, daß er dies gar nicht tut. Ich lasse demzufolge ein Pferd an der Longe nur dann galoppieren, wenn ich viel Platz zur Verfügung habe und es bei guter Kondition ist, weil es mir lieber ist, die starken

Gangarten bei der freien Schulung aus ihm herauszuholen. Ist jedoch das Pferd in erstklassiger Form, kann ich es verhalten galoppieren lassen und so unter Kontrolle halten, daß der Rhythmus stimmt und die Gangart regelmäßig bleibt.

Die ständige Arbeit mit einem Pferd wird es uns ermöglichen, von unserem Standplatz innerhalb des Zirkels das Tempo zu regulieren, und zwar mittels einer Longenhilfe, der Stimme und einem Zeichen mit Peitsche oder Hand.

Soll das Tempo verringert werden, wird die Longe gespannt und das Pferd ganz leicht gegen die Mitte des Zirkels gezogen, wobei man den entsprechenden Befehl gibt und gleichzeitig den Berührungsstock horizontal nach vorn über die Longe führt und vor die Brust des Tieres richtet. Sobald der Schüler reagiert, läßt man die Longe um das Stück nach, welches man zuvor aufgenommen hatte, das Pferd wird gelobt und der Stock wieder senkrecht gehalten. Soll Tempo zugelegt werden, wird die Longe etwas nachgegeben, das Pferd mit Worten angetrieben und der Stock auf die Mittelhand gerichtet.

Übrigens dressiere ich meine Pferde auf das Wort »vorwärts«, und nicht wie viele Trainer auf »komm«. Letzteres kann ich nicht verwenden, weil meine Tiere zu mir kommen, wenn ich es ausspreche; wenn ich beim Longieren »komm« sagen würde, wäre es eine Einladung an sie, zu mir in die Mitte des Zirkels zu kommen.

Sobald die Hinterbeine viel Schub entwickeln und der Körper sich streckt, kann man annehmen, das Tier sei nun gelöst; das heißt, es würde am Zügel gehen. Sich gut streckende und beugende Hinterbeine zeigen, daß das Pferd sein Gewicht korrekt verteilt. Der Rücken wölbt sich, Kopf und Schweif nehmen eine gute Haltung ein. Der Tritt wird federnd und leicht, was auf elastische und korrekt funktionierende Gelenke in den Hinterbeinen schließen läßt.

Wenn die Ausbildung einigermaßen fortgeschritten ist und der Schüler Routiniertheit an den Tag legt, können Ausbindezügel eingeführt werden, die den sauberen, energischen Gang unterstützen sollen. Der äußere Zügel wird etwas kürzer als der innere geschnallt, was bei gekreuzten Zügeln bedeutet, daß die Einstellung auf der Innenseite vorgenommen wird. Je besser das Pferd eine Arbeit ausführt, desto mehr dürfen die Zügel aufgenommen werden. Ich persönlich befolge diese Methode nicht, weil ich mit dem Tier, sobald es nach Wunsch geht, auf die Doppellonge wechsle. Auf diese Weise kann ich nämlich direkt mit meinen Händen erreichen, was ich will.

Mit Cavalettiarbeit und Springen kann begonnen werden, sobald der Schüler gleichmäßig und gerade geht. Hier nimmt die Einstellung der Longe als Kontaktmittel zwischen Kopf und Hand die größte Bedeutung an. Sie darf nur so locker sein, daß man sie durch eine rasche Drehung des Handgelenks aufnehmen kann. Man gibt nach oder nimmt auf durch eine Bewegung des Ellbogens. Bei der Cavalettiarbeit wird die Hand auf Hüfthöhe gehalten, beim Springen auf mittlerer Brusthöhe. Dies mag bei manchen auf Ablehnung stoßen, aber ich finde es wirkungsvoll, weil die Longe so dem Pferd hilft, seinen Kopf zu tragen und die Hindernisse ohne Gefahr von Verwicklungen zu springen.

Wie gewöhnlich bewege ich mich mit dem Pferd, das zuerst regelmäßig traben muß, und wechsle dann den Hufschlag, damit es in die Linie des Hindernisses kommt. Die Longe wird genau im Moment nachgegeben, wo sich das Pferd zum Sprung streckt, und schnell wieder aufgenommen, wenn es darüber ist. Dies erfordert schon ein wenig Übung! Man kann die Hindernisse auf einer Volte aufstellen oder in einer Geraden, sofern man bereit ist, mit dem Schüler mitzurennen; dies muß man nämlich bei einem Doppelsprung oder einer Reihe von Sprüngen tun.

Das Zubehör umfaßt lediglich Longe, Kappzaum, Longiergurt für das noch ungerittene Pferd, oder Sattel ohne Bügel, Gamaschen und Bandagen, aber keine Ausbindezügel. Das Pferd muß sich finden und strecken können. Ein Gebiß wird nicht gebraucht, weil die Gefahr besteht, daß man den Schüler am Maul zerrt. Ich konzentriere mich auf das Gleichgewicht des Pferdes.

Lange seitliche Markierungsstangen vom Boden bis zur Oberkante des Hindernisses sind im Interesse der Sicherheit absolut erforderlich. Sie verhindern, daß sich die Longe am Hindernis verfängt, wenn das Pferd darauf zuläuft und darüberspringt. Ungeschickter Umgang mit der Longe könnte zur Folge haben, daß das Pferd in das Hindernis springt, was zu häßlichen Unfällen und Verletzungen führen kann.

Hindernisse müssen zu Beginn niedrig sein, wobei sie allmählich erhöht werden, wenn der Schüler mit der Arbeit besser vertraut wird. Aber auch wenn das Tier mehr Fertigkeit erlangt hat, sollte man nicht ehrgeizig auf zu viel Höhe ausgehen. Es ist wesentlich wichtiger, auf Präzision in der Hinterhand und auf Ruhe zu achten. Springstunden sollten meiner Meinung nach nichts Außergewöhnliches darstellen, sondern im Laufe des wöchentlichen Longierprogramms als Abwechslung eingeführt werden, wobei weder ihre Häufigkeit noch ihre Dauer übertrieben werden dürfen. Ich könnte mir vorstellen, daß zu lange Springstunden, wenn auch nur über kleine Hindernisse, den Schüler reizen könnten, diese stürmisch anzugehen, aber bis jetzt habe ich keine Erfahrung in dieser Richtung sammeln können.

Weitsprünge sollten mit einbezogen werden, sobald der Schüler ein allgemein fortgeschrittenes Können beweist. Dies tönt zwar etwas vage, aber nur der Ausbilder kann beurteilen, was er für »Können« hält, weil er allein die Fähigkeiten des Pferdes und seine Individualität wirklich kennt. Manche Pferde sind sehr talentiert und lernen auch schnell, andere sind widerwillig, faul oder langsam, wieder andere haben nicht die geringste Lust, und so variiert natürlich die Zeit, die erforderlich ist, um von ihnen das Gewünschte zu erreichen. Wir denken dabei stets daran, sie niemals zu drängen oder zu zwingen, noch übertreiben wir die Forderungen. Es ist immer besser, sich ein bißchen mehr Zeit zu lassen, als zu schnell fortzuschreiten, auch wenn der Schüler alles zu können scheint. Die Lektionen müssen ein Leben lang haften.

Einige Pferde, aber lange nicht alle, genießen das Springen sichtlich. Wenn solche Spring-Fans den richtigen Elan und auch das notwendige Talent besitzen, darf man sie ruhig fördern. Wenn ihre Weitsprünge gut gelingen, kann man ihnen solidere Hindernisse aufstellen, zum Beispiel Strohballen mit einer daraufgelegten weißen Stange. Ich reihe jeweils vier Strohballen aneinander, auf die später eine zweite Reihe plaziert wird; eine Stange wird davor auf den Boden gelegt. Obschon für ein junges Pferd bei solchen Hindernissen keine Gefahr der Verletzung besteht, sollte man wegen der Longe doch nicht auf die seitlichen Markierstangen verzichten.

Wenn man sich ernsthaft ans Longieren macht, wie es in diesem und im vorangehenden Kapitel skizziert worden ist, kann man kaum noch behaupten, daß bei dieser Disziplin der Schüler bloß »im Kreis herumgehen« müsse. Ebensowenig gilt, daß das Pferd lediglich zur Bewegung longiert würde. Man lehrt das Tier, ruhig und gelöst zu sein, seine lange Achse dem Hufschlag anzupassen und somit in einer Geraden zu gehen, im Schritt und Trab Gleichmäßigkeit zu entwickeln. Damit verlangt man eine grundlegende Korrektheit, die sowohl auf verrittene Pferde in der Umschulung als auch auf einen jungen Anfänger angewendet werden kann.

An der Longe verlange ich überhaupt noch keine Versammlung. Das kommt erst viel später, wenn das Pferd bereits geritten wird. Zu jenem Zeitpunkt wird es die Diagonalhilfen am langen Zügel gelernt haben und mit dem Zaum völlig vertraut sein.

Abschließend möchte ich die verschiedenen Ziele zusammenfassen, die wir beim Longieren verfolgen:

1. Totale Ruhe und Gelöstheit des Schülers;
2. Stärkung und Entwicklung der gesamten Muskulatur;
3. Verbesserung der seitlichen Biegung;
4. Verbesserung des Gleichgewichts und der Kopfhaltung;
5. Entspannung des Halses;
6. Entwicklung und Verbesserung von Schritt und Trab auf einer Geraden;
7. Entwicklung von gleichmäßigen Rhythmen;
8. Förderung der Vorwärtsbewegung, Schub;
9. Stärkung des Rückens;
10. Verbesserung der Durchlässigkeit auf der steifen Seite;
11. Zuverlässigkeit im Gehorsam gegenüber Stimme, Peitschen- und Berührungsstocksignalen;
12. Grundlagen der Cavalettiarbeit;
13. Grundlagen des Springens;
14. Allgemeine Korrektur von Fehlern.

Literatur

(1) WYNMALEN, H. (1971): Equitation. London: J. A. Allen & Co.
(2) BECHER, R. (1970): Erfolg mit Longe, Hilfszügel und Gebiß. Heidenheim: E. Hoffmann.
(3) SMYTHE, R. H., & P. C. GOODY (1973:) The Horse. London: J. A. Allen & Co.

Arbeiten am langen Zügel, Einführung in die Hilfen

Die Ansichten über die Arbeit an der Doppellonge (am langen Zügel) gehen auseinander; manche Ausbilder behaupten, daß Bodenarbeit dieser Art unnötig, ja sogar reine Zeitverschwendung sei, weil alles vom Sattel aus gelehrt werden könne; über diesen Punkt habe ich bereits im Kapitel »Longieren« gesprochen. Andererseits sind viele mit mir einig, daß man nicht gut einem Pferd, das zu jung zum Reiten ist, vom Sattel aus etwas beibringen kann. Ich halte an meiner Ansicht fest, daß man ein Pferd nicht besteigen soll, bevor es nahezu vier Jahre alt oder besser noch etwas älter ist, aber gleichzeitig befürworte ich die Entwicklung der Muskulatur von Beinen und Rücken. Für die Vorarbeit ist dies ohne Zweifel der ideale Weg und hat zudem den Vorteil, daß der Lehrer zu Fuß bei der Ausbildung des Jungtieres alle seine Bewegungen und Fehler beobachten und relativ leicht korrigieren kann.

Wie beim Longieren hängt auch bei der Arbeit am langen Zügel der wahre Nutzen davon ab, wieviel der Ausbilder versteht und was er erreichen will. Die Reihenfolge der Aufbaulektionen, angefangen vom einfachen Führen an der Hand über paralleles Führen zum Longieren, bezweckt, ein manierliches und potentiell zuverlässiges Reitpferd zu entwickeln, ob es nun später nur ein Freizeitpferd oder ein hochkarätiges Sportpferd wird. Man hat dem Pferd nicht nur gezeigt und beigebracht, was man von ihm erwartet, sondern es hat auch gelernt, auf Berührungen sowie auf die Stimme als Verständigungs- und Beherrschungsmittel anzusprechen. Es ist deshalb logisch, daß zuerst mit der einfachen Longe, dann mit der doppelten und zuletzt mit der Fahrleine gearbeitet wird.

Obschon es zwischen dem Training an der Doppellonge und am langen Zügel kaum Unterschiede gibt, verwende ich beide Ausdrücke, um die zwei Stufen zu verdeutlichen. Der Unterschied liegt in der Position des Lehrers zum Pferd sowie in der Handhabung und Lage der Zügel. Der Schüler muß bereits das Gewicht und das Gefühl des Sattels, oder mindestens eines Gurtes mit großen Laufringen, auf seinem Rücken sowie – wenn gewünscht – einen Trensenzaum kennen. Die Doppellonge wird auf der äußeren Seite vom Gebiß oder Kappzaum durch den Steigbügel oder einen Laufring, dann entlang dem Pferdekörper und über die Sprunggelenke auf die innere Seite zur Hand des Ausbilders geführt, während der innere Zügel ebenfalls durch Steigbügel oder Ring in die Hand des Ausbilders läuft. Die Arbeitsstellung befindet sich ungefähr gegenüber der Mittelhand des Tieres.

Bei der Arbeit am langen Zügel schreitet der Ausbilder hinter dem Schüler her, wobei die Zügel durch die Steigbügel oder Laufringe direkt in seine Hand und nicht über die Sprunggelenke laufen. Der Lehrer treibt demnach das Pferd vorwärts und ändert je nach Bedarf seine eigene Stellung. Gewandtheit in der Handhabung der Zügel wird es dem Ausbilder mit der Zeit erlauben, auf Sattel oder Gurt mit Laufringen zu verzichten und nahe am Pferd zu gehen.

Viele Leute machen um diese Lektion einen Bogen, weil sie Angst haben, dem Pferdemaul Schaden zuzufügen, obschon sich dies leicht vermeiden läßt. Sie ist ein wertvolles Hilfsmittel, um ein rohes Pferd, das später geritten werden soll, auf die Zügelhilfen vorzubereiten. Wenn es weiter fortgeschritten ist, folgt das direkte Lenken am langen Zügel, was dem Lehrer erlaubt, ihm die Schenkelhilfen beizubringen. Wenn der Schüler gut vorankommt, ist es sogar möglich, ihm beizubringen, auf die kleine Pause zwischen der Schenkel- und der dazugehörigen Zügelhilfe zu reagieren.

Weitere Vorteile sind, daß das junge Tier auf ein Treiben von hinten vorwärtsgehen wird; außerdem bringt es das Gefühl des Sattels mit dem Gewicht der Zügel, die es mit dem Maul trägt, in Verbindung. Neben der Entwicklung von Sehnen und Muskulatur lernt der Schüler auch Gehorsam, Ausgeglichenheit und Selbstbeherrschung.

Ein Pferd, das gelernt hat, gleichmäßig an der Longe zu gehen und das gut und vertrauensvoll mit seinem Lehrer zusammenarbeitet, wird nur geringe Schwierigkeiten bereiten, wenn es zum ersten Mal mit der doppelten Longe bekanntgemacht wird. Obschon es sich zuerst vielleicht verkrampfen und den Schweif einklemmen oder hinter der Hand gehen wird, begreift es bald, was man von ihm verlangt. Es wird schließlich gut gehen, sobald es gelernt hat, den Zaum zu akzeptieren und ihm nachzugeben.

Es stimmt, daß der Trainer sehr gut aufpassen muß, damit er am Schluß anstatt eines sehr feinfühligen, gut auf die Zügelhilfen ansprechenden Tieres nicht ein hartmauliges hat, aber ein junges Pferd kann genauso nachhaltig verdorben werden, wenn es zum ersten Male unter einem Reiter geht.

Jedoch besteht überhaupt kein Grund zur Angst, weil sowohl Pferd als auch Ausbilder ohne den Einsatz des Gebisses auskommen können, wenn sie die Sache miteinander lernen. Am besten werden Probleme vermieden und doch alle Vorteile aus dieser Übung gezogen, wenn man die Zügel an den seitlichen Ringen des Kappzaums befestigt. Sollten die Hände auch ein bißchen ungeschickt mit den Zügeln umgehen, können sie keinen Schaden anrichten. Harte Hände können im schlimmsten Fall eine Hackamore-Einwirkung auf das Nasenbein des Schülers haben.

Weil wir gerade beim Thema Hände sind, ist es gut, WYNMALENs (1) Definition anzuführen. »Gute Hände brauchen nicht mehr Kraft als die der *Finger*, sind infolgedessen 'leicht' und können korrekt nachgeben und aufnehmen; nach Bedarf sollten sie nachgeben, wenn das Pferd nachgibt, und aufnehmen, wenn das Pferd aufnimmt; letztlich bewahren sie den Kontakt einzig durch das *Gewicht* der Zügel.« (Die Hervorhebungen stammen von mir.)

Während der Anfangsstadien der Ausbildung ziehe ich es vor, einen Kappzaum zu verwenden, weil das Pferd vom Longieren her schon daran gewöhnt ist und sich deshalb wohlfühlt, andererseits weil es ein Zerren am Maul verhindert, bevor das Pferd sich an die neue Disziplin angepaßt hat.

Das Hauptaugenmerk richtet sich darauf, dem Schüler klarzumachen, daß die Richtung, in die er sich bewegen soll, fortan durch einen leichten Druck auf den entsprechenden Zügel angezeigt wird. Das sind seine ersten Erfahrungen mit direkten Zügelhilfen. Man soll nicht vergessen, daß dies die einzige Phase seiner Ausbildung ist, wo es auf solche direkten Zügelhilfen ansprechen muß; viel später nämlich, wenn man die Schenkelhilfen übt, beginnt man sofort mit den diagonalen Hilfen.

Ein Sattler hat mir meine langen Zügel nach meinen eigenen Vorstellungen angefertigt. Als geeignetes Material wählten wir Gurtband; es ist zäh, billig, waschbar und rutscht nicht in nassen Händen. Die Zügel sind 5 m lang und 2 cm breit. An ihren Enden haben sie 2 cm breite Lederriemen mit passenden Schnallen zum schnellen und einfachen Befestigen an den Ringen des Kappzaums oder der Trense. Sie können wie ganz normale Zügel mit Schnalle und Riemen verbunden werden. Werden sie als Doppellonge gebraucht, ist es besser, sie nicht zu verbinden; für den Einsatz als lange Zügel schnalle ich sie aber zusammen. Viele Trainer benützen zwei ganz normale Longen, aber ich finde sie zum Handhaben zu lang und zu schwierig, denn das überflüssige Ende scheint immer völlig außer Kontrolle hinter mir am Boden nachzuschleifen.

Es muß hier angefügt werden, daß die Arbeit am langen Zügel Takt und Geduld sowie ein ausgeprägtes Einfühlungsvermögen für den Schüler erfordert. Reges Interesse ist eine der Voraussetzungen zum Erfolg. Verfügt der angehende Ausbilder nicht über diese Eigenschaften, so läßt er das Ganze besser bleiben und hält sich an das Training mit einer einfachen Longe.

Sollte es dem Ausbilder bei den ersten paar Versuchen mit seinem Schüler an Selbstvertrauen fehlen, schadet es nichts, einen Helfer zu bestellen für den Fall, daß das Pferd nach vorn schießt oder durch die Neuartigkeit des Erlebnisses erschreckt wird.

Ich arbeite allein, weil mir einerseits nicht immer jemand als Helfer zur Verfügung steht, andererseits aber, weil ich, wie schon erwähnt, diese Art von Ausbildung als eine persönliche Angelegenheit zwischen dem Pferd und mir betrachte. An Tagen, wo ich ungehalten oder gereizt bin, führe ich dieses Training nie durch, weil sich die Schwingung durch die Zügel überträgt und den Schüler bestimmt stört.

Lange bevor ich das erste Mal übe, bereite ich das Pferd auf das Gefühl der langen Zügel vor. Es könnte ja sein, daß der über das Hinterbein oberhalb des Sprunggelenks verlaufende äußere Zügel Unbehagen auslöst oder das Tier kitzelt, irritiert oder sogar verängstigt, bevor es sich daran gewöhnt. Das ist eigentlich das Wichtigste, was es hier lernen muß. Während rund 1–2 Wochen, bevor ich ernsthaft mit der Arbeit beginne, macht der Schüler ein paar einfache Aufgaben, um jegliche Aufregung zu verhindern, wenn er zum ersten Mal die Bewegungen des Zügels über dem Sprunggelenk spürt.

Ich gehe folgendermaßen vor: Ich binde das Pferd, mit dem Kappzaum ausgerüstet, am Anbindepfosten fest, wobei der Strick unter dem Kinn eingehängt wird. Dann lege ich den Sattel auf, mit dem es bereits vertraut ist. Die Steigbügel werden bis rund 20 cm oberhalb des Ellbogens herabgelassen und mit einer starken Schnur und einem leicht löslichen Knoten an jedem Bügel miteinander verbunden. Die Schnur wird genau in der Mitte des Gurts plaziert, so daß der Träger lediglich den Druck des Gurts verspürt. Wenn die ernsthafte Arbeit beginnt, wird diese Schnur durch einen Lederriemen von ungefähr 1,2 m Länge ersetzt, der auf die gleiche Weise um das Tier gelegt wird.

Anschließend werden die Zügel zuerst durch die Steigbügel geführt und dann an den Ringen des Kappzaums (oder der Trense) befestigt. Das Pferd ist nun für den ersten Probelauf bereit. Den äußeren Zügel läßt man vorsichtig über die Kruppe hinuntergleiten, bis er oberhalb des Sprunggelenks ruht, und nimmt ihn dann ganz leicht auf.

Die Zügel werden sehr vorsichtig mit sanften kleinen Hilfen gehandhabt. Der Schüler macht meistens einen Schritt nach vorn bis zum Pfosten, aber da kann er nicht weiter. Vielleicht versucht er auszubrechen oder über die Schulter zu schauen, doch die Zügel werden ihn daran hindern. Ich lockere und spanne den äußeren Zügel in sinnvollen Intervallen, wobei ich ihn ganz locker sogar bis zum Sprunggelenk gleiten lasse und dann wieder aufnehme. Ein paarmal mache ich einen »Trocken-Handwechsel« und betätige die Zügel mit dem größten Feingefühl. Sechs Minuten genügen vollauf für diese Übung. Ist zufällig jemand da, der mir hilft – bei einem nervösen Tier ist dies vielleicht wünschenswert –, dann stellt er oder sie sich vor das Pferd, redet ihm gut zu und steckt ihm Karottenstückchen oder Brotbrocken zu. Der ganze Vorgang sollte nicht schwieriger sein, als einem rohen Pferd das Aufheben der Füße beizubringen.

Die nächste Stufe beinhaltet einen kleinen Rundgang um den Hof; wir gehen in einer Geraden, aber ich nehme die gleiche Stellung ein wie auf dem Zirkel des Reitplatzes. Wenn alles gut geht, kann ich sogar einen Kreis wagen. Läuft bis dahin alles reibungslos, kann die nächste Lektion auf dem Reitplatz stattfinden.

Das Pferd wird in der üblichen Weise vorbereitet; die Zügel werden zusammengelegt und geknotet auf den Widerrist gelegt und das Tier zum Reitplatz geführt. Leider steht mir keine Reitbahn zur Verfügung, und so benutze ich den Longierplatz am Ende einer kleinen Koppel. Das ist altbekanntes Territorium und hilft dem Schüler, Vertrauen zu fassen. Er weiß, was auf ihn zukommt. Der Zirkel hat einen relativ kleinen Durchmesser von 10 m, der Boden ist angenehm und dem Pferd von anderen Longierstunden in guter Erinnerung.

Die Technik selbst ist keine Hexerei. Der Schüler wird auf den Zirkel gestellt und muß stehenbleiben, bis die Zügel aufgenommen sind. Wenn man am Anbindepfosten geübt hat, wird hier wiederholt; man läßt den äußeren Zügel über die Kruppe hinuntergleiten und schwenkt ihn sachte über das Sprunggelenk. Der Lehrer nimmt seine Stellung ein und fordert das Pferd zum Vorwärtsgehen auf. Normalerweise habe ich eine Dressurgerte in der Hand, um Sichtzeichen zu geben. Es ist meine persönliche Taktik, mit dem Schüler um den Zirkel zu gehen. Ich halte das für eine gute Sache. Da ich mich mit dem Pferd bewege, versteht es, daß ich *mit* ihm arbeite, und mein Beispiel ermuntert es zum Vorwärtsgehen. Meine Hände wirken so auch sanfter ein, der Kontakt ist feiner und in Harmonie mit der Bewegung. Ich kann mich besser hineinfühlen und nach Bedarf nachgeben oder aufnehmen. Obschon ich jetzt an der Seite des Schülers gehe, bekommt er in Wirklichkeit eine Ahnung davon, was passiert, wenn ich die Zügel aufnehme und ihn von hinten lenke. Das wird die nächste Stufe sein, und sie ist durch diese Lektion schon halb genommen.

Die erste Übung dauert nicht länger als maximal 5–6 Minuten, und wenn der Schüler Mühe hat, sogar weniger. Sie ist anstrengend und fordert ihn, so daß es vernünftig ist, ihn nicht zu überanstrengen. Ein Handwechsel kann während dieser ersten Lektion gewagt werden, aber er wird wahrscheinlich etwas unordentlich ausfallen, weil der Schüler fast unweigerlich Schwierigkeiten haben wird, meine Absicht zu verstehen. Der Handwechsel ergibt sich durch die Verkürzung des äußeren und die Verlängerung des inneren Zügels, wobei gleichzeitig leichter Druck auf den äußeren Zügel gegeben wird. Wenn der Wechsel vollzogen ist, machen Ausbilder und Schüler die gleiche Anzahl Runden auf dem Zirkel wie vor dem Wechsel. Für den Anfang genügt das. Das Pferd wird gelobt, belohnt und entweder in den Stall oder auf die Weide gebracht. Alles wird in großer Ruhe und ohne Aufhebens oder Verängstigung gemacht. Es kommt wirklich nicht darauf an, ob die Arbeit gut oder schlecht gemacht ist, Hauptsache, man hat sie versucht.

Es ist so wichtig, Geduld zu zeigen, nicht zu eilen und nicht zu vergessen, daß das Pferd lernt und daß wir versuchen, ihm zu sagen, was es tun soll. Man belaste es nicht mit zu hohen und verfrühten Anforderungen. Verfeinerung oder gar Perfektion ist überhaupt noch kein Thema. Sehr viel Arbeit steht ja noch bevor, und man weiß aus Erfahrung, daß das Pferd normalerweise in der Lage ist, Besseres zu bieten.

Ohne Zweifel wird der Schüler eine ganze Weile lang nicht unseren Erwartungen entsprechen. Es gibt aber gar keinen Grund, darüber enttäuscht zu sein. Die Arbeit ist anstrengend und verlangt Konzentration.

Man kann fast mit Gewißheit annehmen, daß das Tier seinen Rücken versteifen, den Schweif einklemmen und den Kopf aufzuwerfen versuchen wird. Wegen der Stellung des äußeren Zügels wird es sich wahrscheinlich ruckartig bewegen oder nach vorn schießen oder vielleicht nur trippeln. Manche werden sich einrollen und die Nase zwischen die Beine stecken; andere gehen über dem Zügel, wenn dieser zum ersten Mal direkt am Gebiß befestigt wird. Das alles ist vorauszusehen und läßt sich weitgehend dank der Einfühlsamkeit des Trainers beheben.

Die eigentliche Arbeit an der Doppellonge kann beginnen, sobald diese kleinen Probleme bereinigt worden sind und das Pferd begriffen hat, daß nicht mehr als eine Vorwärtsbewegung von ihm verlangt wird. Die Lektionen müssen während einer geraumen Zeit kurz gehalten werden, wobei die Zahl der angefügten Minuten eine Erfahrungssache im Zusammenhang mit dem jeweiligen Pferd ist. Ich fange mit maximal sechs Minuten an und verlängere die Lektionen von Mal zu Mal.

Einer der großen Vorteile bei der Arbeit an der Doppellonge ist zweifellos, daß man den Schüler als Ganzes sehen kann. Man ist buchstäblich in der Lage, alles am Pferd zu beobachten, auch das, was nach Korrektur verlangt. Man kann eigene Fehler erkennen, die auf jene des Pferdes Einfluß haben könnten. Alle Fehler kommen aus den Händen und aus ihren Anweisungen an das Pferd. Es ist beispielsweise kein Kunststück, das Pferd vorwärtszutreiben und gleichzeitig zu verhalten, was man als Zuschauer so oft auf dem Springplatz beobachten kann. Man erkennt den Fehler bereits, bevor der Sturz erfolgt.

Wenn man noch kein großer Könner ist, gelten die Anfangslektionen keineswegs nur für den Schüler. Sie dienen ebensosehr der Verständigung wie auch der Bildung gleichmäßiger und folgerichtiger Rhythmen; letztere erreicht man, wenn sich der Schüler streckt und selbst trägt und dabei sein Gleichgewicht findet. Am einfachsten bewerkstelligt man dies, wenn man das Pferd am hingegebenen Zügel gehen läßt, bis der richtige Moment kommt, um die Zügel so weit aufzunehmen, daß sie dem langen Zügel beim Reiten entsprechen. Man soll die Zügel nie aufnehmen, bevor man das gesteckte Ziel erreicht hat. Ist dieses Stadium erreicht, kann man sie vorsichtig aufzunehmen beginnen und verlangt so die Anlehnung des Pferdes. Das zweite Ziel, Durchlässigkeit und Losgelassenheit, drückt sich im gesamten Bewegungsablauf aus und sagt uns, wann man die Anforderungen Schritt für Schritt steigern darf. Dieses Ziel steht im Zusammenhang mit dem Gefühl des Mauls; zuerst neigt das Pferd dazu, sich auf das Gebiß zu legen, dann aber entspannt es sich und gibt nach, bis man »nichts mehr in der Hand hat«.

Man sollte nicht versuchen, das Tier in einem allzu frühen Stadium zu versammeln. Dieser Schritt wird so lange hinausgezögert, bis sich das Pferd am aufgenommenen Zügel wirklich gut bewegt und sich ohne Hemmung trägt und streckt. Die ganze Oberlinie vom Genick zur Kruppe zeigt dann an, daß sich das Pferd wohlfühlt. Für mich ist es immer erstrebenswert, daß sich das Pferd so bewegt, als bestünde überhaupt keine Verbindung zu mir.

Einige Pferde tun dies sehr rasch. Wenn sie so weit sind, kann man anfangen, sich um den Schwung zu kümmern, weil man Rhythmus ohne Schwung haben kann, so wie man tatsächlich auch Schwung ohne Rhythmus findet. Diese zwei Faktoren gehen nicht unbedingt Hand in Hand, so wünschenswert dies auch ist, Schwung sollte aber nicht unser primäres Ziel sein, nicht einmal bei einem trägen Pferd. Ein Pferd, das man in seiner Ausbildung an den Punkt gebracht hat, wo man am langen Zügel mit ihm arbeiten kann, sollte bereits über die Qualitäten verfügen, von denen ich spreche, aber es gibt wahrscheinlich einen kleinen Rückschlag, bis sich der Schüler in der neuen Situation zurechtgefunden hat. Deshalb ist es vernünftig, ihm die Zeit zu gewähren, bis er sein Gleichgewicht findet und sich dabei wohlfühlt. Aus diesem Grund muß der Ausbilder auf seine Hände und die von ihnen ausgehende Wirkung achten, anstatt den Schüler zu verwirren.

Das Ziel ist immer das gleiche und sollte nie aus den Augen verloren werden: Zukünftige unmittelbare und feine Reaktionen auf die Hilfen, konsequenter Rhythmus, Losgelassenheit, Annahme des Gebisses – auch wenn vorübergehend der Kappzaum gebraucht wird – und im Idealfall die vollkommene Verständigung durch einen »seidenen Zügel« (WYNMALEN).

Es besteht immer die Gefahr, daß ein unerfahrener Lehrer sich mit den Zügeln verspannt und verkrampft, weil er nicht sicher ist, ob das mehr oder weniger freie Tier nicht ausbrechen und außer Kontrolle geraten wird, wenn er den Druck nicht aufrechterhält. Mit anderen Worten, seine Hand gibt nicht nach, sondern hält die Zügel in eisernem Griff, was für das Pferd wie eine Strafe wirkt. Dies ist genau das gleiche, als ob man vom Sattel aus am Maul hinge, und muß natürlich auch korrigiert werden. Solche Lehrmethoden verderben das Maul für alle Hilfen. Eine solche Verkrampfung des Ausbilders zeigt sich dann in der Haltung des Pferdes. Es wird sich gegen die Hand wehren, indem es sich nicht entspannt, und es geht gewöhnlich hinter dem Zügel oder wirft den Kopf auf und versteift Hals und Rücken. Ist die Hand zu hart, kann der Schüler sehr leicht eine steife, abgehackte Gangart entwickeln, so daß seine Vorwärtsbewegung einer unschönen Kreuzung zwischen Passage und Piaffe gleicht. Dies kann ebensogut am langen Zügel wie an der doppelten Longe passieren.

Wenn man mit dem erzielten Fortschritt zufrieden ist, kann man anfangen, verschiedene Figuren auszuführen. Der Schüler geht im Schritt und Trab recht flott vorwärts, weil er frei und gelöst ist, gut auf die Zügelhilfen anspricht und ohne Zögern auf Verlangen einen Handwechsel ausführt.

Sobald ich mit der Arbeit an den Hufschlagfiguren beginne, wechsle ich meine Stellung und trete hinter das Pferd, von wo ich es lenke. Das allererste, was ich ihm beibringe, sind die kombinierten Schenkel- und Zügelhilfen.

Dazu brauche ich einen Berührungsstock aus Fiberglas von gut vier Meter Länge. Diese Länge ist erforderlich, weil ich den Schüler gleich hinter dem Gurt, wo normalerweise der Schenkel des Reiters liegt, berühren muß. Ich lenke das Pferd auf einer Geraden vorwärts, dann drücke ich die Spitze des Stocks gegen die Flanken, atme ein und gebe die Zügelhilfe. Der Schüler wird dies nach wenigen Lektionen begreifen und sehr rasch auf die »Schenkel«-Hilfe und die folgende Zügelhilfe ansprechen. Soll der Schüler beim Reiten auf sehr feine Hilfen reagieren, ist die zeitliche Einteilung und Abfolge von wesentlicher Bedeutung. Für die Pause zwischen beiden Hilfen atmen wir ein und geben dann *unmittelbar* nach oder lockern die Zügel, sobald das Pferd darauf anspricht.

Man darf keinen Sekundenbruchteil länger als absolut nötig am Maul hängen. Sobald der Schüler zeigt, daß er der Hilfe gehorcht, besser noch, sobald man ahnt, daß die Reaktion kommt, noch bevor sie eigentlich eintritt, lockert man die minimale Spannung und lobt das Pferd.

Die Reihenfolge sieht demnach so aus: Druck mit dem Stock auf die linke Flanke hinter dem Sattelgurt, Einatmen, Zügelhilfe, Loben. Die gleichen Regeln gelten für einen ganzen Handwechsel.

Der Trainer geht im gleichen Schritt wie das Pferd: Beim Führen folgt man der Aktion der Vorderbeine, beim Lenken am langen Zügel jedoch richtet man sich nach der Aktion der Hinterbeine. So bleibt man im Einklang mit der Bewegung des Pferdes, oder besser gesagt, mit der Pendel- und Balancierbewegung seines Kopfes. Diese Übereinstimmung führt zu einer besseren Beherrschung der Zügel und bringt uns in Harmonie mit dem ganzen körperlichen Rhythmus. Befolgen wir diese Regel, so ist es um vieles leichter, uns in das Pferd hineinzufühlen, und unsere eigenen Reaktionen werden sensibler.

Das Sich-Hineinfühlen in ein Pferd ist schwer zu erklären, weil es weder gelehrt noch gelernt werden kann. Nimmt man die Schwingungen eines Pferdes nicht auf und spürt sie nicht durch persönlichen Kontakt direkt durch Zügel oder Sattel, dann gibt es keinen Weg, dies zu erlernen. Man kann zwar probieren, sich durch Konzentration diesem Zustand anzunähern, man sucht gänzlich zu verstehen, was das Pferd in einem gegebenen Moment beabsichtigt. Ein Versuch in dieser Richtung lohnt sich ganz bestimmt, wenn man eine gewisse Harmonie erreichen möchte.

Es gibt nur wenige Dinge, die man einem Pferd am langen Zügel nicht beibringen kann, wenig, das sich nicht bewirken und korrigieren ließe. Die Arbeit endet nicht mit Schritt, Trab, Rechts- und Linkswendungen oder Handwechseln. Man kann viel weiter gehen – Traversalen und Halbtraversalen, Arbeit auf zwei Hufschlägen, Passage und Piaffe –, mit anderen Worten, alles, was man einem Pferd vom Sattel aus beibringen kann. Hier muß ich allerdings eine Warnung aussprechen. Es gibt uns ein seltsames Gefühl der Macht, mit einem aufgeweckten und bereitwilligen Pferd zu arbeiten. Darauf folgt der Wunsch, immer schwierigere Lektionen zu versuchen; das Tier wird zu schnell gefördert, bis es an ein Wunder grenzt. Dem muß Einhalt geboten werden. Will man am Tier seinen eigenen Ehrgeiz ausleben, läuft man sehr konkret Gefahr, es zu überfordern und einen Nervenzusammenbruch zu verursachen.

Der Fortschritt besteht aus ganz kleinen Schritten, wie bei allen Arten der Ausbildung, bis das Gelernte wirklich haftet und auf Verlangen fast automatisch abläuft. Die Arbeit sollte sich nicht Tag für Tag gleichen. Die »Diät« muß abwechslungsreich sein: Heute Führen, morgen freie Schulung, übermorgen Longieren, am folgenden Tag Arbeit am langen Zügel. So bewahrt das Pferd sein Interesse und seine Lernfreudigkeit, und man kann ihm viel mehr beibringen. Damit ist aber auch gewährleistet, daß man ein psychisch ausgeglichenes Wesen in der Hand hat.

Die Zeit, die man jeweils den Lektionen am langen Zügel widmet, sollte man nicht übertreiben. Die Arbeit ist anstrengend, vor allem, wenn sich der Schüler konzentriert. Allzu leicht vergißt man, daß das Pferd die ganze Zeit auf uns aufpassen muß und sich in den meisten Fällen tatsächlich für das interessiert, was wir mit ihm tun. Für ein Pferd ist es eine Sache, querfeldein geritten zu werden mit den vielfältigen Anblicken und Geräuschen und der Freiheit der Bewegung – was sein Leben so lebenswert macht –, und eine ganz andere Sache, im Innern einer Reithalle Runde um Runde im Schritt, Trab oder Galopp geritten zu werden.

Die Hufschlagfiguren spielen eine ebenso wichtige Rolle wie die Bewegung des Pferdes unter dem Reiter. Die Schlangenlinie, die Acht, die halbe Volte, die ganze Volte usw. können in Angriff genommen werden, sobald der Lehrer in der Handhabung von Zügeln und Pferd versiert genug ist.

Vielleicht ist es für ein junges Pferd, das so ausgebildet worden ist, von größtem Vorteil, schon etwas zu können, wenn es unter den Reiter kommt; dieser kann sich dann auf die Weiterentwicklung und Perfektion konzentrieren, anstatt Neues einführen und lehren zu müssen. Schließlich sollte jede Disziplin die Grundlage für die nächste bilden und das individuelle Talent des Schülers fördern. Darum handelt sich das Ganze doch.

Je gekonnter Pferd und Lehrer abeiten und je besser sie zusammen harmonieren, desto näher darf der Lehrer am Schüler gehen, indem er die Zügel verkürzt und bis rund 1 m an die Hinterhand herankommt. Sobald dies möglich ist, braucht man die Zügel nicht mehr durch Steigbügel oder Ringe laufen zu lassen, sondern führt sie wie beim Reiten direkt von der Hand zum Maul. Dies erfordert jedoch Zeit, und man darf bei der Arbeit mit Pferden nie schnelle Ergebnisse erwarten. Werden die Schenkelhilfen weiter gelehrt, nimmt man anstelle des Berührungsstocks eine Dressurgerte.

Ich habe die Arbeit am langen Zügel gestreift, weil sie ein Mittel ist, um einem rohen Pferd die korrekte Reaktion auf die Hilfen beizubringen, bevor sich irgend jemand auf seinen Rücken setzt. Den meisten Ansprüchen sollte das genügen. Raffiniertere Lektionen sind eine Sache der persönlichen Begeisterung, aber für die Erreichung des gesteckten Ziels – das angenehme, gut auf die Hilfen reagierende Reitpferd – nicht notwendig.

Als Vorbereitung für seine ersten Erfahrungen in der Hand des Reiters sollte es eigentlich genügen, wenn das junge Pferd gelernt hat, auf die Zügel- und Schenkelhilfen anzusprechen. Es begreift die Hilfen und wird auf sie reagieren; so muß es nicht die doppelte Belastung – das Erlernen der Hilfen und das gleichzeitige Gewöhnen an das Gewicht des Reiters auf seinem Rücken – ertragen.

Literatur

(1) WYNMALEN, H. (1971): Equitation. London: J. A. Allen & Co.

Kontrolle des Kopfes

Wir sind nicht in der Lage, ein Pferd physisch zu dominieren, wenn wir seinen Kopf nicht unter Kontrolle bekommen. Deshalb ist der Umgang mit einem kopfscheuen Pferd so schwierig. Pferde, die den Kopf hochreißen, vor allem große oder mißtrauische Tiere, sind immer am längeren Hebelarm. Das habe ich durch Erfahrung gelernt, und es kostete mich zwei Jahre geduldiger Arbeit, um das Vertrauen eines solchen Pferdes zu gewinnen. Der Aufwand hat sich sehr gelohnt.

Der Trainer oder Reiter mag zwar den Kopf des Pferdes beherrschen, jedoch um dies zu erreichen, muß er auch seinen eigenen gebrauchen. Ich sage immer, daß ein Pferd vorwiegend mit dem Kopf geritten wird, was auch für den täglichen Umgang mit ihm zutrifft. Reine Verstandesarbeit also? Bis zu einem gewissen Grad vielleicht. Ich habe einen amerikanischen Freund, der angesichts jeder problematischen Situation vor sich hinmurmelt: »Nachdenken, nachdenken, immerzu nachdenken ...«, und wie recht hat er! Wenn man zu dem Thema einmal Überlegungen anstellt, so ist es das vordringlichste, die eigenen Hände unter die Lupe zu nehmen. Sie spielen im täglichen Leben eines Pferdes eine sehr große Rolle. Eine Voraussetzung des guten Umgangs mit Pferden ist die Beherrschung seiner eigenen Hände. Man muß sie sanft, sorgfältig und rücksichtsvoll einsetzen, weil sie nicht nur am Kopf des Pferdes hantieren, sondern an allem und jedem beteiligt sind, sobald man sich mit dem Tier beschäftigt. Dies reicht von der Verabreichung des Futters bis zur Behandlung von Wunden. Wenn ich von Sanftheit spreche, meine ich damit nicht nur, wie man einem Pferd gegenübertritt und wie man es im psychischen Bereich behandelt, sondern ich meine in erster Linie Sanftheit der Berührung, was feste, solide Griffe im gegebenen Falle nicht ausschließt. Ich habe an anderer Stelle davon gesprochen, daß der Pferdekopf sich in unsere Hände, die tief gehalten werden (ungefähr auf Schoßhöhe), senken soll; dadurch gewinnt man schließlich die Kontrolle über den Kopf, der einem *dargeboten* wird.

Bei mir beginnt die »Kopfkontrolle«, wie ich das jetzt nennen möchte, mit Leckerbissen, die ich dem Pferd am Ende des Tages, wenn alles ruhig geworden ist und wir beide Zeit haben für eine kleine Plauderei, zustecke. Wann immer ich es einrichten kann, folge ich meiner Gewohnheit, zu einer kleinen Plauderei in die Box zu gehen. Die Pferde lieben das und kommen zu mir her, beschnuppern mich, senken die Köpfe, um sich liebkosen, sich die Ganaschen streicheln, das Genick hinter den Ohren kraulen und die Schulter vom Widerrist zum Bein kneten zu lassen. Was machen schon fünf Minuten pro Tag und Pferd aus? Liebe ich meine Schützlinge genug, um ihnen so viel Zeit zu widmen? Die Antwort muß »Ja« lauten. Je jünger das Pferd ist, desto schneller spricht es auf diese Behandlung an. Es ist dann auch keine Hexerei, ihm beizubringen, das Halfter ohne viel Aufhebens zu akzeptieren.

Ich muß gestehen, daß ich die Schnallen am Halfter nie öffne. Wenn ich das Pferd »anziehe«, streife ich es ihm lediglich über die Ohren. Bei Tirade ist dies eine sehr einfache Sache, weil ich ihr nur zu sagen brauche: «Anziehen«, und sie dies auch tut. Ich stelle mich vor, nicht neben sie hin, worauf sie mir den Kopf entgegenstreckt, so daß ich ihr den Nackenriemen nur über die Ohren zu streifen brauche.

Die folgende Methode kann angewendet werden, um einem jungen Pferd beizubringen, sich das Halfter auf diese Weise umlegen zu lassen: Man hält das Halfter in der Mitte, mit der linken Hand tief ausgestreckt, die zudem eine Karotte oder ein Stück Brot für den Schüler versteckt hält. Das Pferd senkt seinen Kopf, um den Leckerbissen zu nehmen, und ich kann das Nasenband nach oben schieben. Während das Tier an dem Leckerbissen kaut, sagt man zu ihm »Anziehen« und streift den Nackenriemen über die Ohren. Es dauert eine Weile, bis das reibungslos verläuft, weil das Pferd zuerst nicht so recht versteht, worauf man hinauswill, und es könnte sich zur Wehr setzen. Ein junges Fohlen muß am Anfang schon sehr gedrängt werden, wobei jedoch enorme Geduld erforderlich ist. Das kleine Halfter wird dem Tier in der üblichen Art und Weise von der Seite angezogen. Aber sobald es damit ganz vertraut ist, sollte man sich vor das Pferd stellen, anstatt an seine Seite. Man darf nie grob und ungeduldig sein. Immer soll man sich viel Zeit lassen!

Ich befürworte für das Anlegen des Halfters dieses Vorgehen, weil mich die Erfahrung lehrte, daß ein Pferd, das gelernt hat, sich so »anziehen« zu lassen, mir nie auf die Füße treten oder sonstige Schwierigkeiten machen wird. Ein noch größerer Vorteil liegt darin, daß die »halbe Schlacht« schon gewonnen ist, wenn man das Tier dazu gebracht hat, Zaum und Gebiß zu akzeptieren. Es macht wirklich Spaß, wenn man die Boxentür öffnet und das Pferd voller Eifer herbeikommt, um sich das Halfter umlegen zu lassen, weil es weiß, daß es ausgeführt wird. Bei unserem Pony Leila war es eine ganze Weile lang schwierig, aber jetzt, sobald ich den Stall betrete und die kurze Gasse entlang gehe, beobachtet sie mich ganz genau, um zu sehen, ob ich das Halfter von seinem Haken hole. Tue ich dies, so steht sie schon bereit und wartet mit gesenktem Kopf, bevor ich überhaupt Zeit gehabt habe, die Boxentür zu öffnen.

Es ist sehr leicht, einem jungen Pferd beizubringen, das Gebiß anzunehmen. Wiederum empfehle ich, sich vor dem Tier aufzustellen, im Stallinneren an der offenen Boxentür, sonst an der Halbtür, so daß es sich bequem darüberlehnen und den Kopf zu unseren Händen herabsenken kann. Wir machen uns dann die Neugier der jungen Pferde zunutze, die alles ins Maul nehmen wollen. Ich benutze ein sanftes, einteiliges Mundstück, vorzugsweise aus Gummi oder Hartgummi, beschmiere es mit einer aufgeschnittenen Karotte oder streiche etwas Honig darauf, halte die Ringe mit beiden Daumen und biete es dem Schüler an. Sobald es das Pferd ins Maul nimmt, was es früher oder später auch tun wird, schiebe ich das Mundstück nach oben bis auf die Laden und hake mit meinen kleinen Fingern in die Seitenringe des Halfters ein. Dann darf das Pferd so lange am Gebiß kauen, wie es möchte, und dieses dann selber wieder ausstoßen. Ich achte sehr darauf, keinen Moment länger festzuhalten, als das Pferd dies will, und lasse das Gebiß aus dem Maul gleiten, sobald ich fühle, daß es gleich ausgestoßen werden wird. Ich wiederhole diesen Vorgang mehrere Male, bevor ich das Mundstück in einen Zaum einschnalle. Der Zaum soll zuerst kein Nasenband haben; er wird über die Ohren gestreift und *später* eingestellt. Je weniger Aufhebens beim Anziehen, desto besser. Man will ja nicht, daß das Pferd lernt, sich gegen das Aufzäumen zur Wehr zu setzen, was sehr leicht passiert, wenn man sich unbeholfen anstellt oder mit den Schnallen herumfummelt. Sobald das Gebiß im Maul ist, wird das Pferd es selbst in die richtige Lage bringen, indem es daran kaut, und man kann den Zaum in aller Ruhe einstellen, weil sich seltsamerweise sogar ein ungeduldiges Jungtier still verhält, sobald es den Zaum anhat. Es wird sich auf das Gebiß und seine bequeme Lage konzentrieren.

Die alte Dressurstute Fricka, die bei mir war und die ich jeweils ritt, begann schon abzukauen, sobald sie mich mit Zaum und Gebiß auf ihre Box zukommen sah. Ich streckte ihr den Zaum hin, sie senkte den Kopf, öffnete das Maul, faßte das Gebiß und begann augenblicklich mit dem Ausdruck der größten Zufriedenheit im Gesicht abzukauen. Sie war ein Idealfall.

Vor allem, wenn man das Annehmen des Zaums lehrt, muß man sehr gut aufpassen, daß man die Augen nicht mit den Backenstücken berührt. Es scheint mir von größter Wichtigkeit zu sein, daß man das Gebiß so ruhig und sachte wie möglich einlegt. Leider hat Tirade nie gelernt, ihr Maul zu öffnen, um das Gebiß in Empfang zu nehmen, weil ihr vorheriger Reiter nicht an meine Methode glaubte; später ist es mir nicht gelungen, sie so weit zu bringen. Sie wurde aber in der konventionellen Art korrekt ausgebildet und ist deshalb leicht zu zäumen.

Weil wir gerade über Dinge reden, die man Pferden ins Maul legt, ist es sicher nicht fehl am Platz, ein paar Worte über das Maul selbst zu sagen. Ein Pferdemaul ist etwas ganz Besonderes; es ist viel mehr als nur eine Öffnung, in die das Futter gelangt, bevor es von den Zähnen zermahlen wird.

Ich habe bereits erwähnt, daß Kopfscheuheit ein vom Menschen verursachter Fehler ist, den zu beheben viel Geduld und Zeit erfordert, der aber durchaus kuriert werden kann. Dem ist leider nicht so bei einem

Pferd, dessen Maul verdorben wurde. Ein hartmäulig gewordenes Pferd kann nie geheilt werden. Wurde ein Pferd schlecht gezäumt, entweder mit einem zu scharfen Gebiß, einer verdrehten Trense oder aus irgendeinem anderen Grund, kann es sehr leicht im Maul hochempfindlich werden. Ebenso ein Tier, das erdulden muß, daß ihm das Gebiß zwischen die Zähne geknallt wird, nachdem ein kaltes, unsympathisches Stück Metall über seine Lippen gezwängt wurde. Ein Maul, dessen Empfindlichkeit zerstört worden ist, ist nicht wiederherzustellen. Aus diesem Wissen heraus höre ich nie auf zu predigen, daß das Pferd so weit gebracht werden sollte, den Kopf freiwillig zu senken.

Das Maul des Pferdes ist gleichsam auch seine Hand. Die kräftige, gummiartige, sehr bewegliche Oberlippe ist der »Finger«, der alles macht. Die Natur hat sie mit Tastsinn ausgerüstet, für den die Behaarung – eigentlich Fühlerantennen – unentbehrlich ist. Diese Behaarung ist auch wesentlich für das Wohlbefinden des Geschöpfes; ginge es nach mir, würde ich eine Strafe erheben für deren Entfernung im Zuge eines »Verschönerungsprozesses«. Ohne sie sind die Nachteile für das Tier enorm: Es kann in der Dunkelheit seinen Weg nicht erfühlen und kann auch sein Futter nicht richtig sortieren.

Pferde berühren einander sehr häufig. Sie sind Kontakttiere im wahrsten Sinne des Wortes, ob sie nun den Kontakt mit Menschen oder mit Artgenossen suchen. Deshalb sind Maulbehaarung, Lippen und Geruchssinn ständig aktiv. Diese Sinne koordinieren die gesammelten Informationen und leiten sie an das zentrale Nervensystem weiter.

Nichts wird gefressen, bevor es berochen und berührt oder sogar in eine neue Stellung geschoben wird, sofern dies möglich ist. Die Maulbehaarung fühlt, die bewegliche Oberlippe probiert und ordnet um, und sehr oft faßt das Maul einen Gegenstand, der bereits geprüft worden ist.

Erregt ein Objekt das Interesse des Pferdes, wird es meistens versuchen, dessen Beschaffenheit mit seinen Lippen zu untersuchen. Zu wissen, wie sich etwas anfühlt, scheint genau so wichtig zu sein wie zu wissen, wie es aus der Nähe riecht. Ich sage ausdrücklich »aus der Nähe«, weil natürlich der scharfe Geruchssinn den Gegenstand schon lange erfaßt hat, bevor er sich innerhalb der Berührungsdistanz befindet. Diese enge Verbindung von Geruch, Erfühlen der Beschaffenheit, Berührung und Beobachtung durch das Auge wird besonders deutlich, wenn man dem Pferd gestattet, am Ende einer Führleine zu grasen und sich frei nach Wunsch zu bewegen.

Normalerweise werden die meisten Pferde alles, was hineingeht, ins Maul nehmen, sei es ein Zügel, ein Besen- oder Mistgabelstiel, unser Haar, wenn wir es zulassen, den Zipfel unserer Jacke oder unsere Mantelknöpfe, um nur einige Dinge zu nennen. Aus irgendeinem Grunde sind Knöpfe für Hengste besonders attraktiv, und läßt man ihnen die Gelegenheit, zupfen sie sie mit Freuden ab. Sie scheinen aber auch Wallache und Stuten zu faszinieren, weshalb es von Vorteil sein könnte, Jacken mit Reißverschlüssen zu tragen. Wenn es darum geht, verbotene Dinge zu ergreifen, erweisen sich Pferde als sehr durchtrieben.

Leider glauben viele Menschen, daß ein Pferd ihnen Schaden zufügen will, wenngleich es doch nur in der Absicht auf sie zukommt, ihre Bekanntschaft zu machen. Viele potentiell ausgezeichneten Beziehungen sind im Keim erstickt worden durch eine rauhe oder hastige Abweisung, die das Tier nicht vergißt. Man muß daran denken, daß die meisten Tiere eine eher kindliche Mentalität besitzen, was ihre Annäherungsversuche denen eines Kindes gleichen läßt. Sie selbst akzeptieren Annäherungen von Menschen erst dann, wenn sie Gelegenheit hatten, sich über diese eine Meinung zu bilden.

Die meisten Menschen, die an den Umgang mit Tieren nicht gewöhnt sind, leiden unter der angsthaften Vorstellung, von allem gebissen zu werden – vom Kanarienvogel bis zum Schaf –, und ihre erste Frage lautet: »Beißt er?« Der einzige Weg, auf dem das Pferd einen engen Kontakt aufnehmen kann, ist über seinen Kopf, auf den es sehr gut aufpaßt; es erweist uns die Ehre, ihn uns anzubieten.

Gleichwohl wäre es verfehlt, den Kontakt übereilt herstellen zu wollen. Die Vorstellung, daß ich alle Kreaturen liebe und ihnen nur Gutes will, und daß sie mich deshalb automatisch auch lieben werden, ist eine Utopie. Sie werden dies nämlich nicht tun. Ich bin immer dafür, ein fremdes Pferd zu mir herkommen zu lassen, wenn es dies tun will.

Ich trage jeweils eine besonders ehrwürdige Ruine von Nylonjacke, die den köstlichen Geruch von Hengsten und Stuten in sich zu bergen scheint und mich somit beiden einigermaßen akzeptabel macht. Diese Jacke bringt meine Frau zur Verzweiflung, weil sie sie am liebsten den Göttern auf einem Scheiterhaufen zum Opfer darbringen möchte, aber da wehre ich mich heftig! Alle Pferde lieben es, ihre Köpfe daran zu reiben oder sie auf meiner Schulter auszuruhen oder warme Luft gegen meine Brust zu blasen, wenn es ihnen gelingt, ihre Nasen ins Innere der Jacke zu stecken. Das Ausblasen von warmer, verbrauchter Luft bedeutet ein großes Kompliment; hebt ein Pferd seine großen, weichen Nüstern gegen mein Gesicht in die Nähe von Nase und Mund, so gebe ich dieses Kompliment gerne zurück. Das ist intime Pferdesprache und kann auf meine langsame Annäherung folgen. Aber wenn ich einem Pferd zum ersten Mal begegne, überlasse ich es viel lieber ihm, die Initiative zu ergreifen; ich bleibe nur in einiger Entfernung stehen, den Handrücken ihm zugewendet, aber untätig, tief gehalten und schlaff, damit es sich entscheiden kann. Es ist genau diese Inaktivität, die die Tiere verstehen, und wenn sie dann wirklich herkommen, ist es besser, zuerst an ihnen vorbeizuschauen.

Wir müssen lernen, zu differenzieren. Die Vorstellung, daß ein Pferd voll böser Absicht stecke, wenn es das Weiße im Auge zeigt oder die Ohren zurücklegt, ist einfach überholt und obendrein falsch. Viele Pferde zeigen diese Merkmale. Die *echte* Drohhaltung des Pferdes ist unverkennbar: Die Ohren sind flach angelegt, die Augen rollen, das Maul wird aufgesperrt, die Zähne werden gebleckt, der Kopf wird weit nach vorn ausgestreckt und manchmal geschüttelt. Das ganze Tier zeigt Spannung; in seiner Haltung liegt etwas Häßliches, das dem Pferd schlecht zu Gesicht steht. Es ist besser, hier Vorsicht walten zu lassen. Jedoch sind extreme Drohgebärden zwischen Hauspferden und Menschen ungewöhnlich.

Vertrautwerden mit dem Sattel

Im Kapitel »Das Pferd lernt das Stehenbleiben« habe ich davon gesprochen, wie das Pferd zum ersten Mal bestiegen wird, und ich erwähnte dabei, daß ich dem Tier meinen Arm über den Rücken lege, um es an dieser Stelle an etwas Besonderes zu gewöhnen. Hier befasse ich mich eingehender mit der Art und Weise, wie ich es bewerkstellige, das Tier an den Sattel zu gewöhnen, und wie meine Vorbereitungen für dieses wichtige Ereignis aussehen.

Das Pferd ist bereits mit dem Halfter vertraut. Es hat auch schon Zaum und Gebiß kennengelernt, jetzt muß es sich an den Sattel gewöhnen. Das ist eine einfache Angelegenheit, und ich habe eigens für diesen Zweck einen alten Sattel. Er hilft dem Tier, sich überhaupt mit *irgendeinem* Gewicht auf seinem Rücken zurechtzufinden. Ich binde den Schüler am Anbindepfosten an oder lasse ihn an den Backenriemen des Halfters durch einen Helfer stillhalten. Dann streiche ich mit der Hand sanft, aber mit ganz leichtem Druck über den Rücken, vom Widerrist bis zur Mitte. Das Pferd versteht dies, weil ich beim Putzen schon oft beide Arme auf seinem Rücken ausgeruht habe. An Tagen, wo es sehr ruhig ging, habe ich meinen Arm über seinen Rücken gelegt, während wir zur Koppel schritten, und mich eine Weile lang schwer darauf gelehnt. Wenn nun der Augenblick kommt, den Sattel sanft auf den Rücken gleiten und dort liegen zu lassen, wird sich der Schüler kaum Gedanken darüber machen und das Unbekannte nicht einmal als besonders lästig empfinden.

Der Probesattel hat weder Gurt noch Steigbügel. Dies bedeutet, daß weder ein körperlicher Zwang noch irgend etwas, das sich bewegen oder

seltsame Geräusche produzieren könnte, damit verbunden ist. Ich mache mit dem Schüler einen Rundgang um den Hof, kehre zum Anbindepfosten zurück und nehme den Sattel ab. Dann halte ich ihn dem Schüler zum Untersuchen hin. Er wird genau angeschaut, sorgfältig beschnuppert und akzeptiert. Schließlich erkennt das junge Pferd seine eigene Wittrung. Diese Übung wiederholen wir in unregelmäßigen Intervallen von vielleicht ein paar Tagen. Wenn ich den richtigen Zeitpunkt für gekommen halte, lege ich den Sattel auf und befestige ihn an seiner tiefsten Stelle mit einem Longiergurt. Der Gurt darf nicht zu eng angezogen werden; vier Finger sollen zwischen Gurt und Bauch des Pferdes Platz haben. Ich nehme einen Longiergurt und nicht den Sattelgurt, weil er bloß eine Schnalle zum Bedienen hat. Ich will den Schüler erst daran gewöhnen, daß etwas um ihn herumgeschnallt wird, darf aber dabei nicht viel Zeit verlieren. Zudem kann ich am Schluß der Übung den Druck mit nur einer Hand lösen. Sobald der Longiergurt angezogen ist, wird das Pferd auf einen kurzen Rundgang geführt, wobei es mit dem Sattel auf dem Rücken grasen darf. Beim dritten Ausflug wird das Pferd im Schritt longiert. Auf diese Weise lernt es, daß weder das Gewicht noch das neue Erlebnis mit etwas Unangenehmem verbunden ist.

Nun geht die Lektion zügig voran. Viel hängt ab vom Wesen des einzelnen Pferdes, aber gewöhnlich gibt es überhaupt keine Schwierigkeiten. Das Ganze wird zu einer Frage des Aufbaus: Zuerst wird der Gurt, dann werden die Steigbügel beigefügt. Ständige Übung läßt den Schüler bald sehr vertraut werden mit seinem Sattel. Denken wir aber daran, daß diese Arbeit bereits getan wird, lange bevor das Pferd unter den Reiter kommt und während es für dieses Erlebnis noch viel zu jung ist.

In der Zwischenzeit wird das junge Pferd mit großer Sorgfalt daran gewöhnt, seinen Rücken berühren und beladen zu lassen. Leichte Gewichte werden auf den Sattel gelegt. Ein 50-Pfund-Sandsack wird am Anfang des Trainings eingesetzt und trägt dazu bei, den Rücken abzuhärten. Der Sattel wird ohne Steigbügel oder zusätzliches Gewicht für gewöhnliche Spaziergänge an der Hand auf dem Rücken liegen. Später, wenn der Schüler an die Longe gewöhnt wird und korrekt geht, darf er den Sattel auch tragen. Erhitzt sich das Pferd bei der Longierarbeit, sollte man den Rücken auskühlen lassen, bevor man absattelt, um das Entstehen von Druckstellen zu vermeiden. Das Vorgehen ist das gleiche wie beim gerittenen Pferd.

Es ist eine gute Idee, mit dem Pferd Aufsitzübungen zu machen. Die Hände werden wie beim Aufsteigen korrekt plaziert, und dann gibt man den entsprechenden Druck auf den Sattel. Das Pferd wird sich allmählich daran gewöhnen, die linke Hand oberhalb des Widerristes und die rechte Hand an der Seite des Sattels zu fühlen, wo sie später mit der Peitsche ruhen wird; die Peitsche verhindert, daß das Pferd beim Aufsitzen mit der Hinterhand ausweicht. Sobald der Schüler das Stillstehen gelernt hat und keine Einwände gegen den Zug am Sattel zu haben scheint, soll ein leichter, junger Reiter sein Gewicht in den Steigbügel stellen. Einen Tag oder etwas später, wenn das Pferd keine Anzeichen von Panik oder ungewöhnlicher Aufregung zeigt, kann der junge Reiter seinen Körper über den Sattel legen. Dies sollte mehrmals geschehen, bevor sich der Reiter wirklich aufs Pferd setzt und ein bis zwei Minuten passiv verharrt.

In diesem Stadium ist es lohnenswert, nichts zu übereilen. Das Pferd wird mindestens ein Jahr lang noch nicht geritten werden, und dies läßt einem genügend Zeit. Es braucht wohl nicht besonders erwähnt zu werden, daß die Person, die aufsitzt, sich sehr vorsichtig, langsam und sanft in die tiefste Stelle des Sattels setzt, und sich nicht etwa fallen läßt. Wenn das Pferd Zaum und Gebiß schon kennt, können gleichzeitig die Zügel aufgenommen und mit dem Schüler das Stillstehen geübt werden.

Ich habe versucht, einen Helfer auf Leila zu setzen. Bei dem Pony habe ich eine leicht abgeänderte Technik angewendet, indem sich der Helfer ohne Sattel auf den Rücken setzte, obschon das Tier Sattel, Longier- und Sattelgurt bereits kannte. Wir haben den Helfer ohne die geringsten Schwierigkeiten auf das Pony hinaufgestemmt. Ich machte weitere Versuche mit Aufsteigeböcken und mit dem Reiter, der überhöht neben dem Pferd steht. Dies macht das Pferd zuerst etwas nervös und verlangt, daß man es wiederholt zum Bock und zu der Person hinführt, damit es seine Angst überwinden kann.

Alles, was dazu beiträgt, das Vertrauen des Schülers zu festigen, ist gut. Es ist von großem Vorteil, sich viel Zeit zu nehmen bei der Vorbereitung. Alle Aufgaben sollen ohne Nervosität und Aufregung, aber gekonnt und relativ flink ausgeführt werden. Welche Methode man anzuwenden wünscht, sollte zuerst mit dem Helfer besprochen werden, bevor man sich an die Arbeit macht. Man muß sich von Tag zu Tag für die Aufgaben entscheiden und sie vom geistigen Befinden des Schülers am jeweiligen Tag abhängig machen. Sein Zustand wird ganz beachtliche Schwankungen aufweisen.

Es ist gut, viel Zeit einzuplanen bei der Vorbereitung für zukünftige Aufgaben. Man darf nicht vergessen, daß ein junger Rücken oder derjenige eines Tieres, das von der Weide kommt, weich ist und besondere Rücksichtnahme verlangt, bevor er abgehärtet wird.

Halten wir uns immer vor Augen, daß die gelernten Lektionen ein Leben lang haften sollen; daß man sie sehr früh lehrt, weil man sich viel Zeit für die Erreichung einer gewissen Vollkommenheit erlaubt. Gelingen die Übungen einmal nicht ganz nach Wunsch, so ist ihre Verschiebung, wenn auch nur für ein paar Tage, auf die Dauer immer lohnenswert.

Umgang mit den Füßen

Wer in der glücklichen Lage ist, ein Pferd seit seiner Geburt in Obhut zu haben, hat auch bei der Hufpflege keine Probleme. Die Füße von Fohlen sollten täglich aufgehoben werden, wenn auch nur für rund eine Sekunde pro Fuß. Wenn man dies gemacht hat, *stellt* man den Fuß wieder sanft auf den Boden und läßt ihn nicht etwa fallen! Mit der Hand fährt man äußerst zart das Bein hinab, wobei Zeigefinger und Daumen die Fesseln umfassen und so dem Tier beibringen, daß es seine Beine und Hufe nach Wunsch berühren lassen muß. Der Huf wird aufgehoben und in der hohlen Hand liegengelassen und nicht durch Umklammerung der Fessel wie in einer Zange gehalten. Es braucht sehr wenig Zeit, bloß etwas Übung und Geduld, um zu gewährleisten, daß es sowohl Tierarzt wie auch Hufschmied leichter haben werden, wenn Füße oder Beine behandelt werden müssen.

Die tägliche Untersuchung von Beinen und Hufen des Jungtieres gehört zur Routine. Es ist sinnvoll, das Fohlen in der Nähe zu haben, wenn man seiner Mutter die Füße aufhebt, denn das Fohlen lernt durch Beobachtung weit schneller als auf irgendeine andere Art. Es gibt Menschen, die behaupten, daß Tiere nicht durch gegenseitiges Beobachten lernen, aber dies liegt außerhalb meiner Erfahrung.

Beim Fohlen wird die Zeit für die tägliche Inspektion progressiv verlängert, und wenn es erlaubt, seine Füße ohne die geringste Gegenwehr zu untersuchen, ist ein kurzes, flaches Metallstück sehr hilfreich. Man streicht damit wie der Schmied mit der Feile über den Huf und klopft wie beim Beschlagen dagegen.

Je früher wir mit dieser Übung beginnen, desto besser, weil wir ein artiges Jungtier haben wollen, wenn der Hufschmied kommt, um an der

Mutter zu arbeiten. Man bittet ihn dann, die Hufe des Fohlens aufzuheben, damit es lernt, seine Füße auch von Fremden anfassen zu lassen, und es ist gut, wenn er bei der Gelegenheit ein bißchen raspelt und klopft.

Wir alle wissen, daß Pferde schwierig zu beschlagen sind, und kennen die Kämpfe, die dabei stattfinden können. Sie sind aber im Grunde genommen nicht nötig. Ich erwarte von meinen Pferden, daß sie bereitwillig einen Fuß heben, wenn ich sie dazu auffordere.

Wie es so oft bei Pferden der Fall ist, beruht ihre Willigkeit lediglich auf dem sorgfältigen Umgang (ohne Geschrei oder Einschüchterung) im Frühstadium, wenn man ihnen etwas beizubringen versucht. Man kann davon ausgehen, eine gute Gewohnheit auf einen Reflex zu begründen. Ich habe einmal gesehen, wie ein junger Mann von seiner eigenen Stute, die sich weigerte, die Füße aufheben zu lassen, bewußtlos geschlagen wurde; auch war ich Zeuge von ganz schrecklichen Ringkämpfen zwischen verdorbenen Pferden und dem Hufschmied. Einige Tiere sind in dieser Beziehung so schwierig, daß es praktisch unmöglich ist, sie zu beschlagen. Sie scheinen eine echte Phobie zu haben. Wahrscheinlich gibt es für dieses Verhalten mehrere Gründe: ein böser Stich mit dem Hufkratzer, echte Schmerzen, grobe Behandlung, rücksichtsloses Fallenlassen der Füße, ungeduldiges Drängen und Zwingen, Verletzungen oder einfach Mangel an früher Erziehung. Wer weiß, was da alles zusammenkommt?

Einige Tiere lehnen sich schwer auf den Fuß, der bearbeitet werden soll, so daß man zerren kann, wie man will, nichts bringt sie dazu, ihn vom Boden aufzuheben. Ein guter Trick ist, sie mit den Fingerspitzen das Bein hinunter bis zum Fesselgelenk ganz leicht zu kitzeln. Ich habe herausgefunden, daß sogar das starrköpfigste Pferd den Fuß bewegt, wenn es auf diese Art aufgefordert wird.

Ich besaß einmal eine Stute, die mit ihren Vorderfüßen alles geschehen ließ, aber es gab sofort Probleme, wenn ich nach hinten ging. Weil sie allgemein schwierig war, dachte ich mir, das wäre lediglich ein weiterer Ausdruck ihrer Widerspenstigkeit. Dann entdeckte ich, daß die Behandlung der Hinterhufe bei trockener Witterung weniger Schwierigkeiten bereitete, obschon sie mich immer noch nur zögernd gewähren ließ, aber das Problem war an naßen oder feuchten Tagen viel ausgeprägter. Dies führte mich natürlich zur Annahme, daß sie an irgendwelchen Schmerzen in der Lendengegend oder sogar im Hüftgelenk leiden könnte, denn sobald ich den Huf in der hohlen Hand gestützt hatte, lehnte sie sich schwer darauf, als suche sie einen Halt. Nach mehreren Anläufen, eine bequeme Stellung herauszufinden, entdeckte ich, daß es praktisch keine Probleme gab, wenn ich das Hinterbein ganz gerade nach hinten zog oder es sogar leicht über das andere Hinterbein kreuzte und dabei relativ tief hielt.

Dieses Erlebnis lehrte mich, daß ein Tier, das seine Füße widerwillig aufheben oder irgendeinen Teil seines Körpers ungern berühren läßt, nicht unbedingt einfach ungefällig ist. In solchen Fällen ist es besser, eine vorsichtige Untersuchung durchzuführen, bevor man zum Schluß kommt, daß die Reaktion des Tieres durch Mißmut hervorgerufen wurde. Die Beine sollten vor allem in Gelenkbereichen sanft abgeklopft und die Muskeln sowohl von Beinen wie auch von Rücken und Lenden abgetastet werden. Dabei beobachtet man genau, ob das Pferd zusammenzuckt, was darauf hindeuten würde, daß etwas nicht stimmt. Deckt man durch dieses sanfte Abtasten und Abklopfen irgend etwas auf, muß der Tierarzt konsultiert werden.

Meine Araberstute hatte die häßliche Angewohnheit, sich auf den aufgehobenen Vorderfuß abzustützen und ihn mit einem plötzlichen Ruck mir glatt aus der Hand zu zerren. Ich vermute, daß sie einmal eine scharfe Verletzung mit dem Hufkratzer erlitten und daraus diese Gewohnheit entwickelt hatte. Ich untersuchte sie sehr sorgfältig, fand aber nichts; ich kurierte sie von dieser Unart durch einen scharfen Klaps mit meinem Handrücken auf die Schulter, bis sie sich eines Tages entschloß, mit dem Blödsinn aufzuhören.

Manche Leute fassen gern die Fessel recht fest, wenn sie einen Huf aufheben. Es stimmt, daß von den Phalanxgelenken die Fessel das unbeweglichste ist, aber das im Huf befindliche Hufgelenk verfügt über eine große Beweglichkeit, die sich auswirkt, wenn der Huf aufgehoben wird. Viele Pferde, darunter auch Tirade, mögen diesen Klammergriff nicht und protestieren dagegen. Hält man den Huf aber in der hohlen Hand, wird diese Bewegung verhindert, und wenn man seine Arbeit beendet hat, läßt sich der Huf problemlos auf den Boden zurückstellen.

Einen unerfahrenen Zweijährigen in dieser Sache auszubilden, kann eine mühsame Angelegenheit werden, und ich hatte am Anfang einige Mühe mit unserem Halbaraber-Pony Leila. Obwohl sie auf ihrem Gestüt gut behandelt worden war, zeigte sie sich sehr schreckhaft, wenn sie mit Unbekanntem konfrontiert wurde. Ponys sind eher eigenwillig und können manchmal richtige Dickschädel sein, so daß sie, bis sie einen richtig kennenlernen, in erster Linie von etwas »überzeugt« und nicht bloß »ausgebildet« werden müssen. Aber glücklicherweise kann man die meisten bestechen, und ich habe dies großzügig praktiziert, um Leila davon zu überzeugen, daß das Füßeaufheben für sie ein lohnendes Unterfangen war.

Ich bin dabei folgendermaßen vorgegangen: Ich füllte meine Tasche mit Karottenscheiben oder trockenen Brotbrocken, ging dann zu ihr hin und ließ sie den Hufkratzer untersuchen. Sobald sie ihn beschnuppert hatte, gab ich ihr eine Karottenscheibe. Als ich danach von ihr den Fuß verlangte und sie ihn auch aufheben ließ, erhielt sie wieder eine Karottenscheibe oder einen Brotwürfel, und dann noch einen, wenn der Huf fertig war. Und dies für alle vier Hufe! Zerrte sie weg oder schlug sie aus – Ponys scheinen gern auszuschlagen – oder schwang sie sich an ihrem Strick herum, wurde sie sofort von meinem Handrücken mit einem scharfen Klaps auf die Schulter oder das Hinterteil, begleitet von einem zornigen »Nein!«, ermahnt. Dann fingen wir wieder von vorn an. Wehrte sie sich immer noch, dann zeigte ich ihr einen Brotwürfel oder eine Karotte, die sie aber unmöglich erreichen konnte, und verlangte wieder den Fuß. Es wirkte fast immer. Anstatt den Huf zu nehmen und daran zu arbeiten, stellte ich ihn sanft ab, gab ihr die Belohnung, verlangte nochmals den Fuß und machte mich dann erst an die Arbeit. Als er fertig war, bekam sie die zweite Belohnung. Nach Beendigung der Arbeit an jedem Huf wurde sie ausgiebig gelobt, und als alle Füße untersucht waren, bekam sie noch eine Extrabelohnung.

Was ich oben beschrieben habe, ist die Herausbildung eines reinen, bedingten Reflexes. Es dauerte rund zwei Wochen, bis die Ponystute die Füße willig aufhob, und länger, bevor die Belohnungen allmählich abgebaut werden konnten, bis zu dem Moment, wo sie am Ende des Hufeauskratzens eine Belohnung erhielt. Heute bekommt sie gar keine mehr.

Ich habe es mir jedoch zur Gewohnheit gemacht, den Pferden den Hufkratzer zu zeigen, bevor ich mich damit an die Arbeit mache; ich erlaube ihnen, daran zu schnuppern, und zeige ihnen auch alle anderen Dinge, die für Körperpflege und Putzen benutzt werden.

Ich habe bereits die Stute erwähnt, die Probleme mit ihrem Rücken hatte. Sie ist nun schon lange tot, aber ihr Leiden lehrte mich, ein wenig nachzudenken sowie alle Tiere zu beobachten, die sich auf irgendeine Weise zur Wehr setzen. Ich habe beobachtet, daß die meisten Menschen für die Pflege der hinteren Hufe das Bein in der Weise anheben, daß ein rechter Winkel entsteht zwischen Hüftgelenk, Sprunggelenk und Röhre; das ganze Bein wird dabei aber schräg vom Körper weg nach außen gezogen gegen die Person, die daran arbeitet. Diese Methode belastet das Hüftgelenk sowie die Muskeln jener Körperregion durch unnötige Spannung. Das Bein wird in eine für das Pferd unnatürliche Stellung gebracht. Ich habe bereits erklärt, daß ich bei der Stute das Bein in einer relativen Geraden zum Körper nach hinten zog und sogar so weit ging, es über das Standbein zu kreuzen. Dies erlaubt es dem Pferd nicht nur, sein Gleichgewicht zu wahren, sondern verhindert, daß es das hintere Standbein verschieben muß. Die Vorteile liegen auf der Hand. Es gibt weder eine Belastung irgendwelcher Beingelenke noch der Hüfte, und es macht ein eventuelles Ausschlagen schwierig, weil das Tier das Bein ganz zurückziehen müßte.

Ein guter Hufschmied stützt oft das Pferdebein zwischen seinen eigenen. Ohne es zwischen meinen Beinen zu halten, ziehe ich das Pferdebein aber immer wie beschrieben zurück; dieses Vorgehen ist in meinem Stall zur Regel geworden.

Das Pferd wird verkehrssicher gemacht

Bei der Ausbildung des Pferdes bringen wir ihm bewußt den Gehorsam bei, der nötig ist, um ein sicheres Tier aus ihm zu machen, und halten uns dabei immer vor Augen, daß es unendlich viel stärker ist als wir.

Obschon unsere Voraussicht und unsere Ausbildung die Gefahr von Unfällen oder Tod nicht völlig ausschließen können, erreichen wir sehr viel in dieser Richtung, wenn wir unsere Pferde verstehen. Es muß uns gelingen, sie sanft unter Kontrolle zu bringen, indem sie lernen, uns in allen Situationen zu vertrauen, vor allem, wenn wir mit ihnen im Verkehr und auf öffentlichen Straßen unterwegs sind.

Es wäre glatter Unsinn zu behaupten, daß dies nicht möglich sei. Wie ich an anderer Stelle schon erwähnt habe, lernt jedes Polizeipferd in Situationen, die dem Durchschnittspferd unbekannt sind, ruhig zu bleiben.

Im »Irish Equestrian News« (1) erschien ein Artikel über die hohe Rate von Todesfällen unter Pferden und Reitern auf englischen Straßen. Im ersten Halbjahr 1980 wurde für Unfälle zwischen berittenen Pferden und Verkehrsmitteln (d. h. Pferden, die unter der Kontrolle des Reiters waren) die erschreckende Zahl von 63,6% genannt. Obschon diese hohe Ziffer zweifellos zu einem ansehnlichen Teil auf schlechtes Verhalten oder Unwissenheit der Autofahrer zurückzuführen ist, so geht auch ein guter Teil zu Lasten von unsachgemäß ausgebildeten Pferden.

Ich zögere nicht zu wiederholen, was ich schon vorher gesagt habe: Pferde kann man durch die richtige Ausbildung verkehrssicher ma-

chen. Wie in allen anderen Gebieten erfordert es einzig und allein Geduld und Zeit. Es ist natürlich nutzlos, mit einem solchen Training anzufangen, bevor das Pferd gelernt hat, auf Geheiß stehenzubleiben; wie dieses bewerkstelligt wird, wurde bereits besprochen.

Obwohl unsere Pferde gelernt haben mögen, sich im Verkehr sicher zu bewegen, geben wir ihnen von Zeit zu Zeit einen Wiederholungskurs. Wir lassen sie am Eingang der Einfahrt stehen, dem entgegenkommenden Verkehr zugewendet, und reden ihnen die ganze Zeit zu. Autos und Lastwagen fahren hier recht schnell, und weil die Straße an diesem Punkt eine Kurve macht, sieht es aus, als kämen sie direkt auf uns zu. Es gibt keine Schwierigkeiten, wenn der Verkehr von vorn kommt, und sogar rasselnde Lastwagen vermögen die Pferde nicht zu erschrecken. Als problematisch erweisen kann sich aber das Fahrzeug, das von hinten naht und das trotz der Konstruktion des Pferdeauges nicht vollständig identifiziert werden kann. Aus diesem Grund sollte dem Pferd auch beigebracht werden, ruhig zu bleiben, wenn man die Hinterhand in Richtung Verkehr dreht, damit es den Anblick und das Geräusch von Dingen erlebt, die sich von hinten nähern und an seiner Seite vorbeibrausen.

Pferde reagieren ganz unterschiedlich auf Fahrzeuggeräusche und -größen, aber die häufige Begegnung mit dem Verkehr wird ihnen allmählich klar machen, daß es wenig zu fürchten gibt. Wie schon empfohlen worden ist, wird die Ruhe der menschlichen Stimme, der Berührung und des Verhaltens den Schüler »anstecken« und ihn gehorsam machen.

Diese Phase der Ausbildung sollte möglichst nahe am Straßenrand durchgeführt werden, wobei der Lehrer zwischen Schüler und Straße steht. Am besten eignen sich Einfahrten oder die Eingänge zu Feldwegen.

Man ist gut beraten, die ersten Stadien an der Hand zu lehren, weil man so eine bessere Kontrolle hat. Sobald die Nerven nach ein paar Übungen ruhig sind, arbeitet man vom Sattel aus. Ich begann das Training für die Verkehrssicherheit mit unseren beiden Pferden bereits, als sie noch sehr jung und noch nie geritten worden waren. Dazu führte ich sie einfach über den Damm, der den Eingang zu unserer Einfahrt bildet, und zeigte ihnen den entgegenkommenden Verkehr. Ich weckte jeweils ihr Interesse, indem ich meinen Arm in die Richtung eines herannahenden Fahrzeugs ausstreckte und »Schau!« rief. Schließlich kapierten die Tiere und begannen vor Langeweile unruhig zu werden; sie schenkten dem Verkehr keine Beachtung mehr und machten mir klar, daß sie nach Hause wollten.

Ich setzte dieses Training fort, indem ich jedem Pferd im Auto folgte, als es heimgeritten wurde. Dadurch schützte ich es nicht nur vor anderen Straßenbenutzern, sondern es gewöhnte sich auch daran, von diesen überholt zu werden.

Obschon sich viele Autofahrer gegenüber Pferden sehr dumm verhalten, ist die größte Gefahrenquelle das Unberechenbare, wie zum Beispiel vom Wind herumgetriebene Blechbüchsen, ein Blatt Papier oder ein sich bewegender, unidentifizierbarer Gegenstand hinter einer Hecke.

Gegen solche Dinge ist man ziemlich machtlos, weil sie auch ohne die Gefahr des Verkehrs ein Risiko darstellen. Trotzdem kann man Pferde auch in dieser Hinsicht bis zu einem gewissen Grad unempfindlich machen, indem man solche »Gefahren« künstlich schafft: Alte Zeitungen, Blechbüchsen, Plastiktüten und anderes mehr werden entlang einer vorbestimmten Route, sagen wir auf dem Weg zur Koppel, an einem recht windigen Tag ausgelegt. Der Schüler wird in der Sicherheit eines eingezäunten Areals an der Longe geführt, und dann besteht für niemanden mehr eine Gefahr, sollte er auch erschrecken und scheuen oder bocken.

Literatur

(1) DOUGLAS, A. (1981): »English Scene«, Irish Equestrian News. **2**, 15.

Literaturverzeichnis

BANKO, W. (o. J.): The Trumpeter Swan. **63.** United States Department of the Interior.

BECHER, R. (1970): Erfolg mit Longe, Hilfszügel und Gebiß. Heidenheim: E. Hoffmann.

CANBY, T. V. (1976): National Geographic **149**, 46.

CLOWER, M. (1978): Pacemaker International, June. London.

DOUGALL, N. (1976): Stallions. London: J. A. Allen & Co.

DOUGLAS, A. (1981) »English Scene«. Irish Equestrian News **2**, 15.

DRÖSCHER, V. B. (1979): Überlebensformel. Wie Tiere Umweltgefahren meistern. Düsseldorf/Wien: Econ.

KLIMKE, R. (1969): Cavaletti. London: J. A. Allen & Co. Deutsche Ausgabe: KLIMKE, R. (1986): Cavaletti. Ausbildung von Reiter und Pferd über Bodenricks. 6. Aufl. Stuttgart: Franckhsche Verlagshandlung

KLIMKE, R. (1983): »Sporenhilfe«. In: Programm »Turnier der Sieger«. Münster: W. Hölker.

LAWICK-GOODALL, I. VAN (1970): Innocent Killers. London: Collins.

LONGRIGG, R. (1972): The History of Horse Racing. New York: Stein and Day.

LORENZ, K. (1969): On Aggression. New York: Bantam Matrix. Deutsche Ausgabe: LORENZ, K. (1984): Das sogenannte Böse. Zur Naturgeschichte der Aggression. München: Piper.

MACSWINEY OF MASHANAGLASS, O. MARQUIS (1971): Six Came Flying. London: M. Joseph.

MOERMANN, H., & E. PLOEGER (1978): Buskaschi in Afghanistan. Frankfurt/Luzern: C. J. Bucher.

MOTTISTONE, L. (1934): My Horse Warrior. London: Hodder & Stoughton. Deutsche Ausgabe: MOTTISTONE, LORD (1938): Mein Pferd Warrior. Stuttgart: DVA.

PLAYFAIR, G. L., & S. HILL (1979): The Cycles of Heaven. London/Sydney: Pan Books.

POULSEN, H. (1949): Dansk Ornithologisk Farnings Tidesskrift. Vol. **42**, Nr. 4.

ROSE, M. (1977): Training Your Own Horse. London: George Harrap & Co.

RIDINGER, J. E. (1978): Schul- und Campagne-Pferde. (Nachdruck der Ausgabe von 1760) Dortmund: Harenberg.

SCHIELE, E. (1970): The Arab Horse in Europe. London: George Harrap & Co. Deutsche Ausgabe: SCHIELE, E. (1973): Araber in Europa. München: BLV.

SCHIELE, E. (1975): Arabiens Pferde: Allahs liebste Kinder. 2. Aufl. München: BLV.

SMYTHE, R. H., & P. C. GOODY (1973): The Horse. London: J. A. Allen & Co.

STERN, H. (1973): Bemerkungen über Pferde. München: Kindler.

SUMMERHAYS, R. S. (1975): The Problem Horse. London: J. A. Allen & Co.
TUKE, D. (1973): Horse by Horse. London: J. A. Allen & Co.
VAVRA, R. (1979): Pferdestudien. München: Co-Libris.
WYNMALEN, H. (1971): Equitation. London: J. A. Allen & Co.
WYNMALEN, H. (1971): Horsebreeding and Stud Management. London: J. A. Allen & Co.
WILLIAMS, D. (1970): Show Jumping. London: Pelham Books.
XENOPHON (1962): Art of Horsemanship. London: J. A. Allen & Co. Deutsche Ausgabe: XENOPHON (1984): Über die Reitkunst. Der Reiteroberst. Zwei hippologische Lehrbücher der Antike. (Aus dem Griechischen von R. KELLER). 4. Aufl. Berlin/Hamburg: Paul Parey.
ZEEB, K. (1974): Wildpferde in Dülmen. 4. Aufl. Bern/Stuttgart: Hallwag.